我认识的唐朝诗人 2

陈尚君 著

2

中华书局

图书在版编目(CIP)数据

我认识的唐朝诗人.2/陈尚君著. —北京:中华书局,
2024.8.(2025.4重印)
 ISBN 978-7-101-16708-5

Ⅰ.K825.6

中国国家版本馆 CIP 数据核字第 2024WF4402 号

书　　名	我认识的唐朝诗人2	
著　　者	陈尚君	
责任编辑	吴艳红　刘　堃	
封面设计	王铭基	
责任印制	陈丽娜	
出版发行	中华书局	
	(北京市丰台区太平桥西里38号　100073)	
	http://www.zhbc.com.cn	
	E-mail:zhbc@zhbc.com.cn	
印　　刷	天津裕同印刷有限公司	
版　　次	2024 年 8 月第 1 版	
	2025 年 4 月第 2 次印刷	
规　　格	开本/920×1250 毫米　1/32	
	印张 13　插页 2　字数 260 千字	
印　　数	6001-9000 册	
国际书号	ISBN 978-7-101-16708-5	
定　　价	78.00 元	

目录

序 如实传达唐朝诗人的喜怒哀乐 001

诗人李隆基
　　——没有他就没有盛唐时代 001
若即若离的尴尬交往
　　——孟浩然在张九龄荆州幕府之始末 019
杜甫与郑虔的忘年交 037
杜甫与高适的友谊 055
诗人贾至
　　——被忽略的盛唐名家 075
元结在道州 093
狂生任华
　　——从粉丝立场推动李杜齐名的第一人 111
诗人刘长卿的两次迁谪 129
作为诗人的茶圣陆羽 146

贞元年间的诗人卢纶　163

且说会写诗的中唐五窦　183

韩愈在汴州　202

韩愈的最后时光　223

诗人张籍与白居易的交往始末　240

新见唐韩益《悼亡诗八首》发微　260

诗人朱庆余

　　——人生道途上有幸有不幸　274

诗人黄滔

　　——历经曲折终得成名的闽南文宗　292

诗人杜荀鹤的乱世书写与末路荣毁　310

诗人冯道

　　——武夫政权与文人政府共治时代的农儒名相　329

曲子相公和凝

　　——文武兼资的断狱爱好者　345

作为诗人的南唐三主　363

詹敦仁父子

　　——写下唐诗最后一抹余晖　380

序　如实传达唐朝诗人的喜怒哀乐

本书是我所写《我认识的唐朝诗人》(以下称前书)的续集，也是我为《文史知识》所写专栏文章结集的第三本书(最初专栏讲唐人佚诗，结集为《唐人佚诗解读》，中华书局，2021)。前书自序以"每个诗人都有活生生的人生"为题，表达专栏写作的追求。最近十多年的工作以纂辑《唐五代诗全编》为中心，所有与唐诗有关的典籍，这些典籍的存世善本，前人有关唐代诗人生平交往的论著，大体上都读过，所有存世唐诗都经过反复多次的校核推证，有关事实皆能烂熟于心。有这些积累，我可以不无自夸地宣称，我的写作追求，一是"全面占有并仔细阅读文本"，二是"坚持文史融通的立场"，三是"坚持现代传记文学的立场"，所幸前书能够得到学者和读者的喜爱。本书仍然坚持以上原则，除讲韩益佚诗一篇以外，都能有所新意，表达独见，与前书有接续，也有开拓。

我是一个享乐主义者。如果眼前有一大堆瓜果，肯定挑其中最鲜美可口的品尝。前书与本书每一篇选题，都是从正在编次的四千名唐代诗人中，挑选最能写出曲折离奇、惊心动魄的故事者，还原事实，求深求新，还要讲些读者熟悉或不太熟悉的诗歌。虽有难度，写的过程则很顺达，感受诗人的喜怒哀乐，自己的感情也多少次跟随着高起低落。前面已经写了三十篇，再写是否能保持既有的水平和趣味，其实我也始终没有信心。不过当读透文本，确认选题，一路写来，似乎还能一直保持上述的风神与情调。古人说文章老成，又说七十为老，年纪确实过了，但我更愿意用顽童的心情来看待一切，体会一切，老成只能说是手熟，文章总希望新警。责编将校样交我，如遇老友般再读一遍，似乎还有一些新鲜的感触，可以传达给读者。

续集收文二十二篇，杜甫和韩愈在前书中曾写到，新见则有唐玄宗李隆基、孟浩然、张九龄、郑虔、高适、贾至、元结、任华、刘长卿、陆羽、卢纶、张籍、白居易、朱庆余、黄滔、杜荀鹤、冯道、和凝，以及成组写出的五窦、二詹和南唐三主，总为三十人。这里没有说到韩益，因为写他的这篇时，疫情居家，无书可检，主要是揭示他的佚诗。上述诸人中，有四位君主（南唐贬损制度后也还算是人主），三位宰相；从时代说，盛唐九人，中唐十二人，唐末五代九人，初唐居然没有，晚唐可算者仅黄滔、杜荀鹤二人。似乎不如前集之能照顾到各个时期。因为写前并无规划，结果当然参差不齐。

不过，我还是可以介绍一些自己认为有独到心得的例子。

孟浩然晚年进入张九龄荆州幕府，可能出于王维介绍，也留下不少诗歌，那首《望洞庭湖赠张丞相》尤负盛名。仔细讽味，不难发现，孟有大量陪游诗，随祭、游猎、行春，写来稳重而得体，张九龄那边存诗也不少，全然没有提到孟浩然。为什么会这样呢？以往史书说张九龄以直道辅佐君主，被奸臣李林甫排挤而罢相出守，张九龄有委曲，可以与幕僚谈谈为政之道啊！现在学者精密排比史实，知道张之罢相，一是因其门人周子谅弹劾宰相牛仙客，引谶言妄言国家休咎，二是谏阻废太子，此皆触犯了玄宗的逆鳞。结果是玄宗怒而杖死周子谅于朝堂，诛杀太子等三王。张九龄素有清名，得保首级，贬官已为幸事。他所经历的真相和痛苦，实在没有办法与任何人交谈，只能在《感遇》一类诗中作曲折迷离的表达。孟浩然是全无官场历练的天才诗人，他在诗中不断称颂张相公得信于天子，还有机会大展宏图，你说让张九龄怎么回应。在幕可能有半年多，彼此实在无法交心，最后怎么分手也没有留下记录。

　　杜甫的两篇，很用心地传达杜甫的交友之道。郑虔墓志二十多年前出土于洛阳，我当时曾撰《〈郑虔墓志〉考释》（刊《传统中国研究集刊》第三辑，上海人民出版社2007年）据以理清郑虔生平，也对相关杜诗有全新的解读。《杜甫与郑虔的忘年交》是前文的通俗版。两人年龄相差二十多岁，不仅印证了杜甫"结交皆老苍"（《壮游》）的自叙，还可以看到同样沦落不偶的两人，无所顾忌地发牢骚，痛饮酒，吐槽古今，互相温暖。世乱改变了一切。郑虔名气更大，两人同陷叛军占领的长安，杜甫无人理睬，郑虔迫受伪官。郑虔贬官台州，杜甫连送别的机会都没有。"万里伤心严谴日，百年垂死中兴时。"伤心之极，道尽大时代荣衰之间小人物的悲惨命运。《杜甫与高适的友谊》一篇，有意于纠正流行时剧的偏颇，还原两位大诗人的交谊变化。天宝初两人与李白之同游梁宋，是文学史上的佳话。如细心体会，杜甫比二人年轻许多，加上李白的天才纵横，高适之英雄情结，杜甫不免成为陪衬。乱后高适仕途显赫，杜甫弃官行走人间，将两人交往诗逐一比读，性格、地位都不能撼动友谊。主动关心的多在杜甫这边，高适的性格和对杜甫的真情，也有了根本的变化。

元结是盛唐诗坛的异数。研治文学者多关心他的复古思想，台湾前辈学者杨承祖先生特别注意到他对古今治乱原因的深刻反思。在安史乱后，他曾结聚力量，守护地方，更想远离是非，躲避南方。经过避乱、入幕，获任道州刺史，更看到地方凋敝，民生艰难。作为地方官，他有责任守土安民，完赋纳税，民间艰困如此，怎能再强索贡献？爱民与守官两难之间，他将民为邦本的理念放在首位，坚持要求朝廷减免地方的债负。他的《春陵行》《贼退示官吏》，表达不计个人得失、护民守郡的态度。他与杜甫天宝间都曾在长安，看不到交往的痕迹。他的两首诗，总怀疑是孟云卿从荆州寄抄给杜甫，杜甫所写"道州忧黎庶，词气浩纵横。两章对秋月，一字偕华星"，给以高度礼赞。序中说"简知我者，不必寄元"，包含着欲言又止的犹豫。我在此读到，即便两人以前不认识，甚至曾有交恶，在事关国计民生的大认识上，不必沟通而能心照意明。二人皆可称醇儒，故所感所喊皆为国而不计私情。

我读到傅璇琮先生第一篇文章，是1978年《中华文史论丛》复刊号所载《刘长卿事迹考辨》。此文努力廓清有关唐朝诗人传闻的不实记载，坚持作者本人诗文更为可靠，文史互参可以还原诗人真实的人生经历，从而重新准确地解读诗歌的寄意。《诗人刘长卿的两次迁谪》是据傅文所作的通俗化叙述。第一段入狱在长洲尉任上，时间在安史乱后两年。他自己当然反复说受冤入狱，同官间何人冤枉了他，似乎也理不清线索。我更愿意相信独孤及送他贬官序中所述，他为人刚猛疏傲，与俗吏关系紧张，被宵小之徒抓到有力证据，确曾违法而难以自解。他贬谪途中的两句诗："得罪风霜苦，全生天地仁。"说尽委曲与幸运。第二次狱事在此后十五年，刘被诬的事实大致清楚，诬陷他的人有强大的后台。所幸断狱的御史是苗伾，故相苗晋卿子，老于官场且怀有正义感，不得罪权贵的同时为刘脱狱，给一贬官睦州司马的处分。刘在睦州写下大批好诗，实属幸运。

卢纶一篇发表后不久，卢纶墓志在陕西出土，有关卢纶早年经历与生卒年，都可得到确认。其中最重要的，是确认卢纶卒于贞元十五年岁末（公元已入800年），时在河中，他始终没有放弃河中幕职；二是知他出生在天宝二年（743），母早卒，鞠养于外婆家。天宝末，随父避乱嵩山。次年父卒，从外家客居鄱阳。他的入仕，先后得到元载、严郢、王缙的有力支持。细节对拙文有些补充，但也更有力地支持拙文所考大历十才子的说法，与卢纶有莫大关系，其人员组成，主要是京城以宰相元载、王缙门客为主的这群诗人。经过时代波澜，由晚死的卢纶加以确定。

与大历诗人相比较，陆羽名气更大，存诗又少，写起来难度很大。广泛阅读文献，特别是今人之相关研究，同时人诗文中散落的记载，写起来感到很酣畅。陆羽是弃儿，为老僧智积所抚养。为僧为儒的选择上，他与老僧发生激烈冲突，为此而历试贱役，遭到拘禁，并曾两次受到鞭打。他逃出寺庙，投奔伶党，即下层演出团体，是最卑贱的身份。其间他遇到贵人，其一为太守李齐物，其二为诗人崔国辅，为他脱离贱籍，且授以诗学。说到陆羽能称为"茶圣"，不仅是善于品茶，更在茶的煎煮和茶具销售方面，都有建树。从与耿沣唱和诗分析，他不到五十岁已获"茶仙"之称，民间则可尊可贱，尊则以其茶书为经，贱则称泼茶渣之瓯器为鸿渐（陆羽字鸿渐）。最感动的是他在听闻老僧智积去世后，写过许多怀念的诗篇，今存大同小异的两篇，前面几句讲自己的志向绝不求富贵高官，后二句说"千羡万羡西江水，曾向竟陵城下来"，是否全篇也难确定。我写此文时突然感悟，前几句是回应当年老僧骂他不肯为僧的话，养父子之间曾有如此剧烈的冲突，但老僧养育之恩，他一直萦怀在抱，以无从回报而痛惜。

本书继前书《韩愈在潮州》以后，又写了两篇韩愈。《韩愈在汴州》所述是韩愈第一次从官经历的始末。因为读韩愈《董公行状》后，有感于董晋的预知身后事而确定写此。其间看到韩愈经历之个人生死与家人陷贼，既写董晋之老成谋国，也写韩愈、张籍订交之初的道义互勉，更希望说明董死而汴州兵乱，责任未必在陆长源，而朝廷诿过于陆，更让韩愈体会到国家危机存在的根本症结。陈寅恪先生《论韩愈》讲到韩愈对中国文化发展的六点贡献，核心表达是《原道》一文，基本看法即形成于汴州期间的亲身经历。韩愈享年五十七岁，属于中寿，其死因，同时人有服食硫黄的传说。《韩愈的最后时光》一篇，从考察韩愈的多病与早衰出发，理解他曾求过医，问过道，接触过一些偏方，也在情理之中，不必硬要讲他有多么不堪。本文相信张籍《祭退之》长诗的叙述，不仅因为二人友谊够铁，更在于张籍为人老实，不那么自尊，用现在通俗的讲法是"有些二"。韩愈了解他，可以与他开各种玩笑。他写韩愈病重，将所有探望者皆拒之门外，就让自己进去，也不在意别人如何想。因此我相信他的记述，更因此而看到韩愈的临终不乱，人格庄严博伟。

另两篇写白居易与朱庆余，中间也都有张籍在。白居易比张籍年轻，贞元末已暴得大名，俨然居于领袖地位。算起来张籍登第还较他早一年，但到五十岁仍"官小身贱贫"，彼此落差太大。白居易作《读张籍古乐府》，特别赞誉张诗"六义互铺陈。风雅比兴外，未尝著空文"，罗列了张的一系列好诗，加以点赞。张籍最后两年，二人仍有交往，张称白"赫赫声名三十春"，白也邀张"能来同宿否？听雨对床眠"，亲切有味。拙文刊出，淡江大学吕正惠教授见题，即问张去世后，白居易为何没有任何哀悼文字，我即以本文结束语告知："原因不明。"最近看到新出土的独孤霖撰《韦绚墓志》，韦绚是《刘宾客嘉话录》的作者，以刘禹锡为师。墓志说韦作《节妇诗》，刘禹锡驰书，"言白少傅叹此作若与张籍同时，未知《勤思齐诗》孰为优劣"。白在《读张籍古乐府》中说："读君《勤齐诗》，可劝薄夫敦。"现在说如果早些看到韦诗，就不让张专美于前了，语含对张以前赞美的否定。说二人隙终，可能有些夸大，白有些不快，应属可能。拙文举到张赠刘诗，说我以前落魄时，阁下已是郎官，没想二十多年后，你来接我留下的主客郎中之位。以刘的性格，肯定不高兴。在谈朱庆余这篇时，张籍是高官，是名家，因此对孤寒出身的朱庆余关心备至，留下朱赠张诗"画眉深浅入时无"的试探，张以"一曲菱歌抵万金"来回答，是进士寻求有力者支持的传诵故事。不过也可肯定，张籍的推荐并没有起到作用。

晚唐杜荀鹤的诗对乱世民生艰难的揭发，可以说是空前的，也很深刻。此文理清了他不可能是杜牧的遗腹子，写出他求仕之艰难，也揭出他进士登第，得益于昭宗即位后有意于招纳"润国风，广王泽"文士的机缘。杜荀鹤入仕以后，行径大变，通过敬翔，投靠在军阀朱全忠门下，获任翰林学士，仅五天即去世。何光远写《鉴诫录》，见过他投给朱全忠的《颂德诗》三十章，感慨他一世"壮志清名"，"中道而废"，我也以"清誉尽失"来作总结。偶读1946年《论语》杂志，见戏曲史家黄芝冈撰《论杜荀鹤》一文，说到杜之"热中名利"，多作"低首下心，屏气敛容之作"，他依附朱全忠后，参与军阀之间的密议，且直斥"这小人一旦得志，想尽杀前曾冷待、薄待过他的那些过时显人以快己私"，所见深刻，有拙文所未及处。

写唐玄宗，起因于拙纂《唐五代诗全编》据他壮年所书《纪泰山铭》集字为题签。玄宗还有《鹡鸰颂》真迹，庄重而妩媚，不逊色于唐一流书家。他喜欢写诗，经常带领满朝文武一起写作，对盛唐诗歌繁荣也有很大贡献。青少年时期经历了国祸家痛，在一系列政变后控制了政权，面临的国家危机是显而易见的。我特别引出托名吴兢的《开元升平源》，司马光认为不足凭据，仍几乎全篇抄入《资治通鉴考异》，事虽虚构，而概括玄宗即位后面对的危局，则是真实的。开元之治，在国家强盛和文化繁荣方面达到的成就，肯定超过贞观时期。我列举了玄宗一系列的举措，见其为治的英明果决。不过早年的行走人间，结交豪杰，使他取得成功、自己成为皇帝后，担心诸子也会效仿自己，居然想出十王宅、百孙院的高招，让自己的子孙全部与社会隔绝，也扩大了宦官的权势。他怵于武后时外戚之凶猛，王皇后废后，三十多年不立皇后，也够狠够忍，最后仍迷失在杨氏一门的蛊惑中。后人喜欢说姚宋为政，不赏边功，李杨为政，边衅大开，所见其实很浅。国家安全当然最重要，不使边将权力过大，朝中宰相要能镇得住边将，方是关键。治也玄宗，乱也玄宗，都有轨辙可见。玄宗毕竟有卓识。马嵬变乱间处死杨妃，同意太子领军西上，又在太子擅自即位后接受现实。李唐国脉后来还得延续一百五十年，此事关涉极大。当然，藩镇叛乱，宦官专政，也是玄宗埋下的祸根。写贾至的那篇，也涉及玄宗退位，派宰相重臣送国玺往灵武的细节。国乱而朝中仍有其识见之人，玄宗也能接受现实而引退，是大唐虽乱而不亡之根本。

今人谈词，喜说南唐二主，当然很妥当。不过先主李昪也能诗，中主、后主的存诗也各有姿彩，要特别给以介绍。先主本只是一不知家世的流浪儿，被杨吴权臣徐温收养，得以逐渐坐大，最终取吴帝而自立。五代十国之君主多出身草莽，一旦尊富后对士族文化皆倾慕至极，李唐三主是最成功的典范。表彰三主，我也不想掩其恶。江南这块土地上，最初政权是杨家的，无奈杨行密子孙暗弱，权归徐温，徐家诸子也不行，养子徐知诰坐大。徐知诰篡夺杨氏政权，托称李唐远裔，建立南唐。先主时将杨家子孙数百人，囚禁于泰州，甚为过分。那位文质彬彬的中主当政时，后周来侵，他将在泰州困居的杨氏家族全部杀绝，实在太不像话了。南唐子孙后世不昌，不能不说是种报应。我在此特别要提到后主的《题金楼子后》，有自序说有感于王粲、梁元帝之江陵焚书，感慨"不是祖龙留面目，遗篇那得到今朝"，看到他的郑重和思考。南唐文化其时称甲海内，面临家国沦亡，他决然不赞同王粲、梁元帝的行为。后来南唐书归汴京，他也陪宋太宗到崇文院观南唐旧籍。这是后主对保存中国文化的贡献。至于后主之死，我不太赞成毒死的传说。

最后还想说到冯道，这位在中国历史上饱受争议的人物，其评价之两极化，在宋太祖初期所修《周世宗实录》和末年所修《旧五代史》中已初露端倪，到欧阳修《新五代史》、司马光《资治通鉴》，贬斥更为激烈。我始终觉得，从后代统一王朝对大臣务守臣节的要求，评价身处乱世的冯道，有失公允。我曾完整梳理过五代史实，确定五代中原王朝的多数时间，是武人政权与文人政府共治的时期，引到冯道对晋高祖问，表示涉及军事部分自己决不参与意见，是他对权力边际有清醒认识。冯道出身农儒，乱世中始终坚守的信条，是"但知行好事，莫要问前程"，相信"但教方寸无诸恶，狼虎丛中也立身"。他知道周遭环境险恶，尽最大可能地为民发声，甚至在契丹占据东京的时候，挺身向耶律德光为一城军民求情。冯道之历相四朝，偶有蹉跌，大端并未作恶，以一女不可事二夫的立场加以批评，据道德高点而不顾及当时特定处境，实在是很迂腐的见解。

回到本文开始所述我的写作追求，所幸大端还能达到。我还想说到，所谓"全面占有并仔细阅读文本"，其实是建立在我最近十多年编纂中的《唐五代诗全编》基础之上。本书出版的同时，这部一千五百万字的大书也将问世，希望与所有唐诗爱好者与研究者，分享我的秘密宝藏。《唐五代诗全编》坚持的原则是"让唐诗回到唐朝"，我希望告诉读者，唐诗原貌是怎样的，唐诗通过哪些途径保存到现在，为什么唐诗有那么多的误收误传，怎样来加以区分甄别。现在学者喜欢谈文学经典化，喜欢谈文学的传播与变形，我都不尽赞同。我认为唐诗文本整理还原，首先应最大可能地还原到作者本人的最初面貌，再来记录从作者开始一直到明清坊间的不断修改，从而立体式地展示唐诗的变化轨迹。通过传说与摘录保存下来的唐诗，不仅显得凌乱走形，破碎零残，更因传播中的一再改变而面目全非。唐代也与当今一样，社会上有许多八卦爱好者与传播者，作为一名学术研究者，要在全面占有文献基础上对此作出妥当的判断。在此略作预告，希望与读者分享。

其次，我仍"坚持文史融通的立场"。本文前面谈了许多，涉及面很广。每个诗人都生活在特定的历史环境中，因为其出身而居于社会特定的一隅，通过他的努力不断提升，也会遭遇许多挫折，这些提升和挫折都投射在他的诗篇中。诗歌既是文人交往的载具，也是其情感的真实记录。仅从诗歌阅读来加以体会，可以看到诗人驾驭诗篇的技巧，表达情感的能力，还有面对挫折的哀叹和勇气。如果我们将许多同时代人的诗放在一起阅读，可以体会他们彼此交往的态度，人生进退的选择，以及彼此情感和认知的契合程度。如果我们熟读唐代的史书，可以知道诗人经历了什么遭遇，他如何适应时代，也可能在时代剧变中沉浮，搏浪者有之，随流者更多。唐代文史研究已经达到极度完整周密的程度，无论人事、制度、地理、典籍，都已可说达到了无剩意的程度，需要学者综合总体，透达一层，解读作品，也臧否人物。我在所有这些文章中，赞赏某人绝不任意拔高，更不掩饰他的局促与恶行；同样，我也不认为有什么人刻意就是反面人物，历史的褒贬只是说明史家曾经有过的态度，根据文本与事实对历史人物作立体观照和多元考察，在此基础上给以评述，方是写作者的责任。

我追求的第三点是"坚持现代传记文学的立场",主要指欧洲特别是英国现代传记文学的立场。此一点,我听闻于本师朱东润先生,并通过最近二三十年对西方传记的广泛阅读而加深认识。传记记载的对象可以是伟大人物,也可以是普通民众;他可能做出过改变人类进程的贡献,也可能只是平凡人家的普通一员。传记最重要的追求是真实,即如实还原传主一生的人生轨迹。站在传记作者的立场,既可以是旁观者,也可以是远距离的考察者。传记作者应该重视传主的日记、书信、同时代人的观察与叙述、对传主揄扬或诋毁的各种记录,更要综合利用这些文献,透过表象来进入传主的内心,写出他的所虑所想,揭示他在决断过程中的谨慎或武断,当然更要分析他成功和失败的内在原因。读者当可理解,这与中国传统史书的存褒贬、载大节是不同的,与此间经常见到的或通篇歌颂、或彻底否定的写法也完全不同。我希望尝试达到这些目标,能否达到当然还要由读者来评判。

本书各篇,皆首发于《文史知识》,承责编孙永娟女士做过认真校订。此次改由中华书局上海聚珍公司出版,谢谢贾雪飞女士的支持,更谢谢责编吴艳红女士、刘堃女士仔细审读,研究生谢闻悦、文字编辑陈思月协助核查文本。

陈尚君

2024年7月2日于复旦大学光华楼

诗人李隆基
——没有他就没有盛唐时代

　　唐玄宗李隆基（685—762），是一位英武果决、壮伟有为的君主，也是一位才华横溢、诗书俱佳的文人。他在位四十五年，重用文臣，关心吏治，遵信三教，提倡多元，开创了唐代社会、经济、文化最鼎盛的时期，文学史上称为盛唐。他在位的开元、天宝期间，群星灿烂，达到中国诗歌史上的巅峰，能够臻此，不能说与他的统治全无关系。他书兼众体，诗文也足以名家，当然他的本职工作是皇帝，文艺才华不免因位尊而被忽视。

一　玄宗即位及面对的施政难题

　　李隆基是睿宗李旦六个儿子中的老三。他出生时，李旦是名义上的皇帝，实权在祖母武氏手上。这位武氏今天一般叫做武则天，是将姓与尊号连称，不合古人习惯，本文仍称武后。武后雄狠桀强，为高宗生四子，前二子皆死得不明

（唐）乾陵无字碑
位于陕西咸阳。历史上
唯一的女皇帝武则天的
石碑未刻一字，与高
宗的"述圣碑"相对
而立，是非功过岂由
人说？

不白，老三李显（中宗）、老四李旦（睿宗）就乖巧得多了。玄宗出生不久就封楚王，武后称帝则降为临淄郡王，少年时代肯定很不快活。长寿二年（693）他九岁，母亲窦氏因户婢告其巫蛊而被杀。不久，中宗的一子一女（后来追封为懿德太子和永泰公主，是玄宗的从兄妹）也因私下议论而被杀。这些都是他曾亲身经历的。神龙之初，武后退位，中宗复辟，李旦被尊为安国相王。玄宗这时的职位是潞州别驾，有机缘行走民间，结交豪杰。中宗暴亡，韦后母女即将上演新的女主政治，玄宗与太平公主连手，借助羽林禁军与内苑园丁的力量，发动唐隆政变，诛杀韦氏集团。睿宗即位，玄宗立为太子，先天元年（712）即位，太平公主仍势力强大。玄宗不得不以皇帝之尊于次年发动第二次政变，诛杀太平及其党羽。这时改元开元，标志玄宗全面掌控皇权。

开元之治究竟采取了哪些举措，改变武后秉政以来的乱政？旧传有署名吴兢的《开元升平源》一书，说玄宗将猎渭滨，同州刺史姚元崇托人进见，面陈十事，玄宗皆予接纳，成为开元盛世的关键所在。司马光谓其前后叙事多有舛误，斥而不取，是有见地，但《资治通鉴考异》卷一二较详摘录了姚崇（本名元崇）所谈十事，仍很珍贵。十事是：一、"自垂拱（武后垂帘时的年号）已来，朝廷以刑法理天下，臣请圣政先仁义。"二、"臣请三数十年，不求边功。"三、"请中官（即宦官）不预公事。"四、"请国亲不任台省官，凡有斜封待阙员外等官，悉请停罢。"五、近密佞幸冒犯宪网者，皆请行法。六、杜塞贡献求媚。七、止绝建造寺观宫殿。八、对大臣"接之以礼"。九、臣下"皆得触龙鳞，犯忌讳"，即鼓励直言。十、外戚不得干政，请"书之史册，永为殷鉴，作万代法"。这里虽是小说家言，但抓住了玄宗亲政前朝廷面临的危机，以及在正人直臣看来应该采取的措施。从玄宗存诗中，可以读出许多端倪，也能理解他一改前朝恶政，开创全新时代的作为。

二　追思王业艰难，不负前圣托付

玄宗有《过晋阳宫》，到太原参访高祖父子举义兴唐之旧地，前半写即目所见，后半感慨自己的责任：

运革祚中否，时迁命兹符。愿循承丕构，怵惕多忧虞。

尚恐威不逮，复虑化未孚。岂徒劳辙迹，所期训戎车。
习俗问黎人，亲巡慰里闾。永言念成功，颂德临康衢。
长怀经纶日，叹息履庭隅。艰难安可忘，欲去良踟蹰。

本朝国祚命运，责任现在到了自己身上，他用"怵惕""忧虞"来表述心情，既怕威望不足胜任，又怕教化未能广备，因此奔走勤劳，训戎强军，关心民生，传达皇恩于里闾、康衢。最后说："艰难安可忘，欲去良踟蹰。"他想到先圣创业之艰难，踟蹰徘徊是在思考自己的责任。

玄宗又有《行次成皋途经先圣擒建德之所缅怀功业感而赋诗》：

有隋政昏虐，群雄已交争。先圣按剑起，叱咤风云生。
饮马河洛竭，作气嵩华惊。克敌睿图就，擒俘帝道亨。
顾惭嗣宝历，恭承天下平。幸过剪勍地，感慕神且英。

成皋故城在今河南荥阳以西，是唐太宗战胜并擒获窦建德，奠定唐王朝基石的关键一役所在地。玄宗想象当年太宗拔剑而起、叱咤风云的雄姿，感慨自己在一个升平的年代，承担领导皇朝的责任。这里的"顾惭""感慕"，表达他向太宗致敬，有志追随，不负先圣创业之艰难。

《爱因巡省途次旧居》一首，《全唐诗》题作《巡省途次上党旧宫赋》，有序，说"朕昔在初九，佐贰此州，未遇扶摇之力，空俟海沂之咏"。这里初九指艰困时期，他当时确实到潞州任佐贰之责。诗中说："存身期历试，佐贰仁昭融。"即当时能够在州郡历试，在卑位等待机会。他没有说明的是，这一期间，他结交民间豪杰，积蓄了一些力量。他发动唐隆政变的主要支持者，从近百年陆续发现的功臣墓志分析，大多为下层军将、街市英杰、失意士子、宫苑匠人。政变成功后，这些人多得到功臣名号，授以军政职位，部分如刘幽求、钟绍京、王毛仲等得以在朝为相或担任要职。不过玄宗深明夺天下者未必适合治理天下，秉政后重用姚崇、宋璟等前朝名臣，疏远功臣。刘幽求是典型的例子。他在得罪后有《书怀》一首："心为明时尽，君门尚不容。田园迷径路，归去欲何从？"看来他对玄宗的志向还是缺乏理解。此外，玄宗在自己成功的感悟中，也体会诸王与军将勾结，将对皇权构成巨大的威胁，他要防范于未然。后来的举措，颇为极端，得失很难断言。

三　热衷写诗，宫廷唱和的主导者

　　玄宗今存诗，大约为八十三首，其中三十九首是依靠《张说之文集》附录而得到保存。最早是先天间应令而作，玄宗时为太子。开元元年至九年，张说都在守外，玄宗所存原唱及张说应制奉和，大多是在张说最后八九年立朝期间所作。《张说之文集》的体例，卷一至三仅收玄宗原唱与张说应制诗，惟卷四收了五次群臣唱和诗。第一次是在开元十三年（725）玄宗封禅泰山后，归途经汾州雀鼠谷，张说先作《扈从南出雀鼠谷》，玄宗应和，作《答张说南出雀鼠谷》，群臣随和。第二次是张说以宰臣赴朔方军巡边，玄宗作诗宠行，张说奉答，群臣属和，贾曾撰序。第三次为开元十三年，诏改丽正殿书院为集贤殿书院，让张说以宰相充学士，知院事，玄宗亲赋《送张说上集贤学士赐燕得珍字》，张说及群臣奉和，张九龄作序。第四次为开元十七年（729），张说为左丞相，宋璟为右丞相，源乾曜为太子少傅，同日上官，玄宗亲撰《左丞相说右丞相璟太子少傅乾曜同日上官命宴东堂赐诗一首》以贺，三人及群臣应和，由苏晋作序。第五次可能早于前几次，玄宗率二相及群臣同游乐游园，玄宗首作《同二相已下群官宴乐游园》，二相及群臣皆和。从此五次唱和看，分别参与者多达三四十人，多数皆有专人作序，即每次唱和皆曾结集，编次以传。

在此五次以前的各次唱和，应该也都有一定规模，只是《张说之文集》没有备收而已。《张说之文集》所存，是张说立朝不足九年间的宫廷唱和，而从苏颋、张九龄、孙逖、王维、崔国辅、王昌龄等人所存诗题分析，诸人曾参与玄宗主导的宫廷唱和四十多次，玄宗所作虽不存，据各家诗题可以找到痕迹。如此频繁而参与者众多的宫廷诗歌唱和活动，既能看到玄宗主导此类活动的巨大热情，也在一定程度上营造了盛唐从朝堂到民间的空前热烈的诗歌氛围。皇帝喜好写诗，朝中所有的显官都被要求参与，到了不会写诗就无颜立朝，诗写不好也无以见人的程度，带动了全社会的热潮。更显著的例子是天宝二年（743），太子宾客贺知章以年老重病初愈，自请退官归道，玄宗不仅允准，亲自作诗序赠行，次年初贺出京，玄宗更要求"诸王以下拜辞"，"令所司供帐，百寮饯送"，特别强调"凡预关宴，宜皆属和"，每人皆要写，一下子就是几百首，今存三十多首。

上举玄宗历次唱和，都有人撰序编集，也曾有多次的序文是他自撰。如《端午三殿宴群臣探得神字》序云："叹节气之循环，美君臣之相乐，凡百在会，咸可赋诗，五言纪其日端，七韵成其火数。岂独汉武之殿，盛朝士之连章；魏文之台，壮辞人之并作云尔。"《夏首花萼楼观群臣宴宁王山亭回楼下又申之以赏乐赋诗》序云："朕登览上宫，俯临长陌，畅众心之怡虞，欢归骑之逶迤。鼓之以瑟琴，宥之以筐篚，衢尊意洽，场藿思苗，赋'我有嘉宾'之诗，奏君臣相悦之乐。跚蹰西日，吟玩《南风》，不知衷情发于翰墨也。"在这些诗文中，中心是君臣同欢，诗文相悦，包含玄宗治世有成的欢喜，也包括对参与朝会的百官之礼敬。玄宗在经历了两次夺权的杀戮后，礼敬士大夫，很少诛杀大臣，努力营造宽松的政治气氛，当然也带动全社会文化氛围的变化。

四　亲选守令，重视地方治理

玄宗深知国家治理的根本，不在朝廷而在地方，特别重视地方官的选任，且几乎每年都将朝集京城的地方长吏召集训诫。开元十六年（728），亲选朝中最得力有廉誉的高官十一人，到地方上担任刺史，诏宰相、诸王以上到洛滨赠行，亲自作《赐诸州刺史以题座右》诗以赠：

> 眷言思共理，鉴寐想惟良。猗欤此推择，声绩著周行。
> 贤能既俟进，黎献实仁康。视人当如子，爱人亦如伤。
> 讲学试诵论，阡陌劝耕桑。虚誉不可饰，清知不可忘。
> 求名迹易见，安真德自彰。狱讼必以情，教民贵有常。
> 恤惸且存老，抚弱复绥强。勖哉各祗命，知予眷万方。

他告诉天下刺史，国家之大，皇帝不能独理，必须依赖贤士大夫共同治理。自己为此日思夜想，照镜归寝，都在想如何得到良臣。他特别讲到此次推择刺史，是因为各位有良好声誉，希望不要辜负自己的期待。刺史选择贤能之人担任，天下黎民百姓方得有安定康宁的生活。他告诫各位，你们要视民如子，关心他们的伤痛，要经常讲说治理为人的道理，鼓励耕织，发展生产。不要在乎虚名，要真心敷扬教化。遇到狱讼，宜平心以常理判断，教导民众起居生活应守常循规。要关心孤寡惸独之人，要关心弱势群体，打击地方豪横之人。大家各自努力，传达我对天下所有人的关心。可以说，这是一篇具有现代意义的地方治理的原则交代。

在为一些地方官送行的诗中，他皆有特别的交代。《送李邕之任滑台》："汉家重东郡，宛彼白马津。黎庶既蕃殖，临之劳旧臣。远别初道路，今行方及春。课成应第一，良牧尔当仁。"滑台即滑州，是唐都畿重镇，在今河南安阳附近。李邕去任刺史，玄宗的送行诗像老朋友一样地关照，那边很重要，那边很繁荣，麻烦你辛苦一趟，正是春耕播种的时节，你就快去吧！你一直有良牧的美名，这次当然出色当行，相信可以考课第一。

还有一首《送南宾太守康昭远等》："端拱临中枢，缅怀共予理。不惟台阁英，孰振循良美。分符侯甸内，拜首明庭里。誓节期饮冰，调人方导水。嘉声驰九牧，惠化光千祀。时雨俟昔贤，芳猷贯前史。伫尔颂中和，吾将令卿士。"南宾郡即忠州，今属重庆，唐时是远方小郡。估计是送许多人，以康为首，诗也因康刻石而传。诗说你们是台阁之精英，素有循良的名声，现在告别朝廷，各赴远州，希望你们保持清廉，如治水般管好地方。你们做得好，不仅声传全国，而且名存千年。前代有很多榜样，我更愿意听到民众对你们的赞颂，我也乐于传达给朝中官员。

州郡刺史的下一层级为县令，玄宗也特别重视。他在开元二十四年（736）自择县令一百六十三人，作《令长新戒》赐之，要求各县皆刻于县署。《金石续编》卷七录陕西大荔石刻（据《玉海》卷三一所引酌补）：

> 我求令长，保乂下人。人之所为，必有所因。
> 侵渔浸广，赋役不均。使夫离散，莫保其身。
> 征诸善理，寄尔良臣。与之革故，政在惟新。
> 调风变俗，背伪归真。教先为富，惠恤于贫。

> 无大无小，以躬以亲。青旄劝农，其惟在勤。
>
> 墨绶行令，孰不攸遵。曷云被之，我泽如春。

他说令长的责任是保护下层人民的利益。人的行为都有原因，利益争夺，赋役不均，是常见行为，弄不好就会导致民众离土逃亡。他关照地方临民之官，要善于治理，革故惟新，移风易俗，鼓励致富，也要体恤贫苦，凡事要躬行，重点是劝农劝耕。最后说朝廷有教化，有王法，天下遵行，惠泽如春。

五　三教并兴，多元时代的异彩纷呈

唐初以来，儒学是治国根本，道教因始祖老子姓李，或尊为国姓，而对佛教之重视，在太宗后期、高宗至武后时期都比较突出。玄宗承其历代祖训，重视教化，其要旨可说是三教并重，尤喜道教。

先说儒家。玄宗于开元十年（722）亲为《孝经》作注，"颁于天下及国子学"（《唐会要》卷三六）。在往泰山封禅时，玄宗专去曲阜孔宅亲设祭奠，作《经邹鲁祭孔子而叹之》：

> 夫子何为者，栖栖一代中。地犹邹氏邑，宅即鲁王宫。
>
> 叹凤嗟身否，伤麟怨道穷。今看两楹奠，当与梦时同。

这是《唐诗三百首》中所收唯一一首皇帝诗歌，写他对儒家创建者孔丘的庄严祭祀与尊崇，虽隔一千多年，孔子求道不息、以身殉道的精神，仍让他深受感动。开元二十七年（739），玄宗封孔子为文宣王。现在曲阜存《修孔子庙碑》，西安碑林存《石台孝经》，皆是玄宗尊儒行动的遗存。

玄宗存诗中与佛教相关的内容不多。敦煌遗书伯三九八六有署玄宗《题梵书》的一首诗："毫（当作鹤）立蛇形势未休，五天文字鬼神愁。支那弟子无言语，穿耳胡僧笑点头。"不过此出民间传闻，方志则多作太宗诗，不能完全当真。开元二十三年，玄宗作《金刚经》注，"诏颁天下，普令宣讲"（《宋高僧传》卷一四），后世流存很广。房山刻石有《御注金刚般若波罗蜜经》序，为他书不载。玄宗时期，佛教各宗有很充分的发展。此外，敦煌遗书中存有大量托名开元皇帝或太上皇的通俗说教文本，可见玄宗皇帝在民间佛教信徒中的影响力。

玄宗最大的热忱还是对道教的崇扬。《册府元龟·帝王部》有"尚黄老"一目，详尽记录了他的尊道活动。他有《过老子庙》一篇："仙居怀圣德，灵庙肃神心。草合人踪断，尘浓鸟迹深。流沙丹灶没，关路紫烟沉。独伤千载后，空余松柏林。"宋人多著录此诗石刻，如《宝刻类编》卷一题作《谒玄元皇帝庙》，谓玄宗"制并行书，天宝中立，洛"。他在天宝元年（742）尊老子为玄元皇帝，封庄子、列子、文子、庚桑子为四真人，尊崇达到顶峰。前引过庙一篇，与怀孔子一篇可以并读，各有千秋。"独伤千载后，空余松柏林。"包含无限怀念与向往。他还有《经河上公庙》，赞扬传弘老子学说的先贤"迹与嚣尘隔，心将道德并。讵以天地累，宁为宠辱惊"，怀有脱俗之志和坚定信仰，方使老子学说发扬光大。

当代名道，玄宗交往极其频繁。他前期与叶法善、司马承祯皆以师友相交，关系极其亲密。后期来往较多的有茅山道士李含光，元人编《茅山志》中保存了两人间许多来往书信与诗歌，这里仅摘录天宝六载李含光自京师将归茅山，玄宗赠敕："广陵李炼师，上清品人也。抗志云霞，和光代俗。为予修福灵迹，将赴金坛，故赋诗宠行，以美其志。"即李归茅山将为皇帝修福，皇帝则表彰其品德修行之高。并赠诗云：

> 紫府烟霞士，玄宗道德师。心将万籁合，志与九仙期。
> 绝俗遗尘境，同人喜济时。访经游玉洞，敷教入瑶墀。
> 茅岭追余迹，金坛赴远思。阴宫看旧记，阳观饰新祠。
> 缅想埋双璧，长怀采五芝。真灵若可遇，鸾鹤伫来兹。

诗后有李谢表，知由高力士宣旨，前后所赠有法衣六副、缣二百匹并香炉等。诗末又有玄宗的答谢，说明"诗以宠行，物将厚意，永慰歧路，以彰礼贤"，对高道充满热情和敬意。

此外，前述及他对贺知章辞官的赠诗，也是对贺归道的表彰。

玄宗的时代，是唐代思想文化界最开放多元的时期，较少禁忌，人人可表达个人之欲望，无论建功立业之奉献，求仙事佛之修行，从官多财之愿景，乃至张狂不忌之求取，在在多有，而在文学上则出现了发愤有为、各成气象的众多伟大诗人。

六　兄弟情深的多面展示

玄宗存世墨迹有《鹡鸰颂》，行书而极具风姿。其序言兄弟五人感情极深，因各为地方守官而不得经常见面，乃各授京职。玄宗退朝以后，即召兄弟入宫，"申友于之志，咏《常棣》之诗。"兄弟之情感动了数千只鹡鸰，栖集于麟德殿之庭树。目睹这一奇观的左清道率府长史魏光乘，作颂赞美，玄宗也"俯同颂云"。这当然是一段很美丽的童话。

玄宗兄弟六人，最小的隆悌早亡，墓志近年已出土，长成者五人。李宪居长，玄宗称为大哥。睿宗即位时，玄宗有退让大哥为太子的举动，李宪坚决不从，还算是明白人。玄宗给大哥李宪、二哥李㧐、四弟李范、五弟李业以充分礼遇，但也明确有一界限，即不得干政，不得结交。《旧唐书·睿宗诸子传》所云"时上禁约王公，不令与外人交结"，因而特别提防。四弟李范特别"好学工书，雅爱文章之士，士无贵贱，皆尽礼接待"，应该都属于正常交往。被人揭发后，问题就严重了。驸马都尉裴虚己因与李范游宴，又挟带谶纬之书，遭到配徙岭外的处分。诗人刘庭琦、张谔因与李范饮酒赋诗，也遭黜官。今存张谔诗有《岐王席上咏美人》《岐王山亭》《三日岐王宅》《延平门高斋亭子应岐王教》，皆仅涉风花雪月而已。不过皇帝不喜欢自己的兄弟有小圈子，诗人不能理解，吃亏怪不得皇上。

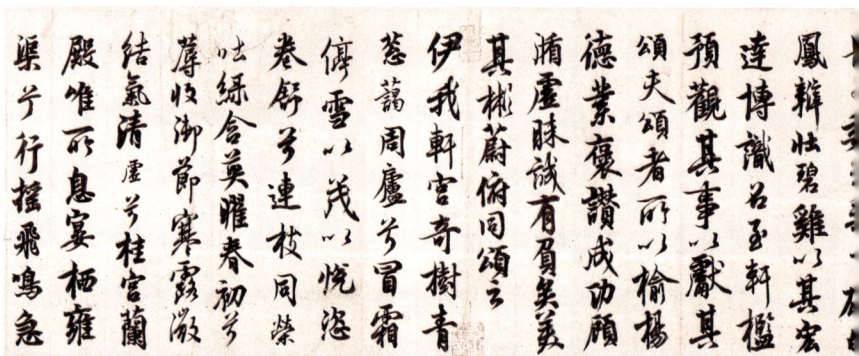

▼（唐）玄宗行书《鹡鸰颂》（局部）
台北故宫博物院藏
《鹡鸰颂》是唐玄宗存世罕见行书墨迹，妩媚俊秀。

玄宗存诗中，有《过大哥宅探得歌字》：

鲁卫情先重，亲贤爱转多。冕旒丰暇日，乘景暂经过。
戚里申高宴，平台奏雅歌。复寻为善乐，方验保山河。

又有《同玉真公主过大哥山池二首》：

澄潭皎镜石崔嵬，万壑千岩暗绿苔。
林亭自有幽真趣，况复秋深爽气来。

地有招贤处，人传乐善名。鹜池临九达，龙岫对重城。
桂月先秋冷，蘋风向晚清。凤楼遥可见，仿佛玉箫声。

其《游兴庆宫作》，《文苑英华》卷一七四题作《暇日与兄弟同

鶺鴒頌 俯同魏光乘作
朕之先兄弟唯有五人此
為方伯歲一朝見雖
載崇藩屏而有暌談
於是以緱牧人而名
守京職每聽政之
後延入宮楹申壬于
之志詠常棣之詩篇
怡怡如展天倫之
如也秋九月辛酉有
爰延鶺鴒千數栖集於
麟德之庭樹竟旬
鳥飛鳴行榣浮庭
原之趣昆季相與
縱目而觀者久之遍
之不懼翻集自若

游兴庆宫》，序称与兄弟同游，是"观风俗而劝人，崇友于而敦睦"。诗中更说明，"从来敦棣萼，今此茂荆枝。万叶传余庆，千年志不移"，即诸兄弟皆能家室兴盛，也是为了皇家宗枝千年繁茂，更欲为世人树立典范："所希覃率土，孝悌一同规。"

皇家大家族中，兄弟姊妹众多，其中同母所出者关系更为密切，也属于人之常情。与玄宗同母者，有金仙、玉真二公主，与玄宗信道相同，也最为密切。二公主皆出为女道士，与同时文人来往甚多。玄宗幼弟薛王李业，母早亡，由贤妃抚养，开府后将贤妃接归私第，以申供养。李业同母妹早亡，其妹诸子也由李业抚养。玄宗因李业孝友，特加亲爱。李业病，玄宗亲为祈祷，病愈后，亲临其第，庆贺其再生。作诗云："昔见漳滨卧，言将人事违。今逢庆诞日，犹谓学仙归。棠棣花重发，鸰原鸟再飞。"看来病情很严重，几乎不起。玄宗为其庆诞，说大病就如同一段学仙的经历，所可庆幸的是兄弟们还可以团聚如初。

杜甫与让皇李宪二子交往密切，诗中透露出来的信息，二位郡王皆有良好的文艺素养，善交友，重感情，可以看到玄宗诸兄弟家族的发展。

七　皇后与王子：挣不脱的皇家怪圈

玄宗早年经历了武后、中宗时期的乱政，自己也有母亲被杀、父亲畏谗以及自己结交基层的经历。国家存在的严重问题，他继位后都曾有仔细考虑，许多场面上的活动确实展示了一位有雄才大略、长远眼光君主的抱负和能力。本文所引《开元升平源》所述十事，虽非事实，但确指出问题之关键所在，当然其间多有民间的揣度。如说不用兵，到中唐元白诸人更发展为开元与天宝一得一失之关键所在。从玄宗存诗看，他一直是一位尚武之人，开元期间曾多次表达对边备的重视、平胡的决心，只是当时没有大败而已。

玄宗鉴于武后、中宗时期女主与外戚家族之专权，深以为戒。玄宗王皇后，是他为临淄郡王时所娶。后父王仁皎，玄宗即位后任太仆卿，并不参与枢务。后兄王守一因皇后无子，请左道僧祭祀祈求。玄宗得知后亲究大狱，得出皇后欲"与则天皇后为比"的结论，乃于开元十二年（724）废王皇后，赐死王守一。此事以后，他在位三十二年，再未立皇后，即虚后位以防止外戚势力之坐大，可谓用意深远，虑之过度。

他在开元中期的十多年宠幸武惠妃，直到她死后方为之追谥贞顺皇后。他在位最后十五六年，专宠杨贵妃，一时有"姊妹弟兄皆列土"的传闻，但也始终没有立其为后。不过他这时确实有些胡涂了，背弃了早年坚持的外戚不干政的信念，选择了善逢迎粉饰而缺乏镇国气魄的杨国忠为相，最终导致安史之乱的爆发。

玄宗时期，宦官势力已经有充分发展，但为首的高力士是他政治上一生的盟友，预政而未必控政，并无太多劣迹。不过玄宗早年行走江湖，结交豪杰，在他主政后，则引出另一极端结论：自己可以在民间形成势力，策动政变，自己的儿子们长大后，不免也会如此。他对此反应极其敏感。开元二十五年，因得到懿亲诬告，又因宰相出言，怒而杀太子李瑛等三王。在此前后设立十王宅，禁止诸王出阁，每宅皆配备大量的宦官与宫女，可谓厚其生而禁其交结。其后又有百孙院，这一制度且维持到唐亡前夕。杜绝诸王与朝官交结而形成政治势力，但因此限制诸王出阁，诸王的一言一行都在宦官掌控之下，宦官当然会向皇帝报告。这为宦官集团之坐大，及掌控皇家之家人联络，提供了条件。唐后期之宦官权力过大，渊源于玄宗确立的体制。

玄宗晚年做出的最英明决断，是在马嵬政变后，同意太子李亨分军北上联络朔方军，并在肃宗灵武自行即位后，接受现实，奉归国玺，没有形成父子相争，为大唐延存了国脉。当然，退位后的玄宗，被肃宗客气地迎归京城，近似囚禁的太上皇生活也令他很不愉快。据说他常吟一首诗：

刻木牵丝作老翁，鸡皮鹤发与真同。

须臾舞罢寂无事，还似人生一世中。

这是梁锽的《咏木老人》诗，也称《傀儡吟》，虽非玄宗自作，却能传达他晚年的心境。

玄宗在位年久，才分又高，诗文皆足名家，只是因身为君主，不能流连风景，咏花嘲月，又不能纵游山川，即景赋咏，影响了他的文学发挥。就书法言，他的行书真迹《鹡鸰颂》妩媚俊秀，而泰山刻石文作大字隶书，也气象沉稳，力量张扬，他也有楷书的名碑，只是不太流行而已。他是时代的骄子，开创了一个鼎盛的时代。引杜甫的诗来作结束吧。玄宗晚年失政，杜甫是最早有所察觉和警告的，经历十多年乱离，他更怀念玄宗创造的全盛时代：

忆昔开元全盛日，小邑犹藏万家室。

稻米流脂粟米白，公私仓廪俱丰实。

九州道路无豺虎，远行不劳吉日出。

齐纨鲁缟车班班，男耕女桑不相失。（《忆昔行二首》之二）

若即若离的尴尬交往
——孟浩然在张九龄荆州幕府之始末

　　孟浩然与张九龄都是盛唐时代的重要诗人。孟浩然（689—740）是襄阳人，一生奔走，胸襟开朗，诗境高远，曾有求仕的想法，没有找到途径，也没有太多的牢骚，漫游南北，写诗自成气象。张九龄（678—740）较孟浩然年长十一岁，二十五岁进士登第后，长期在朝廷为官。出守洪州、桂州后，五十六岁入为宰相，三年后罢相，次年被贬为荆州长史。他是中国文学史上第一位来自岭南的大家，世称贤相，且以他的入罢宰相作为盛唐由盛转衰的分水岭，其实真相并不如此简单。他与张说并称二张，地位崇高又喜汲引年轻后进，对风气转变产生积极作用。他一生曾多次奔走于故里韶州与长安之间，过荆州后即沿汉江走商洛大道，经停襄阳，留下诗篇，不过在守荆州前，与孟浩然并无过从。在两人存诗中，张九龄并未曾在诗中提到孟，而孟则有多首诗写给张。两人在生命最后时光各归故里，死亡时间差不多同时，各自也没有悼挽对方的作品。仔细阅读两人存诗，可以发现两人交往的各种细节与心境。

一　张九龄罢相出守荆州

张九龄在开元十九年（731）初结束在岭南的官守，以秘书少监兼集贤院学士、副知院事，直接原因是张说去世，朝廷需要大手笔，他到京撰《祭张燕公文》，次年受诏撰张说墓志，正可看到其间的传承关系。二十年八月，以工部侍郎知制诰。二十一年闰三月，加正议大夫。五月，加检校中书侍郎。不久，因母丧南归。玄宗用人心切，当年末就夺情起复，以"风望素高，人伦是仰"的评价，命为宰相。命相前，他为玄宗起草过内政外患的各类文书，随玄宗北巡，起草《后土赦书》，对御起草，十三纸一气呵成，玄宗赞其有王佐之才。他与同僚的关系也颇和睦，如《和吏部李侍郎见示秋夜望月忆诸侍郎之什其卒章有前后行之戏因命仆继作》，李侍郎为李林甫，先作诗赠吏部侍郎韩朝宗、户部侍郎席豫，九龄和之，互有戏谑，且以李诗附入己集，可见当时交谊良好。

九龄拜相后，奏置十道采访使及朝集使，又撰敕处分县令，这是有益地方治理的重要举措。他尊重实际，建议不要禁止民间私铸铜钱，都有助治道。在相位一年，即进任中书令，居首辅之尊。到开元二十四年十一月罢知政事，张九龄实际在相位二年十一个月，今存他其间起草文书数量巨大，史籍记载也极其丰富，大都赞赏他以正言立朝，内外处置得当。《剑桥中国隋唐史》认为他多据儒家典籍以谋政，看起来立说弘正，实际建树并不多，也是一种见解。其间，他先反对李林甫入相，《资治通鉴》引他的话说"臣恐异日为庙社之忧"，很可能出后人附会。又反对因军功以张守珪为相，原因是"宰相者代天理物，非赏功之官也"。后一项，玄宗接受了，对李林甫，则不取张谏。在张审素二子复仇案中，九龄拟活二子，另二相坚持按法决杀，玄宗赞成二相，可见张九龄在逐渐失去玄宗之信任。

九龄之罢相，直接原因有二，一是反对牛仙客加尚书，二是谏阻废太子，后一事直接触犯了玄宗的逆鳞。次年四月，九龄在岭南时的判官，时任监察御史的周子谅，引用谶言，妄陈休咎，劾奏宰相牛仙客。玄宗勃然大怒，直接在朝堂上将周子谅打死，且诛杀太子瑛等三王，又以"慕近小人，亏于大德，素所引用，险诐遂彰"的罪名，贬九龄为荆州长史。九龄《荆州谢上表》也述"闻命惶怖，魂胆飞越，即日戒路，星夜奔驰"。他知道周子谅闯祸太大，玄宗没有追究他在幕后指使，仅说用人不当，已经很宽弘了。自己前途已结束，也可断言。

荆州在今湖北南部，唐时设大都督府，地当南北、东西交通的孔道，长史其实就是都督府主官。九龄虽遭贬窜，其实尚领大镇，但他的心情则已崩坏之极。这里录他的《荆州作二首》之二，以见他失落的心情：

千载一遭遇，往贤所至难。问余奚为者？无阶忽上抟。
明圣不世出，翼亮非苟安。崇高自有配，孤陋何足干！

遇恩一时来，窃位三岁寒。谁谓诚不尽，知穷力亦殚。
虽至负乘寇，初无挟术钻。浩荡出江湖，翻覆如波澜。
心伤不材树，自念独飞翰。徇义在匹夫，报恩犹一餐。
况乃山海泽，效无毫发端。内讼已惭沮，积毁今摧残。
胡为复惕息，伤鸟畏虚弹。

这里的"无阶""孤陋"都指自己出身南方孤寒之家，在朝中并没有强大的势力。而自己受玄宗的知遇，三年为首辅，更属千载难逢，前贤所未遇。他赞扬玄宗是不世出的明圣之主，自己能力有限，但一切皆只是感恩尽诚。虽然有负玄宗的信任，但决没有挟权术钻营的企图。他自我点检，深怀惭沮，也自知得罪人已多，深惧积毁摧残，"伤鸟畏虚弹"，增加新的伤害。虽然史籍中有许多李林甫打击报复张九龄的传闻，事实是张九龄并没有受到更进一步的处分。

二　孟浩然入荆州幕

上节所述，孟浩然未必了解。他是山人，是名士，远离朝廷，也多有朋友，可能有风闻，未必能知其详。孟经何人推荐进入张幕，没有留下记录。估计可能一是宋鼎，他在荆州任上为张九龄所代，改襄州刺史。孟浩然当年有《和宋大使北楼新亭》，末云："愿随江燕贺，羞逐府寮趋。欲识狂歌客，丘园一竖儒。"祝贺宋之来任，但似乎不愿意在本州府僚间任职。宋与张、孟二人关系都好，可以作介绍。二是王维。王维当然知道九龄的遭际，有诗表达安慰："所思竟何在？怅望深荆门。举世无相识，终身思旧恩。"（《寄荆州张丞相》）对张有知遇之感。九龄《答王维》："荆门怜野雁，湘水断飞鸿。知己如相忆，南湖一片风。"次句是说朝中很少人与自己联系，更感王维之足为知己。王维是孟浩然的知交，也理解孟之人品与诗歌，可能作出推荐。

孟浩然先给张九龄上诗表明态度：

八月湖水平，涵虚混太清。气蒸云梦泽，波撼岳阳城。
欲济无舟楫，端居耻圣明。坐观垂钓者，空有羡鱼情。

此诗，宋本《孟浩然诗集》题作《岳阳楼》，《四部丛刊》本《孟襄阳诗集》题作《临洞庭》，敦煌遗书伯二五六七题作《洞庭湖作》，《唐诗纪事》卷二三题作《湖上作》，皆未必恰当。岳阳楼是开元初张说守岳州时所作，当时叫南楼，孟浩然时恐怕还没有岳阳楼的名称。《文苑英华》卷二五〇题作《望洞庭湖上张丞相》，校"集作《岳阳楼》"。《全唐诗》卷一六〇题作《望洞庭湖赠张丞相》，较近其实。张九龄五月到荆州，孟浩然八月驰诗表明愿意出仕的心情。所谓"望洞庭湖"可以是实写，也可以是虚构。孟浩然前此曾游湘中，对此并不陌生。重要的是孟表明心迹，自己愿意出仕，只是一直缺乏机缘，时代如此伟大，退居乡间实在惭愧得很。也就是说，只要张九龄接纳，自己愿意成行。至于此诗为面呈或寄赠，很难确断。

三　孟浩然在张幕初期之随祭与游猎

可以确认，孟浩然入幕后赠张的第一首诗是《荆门上张丞相》：

共理分荆国，招贤愧楚材。《召南》风更阐，丞相阁还开。
靓止欣眉睫，沉沦拔草莱。坐登徐孺榻，频接李膺杯。
始慰蝉鸣稻，俄看雪间梅。四时年籥尽，千里客程催。
日下瞻归翼，沙边厌曝鳃。伫闻宣室召，星象列三台。

诗写得堂堂正正。首先说张丞相受皇帝委命治理荆楚之地，广召贤材，自己愧膺所选。次言丞相开阁荆门，恰如《召南·甘棠》诗美召伯播教化于南方。再言汲引自己于草莱之中，见面后即喜在眉眼之间。孟虽有诗名，身份只是布衣。其后用东汉陈蕃设榻礼贤徐穉（字孺子）、李膺容接贤士，称道张对自己的礼遇。此后四句，似说最初联络的时候为夏末之六月，到一年将尽之际方得成千里之行，其间张似曾数度催促。最后四句，说张九龄很快会被朝廷召回，重获重用。"曝鳃"是写穷困之貌，是自述，不会以此喻张。细味此诗，孟浩然对张的出守始末未必了解，只是被召入幕间说了许多场面上的客气话。

这里有一问题必须澄清。孟浩然存诗有《彭蠡湖中望庐山》，诗末云："我来限于役，未暇息微躬。淮海途将半，星霜岁欲穷。寄言岩栖者，毕趣当来同。"诸家释"于役"为"因公出使"，而孟浩然平生仅在张九龄幕府这一段曾身负官责，因此认为本年岁末，孟浩然曾受张九龄差遣出使淮海。佟培基《孟浩然诗集笺注》（增订本）释"于役"为"在外远行"，引《毛诗正义》释《王风·君子于役》序云："君子行役无期度，大夫思其危难以风焉。"较为准确。此诗前半述江行见庐山之壮丽："中流见匡阜，势压九江雄。"只是自己已经确定直接到淮海的目标，未遑停留，感到遗憾，不能说是奉公务出行而作。

开元二十五年（737）十月，朝廷遣左丞相以下祭祀五岳四渎，以祈佑山川灵护，天地兆吉，各州郡守令也分别祭祀名山大川，荆州的祭祀点在当阳境内的紫盖山，且要在冬至前完成。此次祭祀，张九龄带领包括孟浩然在内的幕僚前往。九龄有诗《祠紫盖山途经玉泉山寺》：

指涂跻楚望，策马傍荆岑。稍稍松篁入，泠泠涧谷深。
观奇逐幽映，历险忘岖嵚。上界投佛影，中天扬梵音。
焚香忏在昔，礼足誓来今。灵异若有对，圣先其可寻。
高僧闻逝者，远俗是初心。藓剥经行处，猿啼燕坐林。
归真已寂灭，留迹岂沉湮。法地自兹广，何云千万金！

紫盖山在今当阳县南，因荆州境内无高山，就选此山祭祀。

玉泉山寺则在今当阳城郊不远，因为隋代名僧智者大师曾驻锡此寺，因而名重一时。无论必经还是有意绕道，张九龄祠山是公事，访寺则是怀抱景仰。全诗几乎都写访寺，说自己久存此愿，发誓来礼敬。诗从远景写到近观，松篁、涧谷写寺景之幽深出俗。后半篇写礼敬高僧时的感悟，这里看到他的佛学修养，也可以看到他在政治上失意时，在用世与出世间的重新思考。智者长期出世修行，看似远俗寂寞，其实成就的事业也同样伟大。"法地自兹广，何云千万金！"能说没有意义？

次年春行县时，他再经此途，方感前此所见冬间景物衰瑟，更作《冬中至玉泉山寺属穷阴冰闭崖谷无景及仲春行县复往焉故有此作》：

灵境信幽绝，芳时重暄妍。再来及兹胜，一遇非无缘。
万木柔可结，千花敷欲然。松间鸣好鸟，竹下流清泉。
石壁开精舍，金光照法筵。真空本自寂，假有聊相宣。
复此灰心者，仍追巢顶禅。简书虽有畏，身世亦俱捐。

他写出春间寺景的另一番生机盎然的景象。值得玩味的是"真空本自寂，假有聊相宣"，他体会到佛法万物为假有，世事徒增烦恼的道理，也体会到历来用世失败者修禅出世的良苦用心。

孟浩然仅存前一次随行之作《陪张丞相祠紫盖山途经玉泉诸寺》：

望秩宣王命，斋心待漏行。青衿列胄子，从事有参卿。
五马寻归路，双林指化城。闻钟鹿门近，照胆玉泉清。
皂盖依松憩，缁徒拥锡迎。天宫上兜率，沙界豁迷明。
欲就终焉志，先闻智者名。人随逝水殁，止欲覆船倾。
想像若在眼，周流空复情。谢公还欲卧，谁与济苍生？

　　他随从祠山，前四句写祠山之庄重：因为祠山是传达王命，
不仅前此斋心净沐，待漏即天未亮就出发，而且有年轻士人
与幕府诸人陪祭。五马指刺史，双林为佛修行之所，将近玉
泉寺，听到佛寺钟声，他想到故乡的鹿门寺。他在《夜归鹿
门寺》写"山寺鸣钟昼已昏，渔梁渡头争渡喧"，一切似曾
旧游。回到眼前，他见到寺僧知府公要来寻访，早就拥锡列
队欢迎。下面写对佛法的体会，游寺的感受，都是从旁观的
立场，没有张九龄的代入感。值得玩味的是最后两句："谢
公还欲卧，谁与济苍生？"用东晋谢安的故事，代指做过宰
相的张九龄。据说谢安（字安石）曾高卧东山，时人有"安石
不起，其如苍生何"的感慨。他陪张九龄游寺，张九龄对
佛法之庄重投入，且有远俗出世、身世俱捐的感慨，是与
自身政治上遭遇严重挫败的遭际有关，在佛法空寂的环境
中找到自己内心的安慰。孟浩然对此似乎全无所解，以不
要放弃东山再起的机会来加以劝勉，估计张九龄也不太会
赞同。

　　孟浩然还有两首陪同张九龄的诗，在张诗中没有对应作
品。一首是《从张丞相游纪南城猎戏赠裴迥张参军》：

▼（明）沈周《临戴
文进谢安东山图》
上海博物馆藏
东晋名臣谢安高卧东山
隐居，后临危受命，挽
救时局。

从禽非吾乐，不好云梦田。岁暮登城望，偏令乡思悬。

公卿有数子，车骑何翩翩！世禄金张贵，官曹幕府连。

顺时行杀气，飞刀争割鲜。十里届宾馆，征声匝妓筵。

高标回落日，平楚散芳烟。何意狂歌客，从公亦在旃。

纪南城在江陵西北，是楚国故都所在地。张九龄利用冬至前的时间，带领幕府群僚参观古城，参与者包括居住在荆州的公卿，以及车骑军将，是一次州府全员出行的重大活动。从"顺时行杀气，飞刀争割鲜"二句看，打猎是节庆的公开活动，且猎获颇丰。猎后前往宾馆，有妓乐为之侑宴。这样的活动，孟浩然很兴奋，自称狂歌客，得侪身其间为幸。

另一首是《陪张丞相自松滋江入舟东泊渚宫作》（题据《唐百家诗选》卷一）：

> 放溜下松滋，登舟命楫师。讵忘经济日，不惮涸寒时。
> 洗帻岂独古，濯缨良在兹。政成人自理，机息鸟无疑。
> 云物吟孤屿，江天辨四维。晚来风稍急，冬至日行迟。
> 猎响惊云梦，渔歌激楚词。渚宫何处是？川暝欲安坻。

此诗应作于前诗后不久，冬至之日，张九龄与幕府诸人自荆州以西百里之松滋坐船，沿江放舟，泊于渚宫。渚宫在荆州以南，是楚之别宫所在地。从诗中可以读出，当时天气很冷，风也很大，诸人游兴极高。"云物吟孤屿，江天辨四维"写江行景物，孟浩然联想到谢灵运咏温州孤屿描述的江水奔流、水天一色之景况。州府在岁末是可以有一些游乐的活动，张九龄作为主官，可以与众人同乐，未必可以写出，孟浩然顾忌少一些，尽管他也一再说"讵忘经济日"，没有耽搁工作，"政成人自理"，府主治理有成而官府事少，更多是难以掩饰的愉悦。"猎响惊云梦，渔歌激楚词"，动静很大，不仅刚参与打猎，且一路歌吟不断，兴高采烈。

四　入幕次年，孟浩然陪同张九龄行春巡县

开元二十六年（738）春初，张九龄有《立春日晨起对积雪》：

忽对林庭雪，瑶华处处开。今年迎气始，昨夜伴春回。
玉润窗前竹，花繁院里梅。东郊斋祭所，应见五神来。

孟浩然有奉和，题作《和张丞相春朝对雪》：

迎气当春至，承恩喜雪来。润从河汉下，花逼艳阳开。
不睹丰年瑞，焉知燮理才。撒盐如可拟，愿糁和羹梅。

这一年立春在元日以后，朝中玄宗亲迎气于东郊，祭青帝。
各州郡接到朝廷知会，也举行斋祭迎气的活动，恰好荆州又
下了一场大雪。张九龄见雪后林庭皆为大雪覆盖，雪中更喜
花开竹润，梅花繁绽，心情大好。孟浩然奉和诗用同一韵
部，迎合意味很浓，但也自成气象。"润从河汉下，花逼艳
阳开"二句，很切此时此地之情景。盖荆州辖地含长江与汉
江两流域，"润"既是河汉带来的流水，也包含朝廷的恩德。
立春后春光开始明媚，用"花逼艳阳开"来形容。当然他也
明白自己在幕中仅是清客的身份，后四句恰当地表达对丞
相处治州政之赞美。俗话说"瑞雪兆丰年"，孟浩然借此言
丰年雪兆，更见丞相在荆州之燮理得当，天人感应。最后两

句用著名的东晋才女谢道蕴与谢朗咏雪故事，"撒盐空中差可拟"是一个并不成功的例子，孟浩然以拙见巧，借此引出和羹盐梅以誉政治上济世有为的例子，赞美张九龄之为政有成，瑞雪呈象。

这年春间张九龄因职守所在而巡视诸县，孟浩然亦得陪行。张九龄《登临沮楼》：

> 高深不可厌，巡属复来过。本与众山绝，况兹韶景和。
> 危楼入水倒，飞槛向空摩。杂树缘青壁，樛枝挂绿萝。
> 潭清能彻底，鱼乐好跳波。有象言难具，无端思转多。
> 同怀不在此，孤赏欲如何？

沮水是长江荆州段的一条支流，流经当阳境内和漳河合流，今称沮漳河。张九龄巡属县到当阳，登楼赋诗，看到韶景美好，楼影入水，飞檐凌空，众树苍翠，潭清见底，鱼游潭中，自如快乐。这引起了他的感慨，有象的景物难以言表，无端的思绪更涌上心头。他很遗憾同怀者即可以理解自己的人不在身边，孤独欣赏的感受不知向谁倾诉。

孟浩然是有可能随行的。他有《陪张丞相登嵩阳楼》："独步人何在？嵩阳有故楼。岁寒问耆旧，行县拥诸侯。林莽北弥望，沮漳东会流。客中遇知己，无复越乡愁。"嵩阳在今河南登封，今人陶敏《全唐诗人名汇考》据诗中"沮漳东会流"，疑所登为当阳楼，也很可能即临沮楼。不过孟诗有"岁寒问耆旧，行县拥诸侯"，应该是曾两次经过这里，岁寒时是往紫盖山祭祀，此次则是行县，二诗体式不同，不是同一次所写。孟诗中独步、知己皆指张九龄，前者称他诗文独步当代，后者感谢自己在客中得到照顾，有知己之感。孟诗是五律，写景、写事、写自己感受，都简峻明快。问题是二诗对读，则孟以张为知己，张不认为孟与己同怀，彼此是有距离的。

张九龄在州府，有《登荆州城楼作》：

天宇何其旷，江城坐自拘。层楼百余尺，迢递在西隅。
暇日时登眺，荒郊临故都。累累见陈迹，寂寂想雄图。
古往山川在，今来郡邑殊。北疆虽入郑，东距岂防吴。
几代传荆国，当时敌陕郛。上流空有处，中土复何虞。
枕席夷三峡，关梁豁五湖。承平无异境，守隘莫论夫。
自罢金门籍，来参竹使符。端居向林薮，微尚在桑榆。
直似王陵戆，非如宁武愚。今兹对南浦，乘雁与双凫。

荆州在春秋、战国时是楚国的故都，大唐一统天下，也独得形胜之地。九龄登上城楼，感到天宇广阔，城楼高耸，处处可以看到以往之旧痕，也能想见楚国全盛时期的雄伟规划。这是怀古。此后十二句述今。"人事有代谢，往来成古今。江山留胜迹，我辈复登临。"孟浩然这首《与诸子登岘山》开篇的几句，可能张九龄曾读到，也许没有，但感慨是相同的。他看到眼前的一切都变了，在升平年代，四方必争之地失去了原来的意义，天下一家，

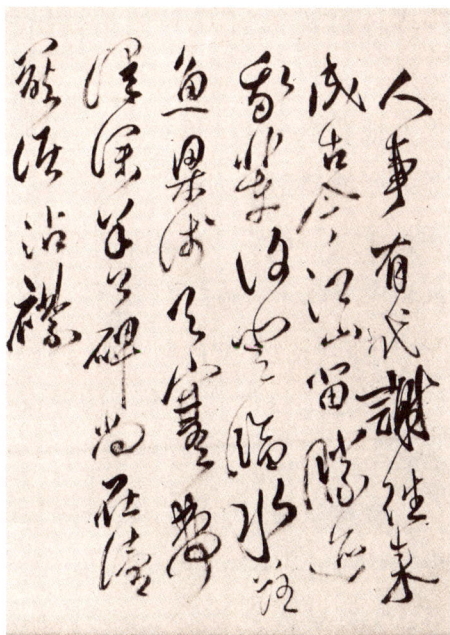

（清）傅山草书《孟浩然诗卷》（局部）

故宫博物院藏

此长卷中第一首诗即为孟浩然《与诸子登岘山》。"人事有代谢，往来成古今。江山留胜迹，我辈复登临"，有着深沉的历史喟叹。

"承平无异境"，"中土复何虞"，这里只是四方通衢，没有守隘拒敌的责任。最后表达自己的感慨，守郡闲居，"微尚在桑榆"，只想安度晚年。戆、愚是对自己直道为政的自评。登城楼而见南浦，他羡慕的是能如群雁双凫一样地飞翔。这是张九龄在荆州对幕中诸人所示诗中，稍微有些个人情怀的作品，话也只能说到这样了。孟浩然有和诗：

> 蓟门天北畔，铜柱日南端。出守声弥远，投荒法未宽。
> 侧身聊倚望，携手莫同欢。白璧无瑕玷，青松有岁寒。
> 府中丞相阁，江上使君滩。兴尽回舟去，方知兹路难。

宋本《孟集》题作《陪张丞相登荆城楼同寄荆州张史君》，显然有误，张丞相与"荆州张史君"应该就是同一人啊。据其他各本与《全唐诗》，可以确认诗题应为《陪张丞相登荆州城楼因寄蓟州张使君及浪泊戍主刘家》，虽然"蓟州张使君"和"浪泊戍主刘家"究为谁人还难以确指，但从诗中可以体会孟浩然对张九龄颇多宽慰之意。他说今京津一带的蓟门是最北的州了，而马援南征立铜柱而返，其地在今越南境内，是大唐的最南州境。为官立朝出守都是常事，出守者可以声华远被，但朝廷的峻法也无往而不在。接着两句，他说追随登楼，理解丞相的心境，携手但也抱持分寸。其后赞誉张之白璧无玷，青松岁寒，兴尽归舟，方理解世途艰辛，人生不易。就诗意言，我觉得原题可能就是《陪张丞相登荆州城楼》，同寄或因寄下很可能皆出传误。

五　分手后的张九龄与孟浩然

孟浩然在张九龄荆州幕府停留多长时间？目前没有准确记录，一般估计不到一年，也可能就在开元二十五年冬到二十六年春间，目前看不到夏秋之间诗作，可能只有半年左右。两人前此并无交游，在荆州幕府中就是旧宰相任主守官，与僚属的关系。从前引诸诗看，孟浩然写诗不能说不勤奋，场面上的周到与地位的悬隔，也都有很好的拿捏，可惜就是没有进入个人感情的交流。据近人何格恩

《张曲江诗文事迹编年考》的推测，张的代表诗篇《感遇十二首》《杂诗五首》《叙怀》等，皆作于荆州期间。经历了政治上的大起大落，张九龄的内心思虑极其复杂，真是忧时伤命，磊落无诉。孟浩然是天才的诗人，也是政治上的局外人，张九龄无法与之交流，更谈不上倾诉。他所感受到的君臣知遇的跌宕变化，他所遭遇的青云跌落之波惊云诡，无法言传，更不能谈及，这是他的无奈，也使孟浩然无法理解他的不幸。两人虽有这一段交际，其实并没有建立起个人友谊。可能彼此都感受到了，孟浩然毕竟是知趣而有理解才分的人，找理由离开总是方便的。张九龄当然并不留难，他的存诗不能说不丰富，但完全没有孟浩然的踪迹，就有些说不过去了。

开元二十七年（739），张九龄进封始兴县开国伯，食邑五百户。这是该年玄宗加尊号赦推恩所致，不专因张九龄，但也知玄宗对他没有进一步的追究。这一年，九龄有诗《始兴南山下有林泉常卜居焉荆州卧病有怀此地》，知在荆州身体已经不好，因此想到故乡始兴即韶州的林泉。二十八年春，他请假南归拜扫，五月即卒于韶州私第，年六十三。史传载他卒年六十八，因墓志出土可得纠正。

孟浩然在开元二十六年夏秋前，辞幕回归襄阳。二十八年，王昌龄经过襄阳，孟浩然背疽方愈，喜见故人，欢饮宴谑，"食鲜疾动"（王士源《孟浩然诗集序》）而亡，年五十二。他的去世，与张九龄几乎就在同一个月。

张、孟二人皆有才分而个性很强，加上地位悬隔，张九龄经历高层剧烈变动而深怀难以言宣的痛苦，孟浩然无从知晓与理解。两人很尴尬地同事了一段时间，分手也没留下任何文字。后人远望似为一段佳话，仔细阅读他们的存诗，似乎一直有些若即若离。估计彼此很快也都明白了，结束了这段交往。

杜甫与郑虔的忘年交

　　杜甫晚年在夔州回忆早年经历，有二句云："脱略小时辈，结交皆老苍。"《壮游》没有特指老苍为谁，从语意说，当然是一群前辈均与他有深厚交往。细节如何，前人考镜并不太多。二十多年前郑虔墓志在洛阳附近出土，其生卒之年皆为以前所不知，用公元来标识为691—759，也就是说他比杜甫年长了二十一岁，整整隔了一代人。但读杜甫诗，他们在升平年代有同游，有戏谑，有愤懑，当然也离不开饮酒，似乎并没有年龄的悬隔。经历了时代的动荡，两人遭际不同，处境大异，生离死别，怀想追忆，留下惊心动魄的记录。郑虔是一个才华横溢、秉性自负而又孤独不群的人，他本人的著作几乎全部失传，仅存的一首诗无足称道，他与同时代诸多大诗人似乎也很少有过从。只有杜甫视他为知己，留下交往、怀念的大量诗篇。结合史传、墓志以及其他文献，我们可以将两人生死不改的忘年交谊，作一大体的还原。

一　郑虔的家世、生平与才学

郑虔，《新唐书》卷二○二有传，多来自笔记传闻。《书法丛刊》2007年第6期发表洛阳出土卢季长撰《大唐故著作郎贬台州司户荥阳郑府君并夫人琅琊王氏墓志铭》，方让世人对他的家世生平有了清晰准确的了解。在此以前，笔者据《全唐文补遗·千唐志斋新藏专辑》所刊墓志录文，撰《〈郑虔墓志〉考释》一文，初刊《传统中国研究集刊》第三辑（上海人民出版社，2007），就此一墓志对郑虔生平的还原，对杜诗研究的价值，做过详尽的解读。郑虔，字趋庭，排行十八。旧说字若齐，一作弱齐，晚出不知所据。他是郑州荥阳人，父亲郑镜思曾官秘书郎，不算杰出。但如果将这方墓志与此一家族前后所出墓志放在一起分析，可以知道他是《北齐书》卷二九有传的郑述祖的五世孙，述祖之父则是郑道昭，云峰山石刻和《郑文公碑》之书者，北朝最负盛名的书家。如果更作追溯，郑道昭家族是西汉名臣郑当时的后裔，汉唐以来最著名的文化世家。

郑虔承先人之余绪，墓志称他"弱冠举秀才，进士高第。主司拔其秀逸，翰林推其独步"，

▼（北魏）郑道昭《登云峰山观海童诗》石刻（局部）

估计是在玄宗开元前期。杜甫《八哀诗》"早闻名公赏"句自注："往者公在疾，苏公颋位尊望重，素未相识，早爱才名，躬自抚问，临以忘年之契，远迩嘉之。"苏颋为相在开元四年（716）至八年初，他为苏颋所知时年尚不及三十。《历代名画记》卷九称"苏许公为宰相，申以忘年之契，荐为著作郎"。著作郎为郑虔天宝后期任官，时苏颋去世已久，显为误记。

郑虔的仕历，《墓志》记载为"解褐补率更司主簿，二转监门卫录事参军，三改尚乘直长，四除太常寺协律郎，五授左青道率府长史，六移广文馆博士，七迁著作郎"，凡历七官。结合其他记载，部分历官的时间可以得到确定，如解褐补率更司主簿，开元十二年在职。以太常寺协律郎，坐私修国史，被贬十余年，大约在开元后期至天宝初。天宝九载（750），授广文馆博士。广文馆博士为正六品上，《唐会要》卷六六载其职责是"领国子监进士业者"，郑虔是首任博士，当时及后世皆因此称他郑广文。天宝十三载，诗人綦毋潜接任广文馆博士，郑虔在同时或稍晚迁著作郎。《旧唐书·职官志》载著作郎官品为从五品上，职守是掌"修撰碑志、祝文、祭文"，在中层文官中属于清闲而高雅的职位。

《墓志》称郑虔"又工于草隶，善于丹青，明于阴阳，邃于算术，百家诸子，如指掌焉。家国以为一宝，朝野谓之三绝"。涉及领域很广。其书法以草书和隶书著名，世传草书《大人赋》真伪难定，近年洛阳出土残刻《阿弥陀像记》，署"都水丞刘汉□，郑虔书"，是典型的右军体书，可见郑虞书法的风神。其"善于丹青",即工绘画。他的画迹,见于唐人笔记和书画录者有佛寺画壁五六处,北宋《宣和画谱》卷五所载北宋末御府所藏其画迹,有"摩腾三藏像一、陶潜像一、《峻岭溪桥图》四、《杖引图》一、人物图一",其中《峻岭溪桥图》,以及他书所载《秋峦横霭图》《山庄图》或尚存世。"明于阴阳,邃于算术",是说他在方技术数方面的造诣;而"百家诸子,如指掌焉",则是指他对前代以经史、百家为代表的历代典籍的熟稔。郑虔的著作,除曾给他惹祸的修史外,至少还有《天宝军防录》、《胡本草》七卷和《会粹》(又名《会最》)三种见于记录。此三书笔者均曾作过分析与辑录,可以确认《天宝军防录》关注的重点是天宝间边境战争的攻守方略,《胡本草》涉及周边各国的本草药物,《会粹》是一部四十多卷的类书,笔者曾从唐末人著《北户录注》中辑录佚文二十多则,内容多与南方异物有关。

郑虔的成就是与他早年的发愤努力分不开的。《尚书故实》载其"学书而病无纸,知慈恩寺有柿叶数间屋,遂借僧房居止,日取红叶学书,岁久殆遍"。他曾自写其诗画呈献,玄宗御题"郑虔三绝",从此名满天下。玄宗本人书学造诣很高,他对郑虔的肯定,估计对其天宝间的起复与广文馆之设置,都有特殊意义。

二　安史乱前杜甫与郑虔的交往

杜甫与郑虔首度认识是什么时间,没有留下记录。笔者倾向于在开元后期。证据是杜甫与较他年长的郑虔、苏预（即苏源明，避代宗讳改名可能在他死后）来往密切。其《壮游》述"忤下考功第"出游南北时，有"苏侯据鞍喜"句，明白交代那时已经关系密切。在苏逝世后，他在《八哀诗》说"结交三十载"，如果是实写，可以追溯到开元二十年前后，杜甫二十岁左右。当然这是指苏预。到天宝间，三人之关系已经发展到无话不谈，经常同游戏谑的程度。天宝间有诗《戏简郑广文兼呈苏司业》：

广文到官舍，系马堂阶下。醉则骑马归，颇遭官长骂。
才名三十年，坐客寒无毡。赖有苏司业，时时乞酒钱。

诗是郑虔任广文馆博士末期所写，那时苏任国子司业，在天宝十三载。这里调侃郑虔，到官舍上班，骑马倒是通例，问题是官舍太小，只能将马系在衙署前的堂阶旁，见他为官之困蹙。醉后骑马归，唐代也属醉驾，被有司所责罚，可以想见。郑虔本人是广文馆的第一把手，但在京城比他大的官员林林总总。杜甫偏说"官长骂"，未必实写，只是说广文馆博士有些窝囊。这里说"才名三十年"，是说从登第入官，享天下才名已久，家境仍很寒窘。"坐客寒无毡"是说接待客人的地方没有铺毡，没有地暖。最后更说，好在苏司业有钱，穷困的时候总有借钱的所在。郑、苏二位年长于杜，官高于杜，杜甫偏偏戏谑二人，无他，交谊密切，无所忌顾也。

杜甫晚年在夔州，也有诗《九日五首》之三回忆与二老之同游：

> 旧与苏司业，兼随郑广文。采花香泛泛，坐客醉纷纷。
> 野树敧还倚，秋砧醒却闻。欢娱两冥漠，西北有孤云。

这时苏、郑二人皆已去世，他想到以往出游，同去采花踏春，同去买酒寻醉，无所顾忌，随宜而安，遇树何妨倚靠，醉醒偶闻秋砧，多么平常适兴，追想却已不可再得。两人已不在人间，自己也困居峡中，只能引领北望而已。

当年与郑虔同游的诗作，现在可以读到《陪郑广文游何将军山林十首》，还有《重过何氏五首》，郑虔是否再度陪游，则不得其详。从诗中看，山林规模很大，这位何将军不知何名，很大可能出自昭武九姓中的何国。其中一诗说："万里戎王子，何年别月支？异花开绝域，滋蔓匝清池。汉使徒空到，神农竟不知。露翻兼雨打，开坼渐离披。"可以体会，将军是西域胡人，现在备位宿卫，他的园林中长满来自域外的异花，汉使从未听闻，托名神农编著的《本草经》从未记录。这里透露一重大秘密，即郑虔曾著《胡本草》七卷，而他本人并没有出行异域的经历，他所根据的，大约就是何将军山林一类胡人在长安开辟的苑囿。杜甫诗题说"陪郑广文"，是郑虔希望参访，杜甫为之作介陪同。郑虔既熟于胡地药用植物，当然希望穷尽参览，杜甫陪同而得多闻异说，也颇欣然。

杜甫越是了解郑虔的才华与博学，越是为他的官位不达、命运不顺而愤懑，某次醉后，他将内心的蓄积直泄而出，写成酣畅淋漓的长诗《醉时歌》：

诸公衮衮登台省，广文先生官独冷。
甲第纷纷厌粱肉，广文先生饭不足。
先生有道出羲皇，先生有才过屈宋。
德尊一代常坎轲，名垂万古知何用！
杜陵野客人更嗤，被褐短窄鬓如丝。
日籴太仓五升米，时赴郑老同襟期。
得钱即相觅，沽酒不复疑。
忘形到尔汝，痛饮真吾师。
清夜沉沉动春酌，灯前细雨檐花落。
但觉高歌有鬼神，焉知饿死填沟壑。
相如逸才亲涤器，子云识字终投阁。
先生早赋《归去来》，石田茅屋荒苍苔。
儒术于我何有哉？孔丘盗跖俱尘埃。
不须闻此意惨怆，生前相遇且衔杯。

这是杜甫集中最接近李白诗风的作品，是为郑虔发声，更为自己困守长安多年，求科第，求仕宦，一事无成而宣泄不满。特别值得注意的是，《长安志》卷七载国子监在朱雀街东第二街北起第一坊务本坊之西半。广文馆在国子监西北隅，其地适与皇城东南门安上门相对。安上门内，为礼部南

広运门　　　承天门　　　　长乐门　　　　　嘉福门

皇　城

将作监

大理寺　卫尉寺　尚辇局　尚舍局　　司农寺　　尚书省　　都水监　光禄寺　　军器监

秘书省　右威卫　右领军卫　左领军卫　吏部南院　礼部南院　　少府监　　左藏外库院

驸马坊　司农寺草坊　　废石台　　司天监　御史台　宗正寺　太仆寺　太府寺

郊社署　大社　　鸿胪客馆　鸿胪寺　　太常寺　　太庙　中宗庙　元献皇后庙　太庙署

含光门　　　朱雀门　　　安上门

太平坊　　　光禄坊　　　兴道坊　　　◆广文馆　国子监　　务本坊

▼ **广文馆位置示意图**

参考中华书局1985年版《唐两京城坊考》所载《唐代长安和洛阳考古实测复原图》与《西京皇城图》绘制。

由广文馆望向安上门内，正是"诸公衮衮登台省"之景象。

院、吏部选院、少府监、太府寺、太常寺等官署所在，为百官出入之要冲。因此诗中所述"诸公衮衮登台省"，是杜甫坐在郑虔广文馆前实见的景象。在杜甫心中，郑虔是道德的典范，堪与上古贤君比肩，是文学的宗师，绝不逊色于古之屈宋。郑虔之才德，肯定可以名垂万古，但他的生计何以如此艰难？这个意思，他后来怀念李白时，还说过一遍，就是"千秋万岁名，寂寞身后事"（《梦李白二首》其二）。诗的后半述二人各因失意而贪杯，因酒醉而各出狂言，说到生死，说到前贤境况，开始怀疑人生，以圣人与大盗并举，这些都是醉语的极端之辞。诗中如"清夜沉沉动春酌，灯前细雨檐花落"之写春夜对酌之迷茫感受，对屋外雨落檐花的细致观察，尤为明末王嗣奭《杜臆》所特别赞赏。"儒术于我何有哉"也属愤激之辞，酒醒后该干什么还干什么，不必从思想史上发掘其意义。

三　安史乱起后的不同命运

天宝十四载（755）十一月九日，幽州节度使安禄山以清君侧为名，举兵南下，震动全国。就在这几乎同时，杜甫作《自京赴奉先县咏怀五百字》，从一己生计艰难之遭遇，感到社会之贫富差别，民生艰难，提出"臣如忽至理，君岂弃此物"的警告。大乱乍起，他与郑虔似乎都没有具体的预案。杜甫此前接受了左卫率府胄曹参军的微官，乱后他将家人安排在远离长安的鄜州羌村，返回京城时，恰好遇到唐军兵败潼关，玄宗君臣弃宗庙、宫廷西奔，他则失身在安史乱军占据的长安城中。他那时诗名已起，叛军并不关心于此，官职至微，叛军对他没有兴趣，使他得以经常在失陷的京城走走看看，留下不少珍贵的记录。郑虔就没有这么幸运了，他官已至从五品，又是大名士，京城失陷，叛军强授其出任伪职。《历代名画记》卷九说他所授是水部员外郎，《新唐书》本传谓"伪授虔水部郎中。因称风缓，求摄市令，潜以密章达灵武"，《前定录》则说相士郑相如要郑虔受污后"赤诚向国"，他因此"心不附贼"。《墓志》则作"初胁授兵部郎中，次国子司业”，看来实际情况比传说更严重。按唐制，兵部郎中掌天下武官之阶品，从五品上；国子司业则为国子监副职，从四品下。在叛军治下肯定难有权势，更不一定附逆为恶，但受了如此显要的职位，确实解释不清楚了。

杜甫有《郑驸马池台喜遇郑广文同饮》：

> 不谓生戎马，何知共酒杯。燃脐郿坞败，握节汉臣回。
> 白发千茎雪，丹心一寸灰。别离经死地，披写忽登台。
> 重对秦箫发，俱过阮宅来。留连春夜舞，泪落强徘徊。

前人研究此诗，多认为是至德二载（757）春末杜、郑二人在长安相逢于驸马郑潜曜之池台而作，在杜是离开长安潜逃出京之前夕，在郑则有可能因此年初安禄山为其子所杀，降官稍得宽纵，因得归京。郑驸马是他们在天宝间的共同朋友，相约在此饮酒，既追怀往游，也相对安全一些。也有学者认为此诗为唐廷收复二京，郑虔虽被追责，还未遭贬时所作，时令上并不契合。《太平广记》卷二一二引《明皇杂录》说王维、郑虔等陷贼官，收京“俱囚于杨国忠旧宅。崔相国圆因召于私第，令画名画数壁”。那时是戴罪之身，未必能从容与杜甫相见。

上引诗无论作于何时，都是郑、杜二人最后一次见面的记录。杜甫在诗中说，没有想到在兵荒马乱之际，两人还能相见共饮。“燃脐郿坞败”一句，用东汉末董卓为乱败亡事，喻安禄山之死。“握节汉臣回”一句，用汉苏武身陷匈奴而不失汉节之事，称郑虔陷贼而不失节。两人见面，郑虔未必将所授贼官告杜，杜因此对郑有此表彰。其后说经乱各添白发，或释此为杜称赞郑白发丹心，忠于所事，皆可通。其后说彼此分别以来，历经生死磨难，披述遭际，重闻秦地箫声，重过驸马池台，流连春夜，泪落徘徊。这个春夜，杜甫是难以忘怀的。这时他四十六岁，还有精力奔走。郑虔六十七岁了，他真的老了，走不动了。相信杜甫曾向他说明趋向，郑虔当然深明事理，也应有些不得已的考虑。

杜甫从贼中逃出，奔赴凤翔行在，立朝为右拾遗。后以言事受排，往鄜州延接家小。归后不久，唐收复两京，杜甫也留下一些在京城为官的记录。郑虔则因受伪官事发，被追究罪责。对陷伪官员的处分在至德二载十二月发表，罪行严重者立即便遭处决，外贬者亦严令立即离京。郑虔以次三等治罪，贬台州（今浙江临海）司户参军。杜甫虽在长安，未及与郑虔面别，有诗《送郑十八虔贬台州司户伤其临老陷贼之故阙为面别情见于诗》：

> 郑公樗散鬓成丝，酒后常称老画师。
> 万里伤心严谴日，百年垂死中兴时。
> 仓惶已就长途往，邂逅无端出饯迟。
> 便与先生应永诀，九重泉路尽交期。

对于交往三十年的老友，遭此远贬，未能面别，实在是伤心至极。诗的前两句写郑虔的容貌和醉态，三、四句感慨国家中兴，而郑虔则遭受贬官万里以外的严厉处分，五、六句说郑虔仓皇离京以赴台州贬所，自己则不能亲为面别。诗中说"邂逅无端"，诗题则说"伤其临老陷贼之故，阙为面别"，显然不能饯别是迫于形势的无可奈何。这时杜甫已在长安，如果可以面别，相信他会不顾一切地前往送别。从中唐八司马被贬，韩愈被贬潮州情况看，被贬者几乎立即被逐出京城，甚至回家的机会都不给，郑虔涉及曾任伪职，能全首级，已是皇恩浩荡。杜甫最后两句说就此永诀，再见只能是黄泉路上了，极其沉痛，预言了两人友谊的最后结局。

郑虔南贬后的两年内，杜甫经历了外贬华州司功参军，弃官西行秦州，又南行入蜀的艰难曲折。尽管如此，他仍一直在关心郑虔的消息。离京前，他曾寻访郑虔的故居和往迹，作诗《题郑十八著作丈》：

台州地阔海冥冥，云水长和岛屿青。
乱后故人双别泪，春深逐客一浮萍。
酒酣懒舞谁相拽，诗罢能吟不复听。
第五桥东流恨水，皇陂岸北结愁亭。
贾生对鵩伤王傅，苏武看羊陷贼庭。
可念此翁怀直道，也沾新国用轻刑。
祢衡实恐遭江夏，方朔虚传是岁星。
穷巷悄然车马绝，案头干死读书萤。

《杜臆》认为题目末应补"故居"二字，也有人反驳郑虔还在世，不加为宜。时间是春天，郑虔南贬约经三月，杜甫寻访故迹，在第五桥东，皇子陂北，他看到穷巷寂寞，曾经的读书处，现在连相伴读书的萤火虫也干死了。他用了贾谊、苏武、祢衡、东方朔四个古人的遭遇，同情郑虔所遭命运之不公。核心是"可念此翁怀直道，也沾新国用轻刑"，因为郑虔的正直，他在官场并没有什么势力，可以比较的是诗人王维，有弟弟为宰相，得以免除惩罚。郑虔没有王维的幸运，但得全首级，仅贬台州，还是因为新还朝主政的肃宗皇帝的恩德。还能说什么呢，南贬的老人，就像春末的浮萍，无法把握自己的命运。

西行途中，杜甫作《有怀台州郑十八司户虔》：

天台隔三江，风浪无晨暮。郑公纵得归，老病不识路。
昔如水上鸥，今如置中兔。性命由他人，悲辛但狂顾。
山鬼独一脚，蝮蛇长如树。呼号旁孤城，岁月谁与度？
从来御魑魅，多为才名误。夫子嵇阮流，更被时俗恶。
海隅微小吏，眼暗发垂素。黄帽映青袍，非供折腰具。
平生一杯酒，见我故人遇。相望无所成，乾坤莽回互。

他说天台实在太遥远，靠近海边，风涛险恶，即便有机会返回，郑虔还能认识回家的路吗？水上鸥可以自在飞翔，置中兔就完全失去了自由。杜甫更想到围绕郑虔的自然环境与山魈木怪之险恶，他如何度过残生？杜甫说郑虔本来就是嵇康、阮籍那样的人物，直道直行，不愿随世俯仰，现在身为小吏，陶渊明尚不愿为县令之五斗米而折腰，郑虔更如何在那里立足？他引领遥望，见到的只是千山万水的阻隔。

他时时处处打探郑虔的消息，终于有些动静，立即写下感受。《所思》（自注：得台州郑司户虔消息）："郑老身仍窜，台州信所传。为农山涧曲，卧病海云边。世已疏儒素，人犹乞酒钱。徒劳望牛斗，无计斫龙泉。"终于有了消息，从中间四句看，似有郑虔本人传达的信息，临山务农，近海养病，至少是稍得将息。生计不理想，但还过得去。可堪玩味的是，郑虔是饱读诗书的人，诗说世不重儒，也包含台州文教薄弱。后世传郑虔为台州文教之祖，透露了一些消息。两人本是酒友，"人犹乞酒钱"是郑虔说这里之人还愿意给我施舍酒资。这些都让杜甫感到安慰。最后两句，说举头望星斗而遥想故人，可惜自己没有办法来给老友以任何帮助。龙泉，是越中所出之名剑。

四　郑虔身后杜甫对他的悼念与追怀

以往学者推测郑虔卒于广德二年（764），新出墓志明确记载他卒于乾元二年（759）九月二十日，大约即在杜甫到达秦州不久，很可能即在杜甫作前引《所思》一诗之际。杜甫得知郑虔死讯后，作《哭台州郑司户苏少监》：

故旧谁怜我？平生郑与苏。存亡不重见，丧乱独前途。
豪俊何人在？文章扫地无。羁游万里阔，凶问一年俱。

白首中原上，清秋大海隅。夜台当北斗，泉路著东吴。

得罪台州去，时危弃硕儒。移官蓬阁后，谷贵没潜夫。

流恸嗟何及，衔冤有是夫。道消诗兴发，心息酒为徒。

许与才虽薄，追随迹未拘。班扬名甚盛，嵇阮逸相须。

会取君臣合，宁诠品命殊。贤良不必展，廊庙偶然趋。

胜决风尘际，功安造化炉。从容拘旧学，惨淡阅《阴符》。

摆落嫌疑久，哀伤志力输。俗依绵谷异，客对雪山孤。

童稚思诸子，交朋列友于。情乖清酒送，望绝抚坟呼。

疟病餐巴水，疮痍老蜀都。飘零迷哭处，天地日榛芜。

这首诗肯定作于杜甫居蜀期间，且可据以知道他在同一年
获得两位生死与共的老友的凶问。苏预是高官，且亡于京
城，消息传递会快一些，最快七到十天，稍迟也就两三个
月。郑虔则远在台州，与蜀中联系极不方便。以往认为此诗
作于广德间，因诗有"移官蓬阁后，谷贵没潜夫"二句，另
《八哀诗》也云苏卒时"长安米万钱，凋丧尽余喘"，《旧唐
书·代宗纪》云广德二年自七月至九月，"大雨未止，京城米
斗值一千文"，又称"是秋，蝗食田殆尽，关辅尤甚，斗米
千钱"，坐实苏源明即死于此年。其实大乱之间，几乎每年
都伴随着大灾，史书有记载者仅属少数。杜甫与郑虔前已建
立联系，虽然他奔走道途，无论如何一两年间应该可以得到
消息，不会五年后方才得知吧！这首诗沉痛至极，开首就说
平生至交，就数郑、苏二人。"豪俊何人在？文章扫地无。"
豪俊是杜甫看到二人之性格，二人殁后，再无人可以与杜甫

谈论文章。此后数句，交替分写二人，"白首中原上"写苏，"清秋大海隅"写郑，"夜台当北斗"写苏，"泉路著东吴"写郑，"得罪台州去，时危弃硕儒"写郑，"移官蓬阁后，谷贵没潜夫"写苏，诗意都比较显豁。此后写自己的伤恸，兼及二人，但如仔细品味，"流恸嗟何及，衔冤有是夫"仍分恸二人。依此类推，此后各句仍各有侧重，如"会取君臣合，宁诠品命殊。贤良不必展，廊庙偶然趋"偏于写苏，也兼及郑，而"从容拘旧学，惨淡闷《阴符》。摆落嫌疑久，哀伤志力输"侧重写郑，也与苏有关。最后杜甫说自己拘守蜀地，悲痛之极，只能以一酹清酒，远望祭洒。自己可能也会终老巴蜀，天地之间日见榛芜，看不到希望，无从告慰两位老友。

杜甫因病困守夔州期间，写了许多回忆往事的诗篇，其中规模宏大的是《八哀诗》，分别写王思礼、李光弼、严武、汝阳王李琎、李邕、苏源明、郑虔、张九龄八人。其中张九龄是名相，王思礼、李光弼是名将，杜甫未有交往，但尊重他们对开元臻治与平定叛乱的贡献。李邕以文章、书法领袖开天文坛，严武对乱后西南稳定有重大贡献，杜甫写二人是公私兼顾。另外三人，都与杜甫交往密切，杜甫对三人的认识超绝时侪，是私不废公。写郑虔这篇题作《故著作郎贬台州司户荥阳郑公虔》，很壮重。篇幅太长，不能全录，仅说杜甫对郑虔学术、艺术成就的表彰：

天然生知姿，学立游夏上。《神农》或阙漏，黄石愧师长。
药纂西极名，兵流指诸掌。贯穿无遗恨，《荟蕞》何技痒。

▶ （唐）郑虔《峻岭溪桥图》
辽宁省博物馆藏
郑虔"善于丹青"，其自写诗画曾被唐玄宗赞为"郑虔三绝"。

圭臬星经奥，虫篆丹青广。子云窥未遍，方朔谐太枉。
神翰顾不一，体变钟兼两。文传天下口，大字犹在榜。
昔献书画图，新诗亦俱往。沧洲动玉陛，寡鹤误一响。
三绝自御题，四方尤所仰。

（自注：公所著《荟蕞》等诸书之外，又撰《胡本草》七卷。）

先说他早年天才英发，进学之敏悟不逊于孔门弟子之杰出
者。《神农》指《神农本草经》，不载域外异药，郑虔著《胡
本草》以补足之。黄石公是授张良军机的高人，杜甫引此，
更说"兵流指诸掌"，是指郑虔著《天宝军防录》，对四边军
略得失提出见解。《荟蕞》也就是《会最》或《会粹》，前已
述，类书的特点就是贯穿百家。此后所列，圭臬是指测量，
星经指天文星占，虫篆指上古文字，丹青指绘画，杜甫说他
超过汉代著《太玄》的扬雄、善谐戏的东方朔。书通各体，

比钟繇有变化而过之。再说他的文章、大字、书画、新诗，得到玄宗"郑虔三绝"的品题，从此名重艺林。写郑虔之日常，有"嗜酒益疏放，弹琴视天壤"二句，见其天真多才的淳真个性。最后说："百年见存没，牢落吾安放。"百年生死，阴阳两隔，郑虔的一切，他从来不敢忽忘。

余说

博学多才，真淳纵放的郑虔，作品存世者很少，杜甫以他的卓荦诗篇，记录下郑虔的一生和成就。年龄相差二十一岁，杜甫最初肯定有过尊重与仰望，混得熟了，就可以调侃与发泄。天下大乱，彼此生活道路都发生剧变。郑虔只是一介文士，既无力抗贼，又不想殉死，只能苟活，最终落得贬官台州的处分。杜甫对郑虔的人格和才学，始终如一地尊重与理解。乱中的偶然遭逢，郑虔被贬时的阙为面别，郑虔远行后的真诚关切，谢世后的哀悼与纪念，杜甫所做的一切，对得起曾关心照顾过他的这位忘年长者。近日有友人提出，文学就是对他人的关心与热爱。揭出杜甫与郑虔的交谊，也可理解诗圣地位的确立，正是建立在他对所有曾交往结识的人的尊重、理解和真情之上的。

杜甫与高适的友谊

杜甫生命的最后一年，即大历五年（770），在湖南长沙居住，继续交游写诗，也着手清理自存的文稿与友人赠诗。他翻到高适在蜀中赠诗《人日寄杜二拾遗》，感慨系之，追和一篇，题作《追酬故高蜀州人日见寄》，且作序云：

> 开文书帙中，检所遗忘，因得故高常侍适往居在成都时，高任蜀州刺史，人日相忆见寄诗。泪洒行间，读终篇末。自枉诗，已十余年，莫记存没，又六七年矣。老病怀旧，生意可知。今海内忘形故人，独汉中郡王瑀，与昭州敬使君超先在。爱而不见，情见乎辞。大历五年正月二十一日，却追酬高公此作，因寄王及敬弟。

其实高适赠诗在上元二年（761），至此仅九年，高适去世在永泰元年（765），至此还不足五年，杜甫的记忆已经有些模糊，但他以高适为"海内忘形故人"，从初识至此近三十年，往事历历，如在眼前，泪洒行间，抒哀感怀，发现旧友已经不多。正如古诗所言，"所遇无故物，焉得不速老"，他知道自己剩下的时间也不多了。

一　忆与高李辈，论交入酒垆

杜甫大约比高适年轻十二岁。他与高适的首次见面，是在天宝三载（744）秋天，地点在宋州（今河南商丘）。这一年高适大约四十四岁，虽然早年曾在幽燕有过一段从军经历，但并没有取得军功，也没得到官资。宋州是他长期生活的地方，他自称"我本渔樵孟诸野，一生自是悠悠者"（《封丘作》），"未知肝胆向谁是，令人却忆平原君"（《邯郸少年行》），不甘平庸，壮怀激烈。今人周勋初《高适年谱》利用出土墓志，知道他是高宗时名将高侃之孙，更可理解他的英雄情怀的渊源有自。这年春天李白经历翰林供奉内庭被赐金还山的挫折，虽仍高唱"长风破浪会有时，直挂云帆济沧海"（《行路难》）以自我勉励，但也打算先访"从祖陈留采访大使彦允"，然后"请北海高天师授道箓于齐州紫极宫"（李阳冰《草堂集序》），夏秋间徘徊梁宋，先期与高适认识。杜甫此前已漫游南北，恰好也到了梁宋，先叩谒高适，然后结交李白，留下文学史上难得的一段佳话。

杜甫晚年客居夔州，有两首诗说到与高、李的同游。一首是《遣怀》："忆与高李辈，（自注：适、白。）论交入酒垆。两公壮藻思，得我色敷腴。气酣登吹台，怀古视平芜。芒砀云一

▼（唐）高琛及妻子
杜兰墓志
中国国家图书馆藏
两墓志均出土于河南洛
阳，高琛为高适从兄。

去，雁鹜空相呼。"另一首是《昔游》："昔者与高李，(自注：高适、李白。)晚登单父台。寒芜际碣石，万里风云来。桑柘叶如雨，飞藿共徘徊。清霜大泽冻，禽兽有余哀。"二诗篇幅都很长，这里仅节录叙述三人同游的部分。高、李均年长于杜甫，且都是豪情满怀、议论横生，具有英雄心结的诗人，杜甫说两人"壮藻思"，既是议论古今，臧否人物，也是共同作诗，角逐才艺，当然由两位前辈充分发挥，杜甫甘当配角，偶作补充，这是他自己谦虚的表达。所到访的地方，一是吹台，在汴州，今开封东南禹王台公园内，相传是春秋时著名乐师师旷吹乐之所在，西汉梁孝王时筑台，常聚众歌乐于此。三人登吹台而怀古，想到梁孝王时的盛况，看到眼前广袤的平原，引起无穷之遐想。二是单父台，也称琴台，在今山东单县城南，是春秋时宓子贱鸣琴为治的地方。今虽隔省，实际距离唐之宋州并不远。高适曾作《宓公琴台诗三首》，作于同一年。三人登台怀古，想到先贤为治的业绩，引起无穷之遐想。高适另有《同群公秋登琴台》：

> 古迹使人感，琴台空寂寥。静然顾遗尘，千载如昨朝。
> 临眺自兹始，群贤久相邀。德与形神高，孰知天地遥。
> 四时何倏忽，六月鸣秋蜩。万象归白帝，平川横赤霄。
> 犹是对夏伏，几时有凉飙。燕雀满檐楹，鸿鹄抟扶摇。
> 物性各自得，我心在渔樵。兀然还复醉，尚握樽中瓢。

此诗就是当时所作，仔细体会，他虽也怀古而思贤，但对这种安于小邑为治，自得其乐的行为，稍有不屑。所谓"燕雀满檐楹，鸿鹄抟扶摇"，就是燕雀安知鸿鹄之志。人各有志，请不要让我为难。所谓"芒砀云一去，雁鹜空相呼"，用汉高祖微时隐居于芒、砀之间，东汉应劭注"芒属沛国，砀属梁国"，后人或认为芒砀为一山，其地在今河南永城北。出处稍有歧义，意思清楚，表面说三人同游芒砀，见风云变幻，雁鹜相呼，其实包含汉魏以来，政事反复，英雄不再，庸人当道的意味。"清霜大泽冻，禽兽有余哀"二句，则叙三人曾在秋冬间田猎于孟诸泽。高适《同群公出猎海上》叙述较详：

> 畋猎自古昔，况伊心赏俱。偶与群公游，旷然出平芜。
> 层阴涨溟海，杀气穷幽都。鹰隼何翩翩，驰骤相传呼。
> 豺狼窜榛莽，麋鹿罹艰虞。高鸟下骄弓，困兽斗匹夫。
> 尘惊大泽晦，火燎深林枯。失之有余恨，获者无全躯。
> 咄彼工拙间，恨非指踪徒。犹怀老氏训，感叹此欢娱。

出猎海上，就指出猎孟诸，因地域广大，水势浩淼，遂以海上相称。胸怀壮志的高适，不能驰骋疆场，立功边关，在出猎中一解杀气，也很畅快。其间有布阵，有气氛，鹰隼相助，骄弓强射，猛兽逃窜，麋鹿受殃，似乎还火烧原莽，驱逐猎物。最后检点，与真正的战争毕竟不可同日而语。李白也有诗《秋猎孟诸夜归置酒单父东楼观妓》，是日间秋猎，归宿单父，且置酒观妓，继续欢愉。

这次三人欢会后，可能再无聚首。天宝五载，李邕出任北海郡太守，曾在途经济南时，与杜甫在司马李之芳席上有所唱和。李邕到任后，曾约高适到幕下作客。高、杜其间是否见面，史料稍有欠缺。

二 高生跨鞍马，有似幽并儿

天宝五载以后，杜甫因为父亲去世，到长安谋求出身，困居十年，历尽艰难。天宝八载（749），睢阳太守张九皋荐举有道科，高适一举及第，授封丘尉。虽属县佐，离家也不远，但小吏的屈辱，点点在心头。其间，曾送兵到清夷，抵达蓟州，对安禄山掌军的北方有所了解。天宝十一载，他去职到长安，与最著名的一批诗人都有交往。其中广为流传的，是与薛据、储光羲、杜甫、岑参同登长安城南著名的慈恩寺塔，各赋诗一首。除薛据所作不存，其他四人所作皆存。今人曾有评论，认为杜甫所作远远优于其他三人。这里只讨论杜甫与高适之所作。据杜甫诗注，知高适之作先成。高诗题作《同诸公登慈恩寺浮图》：

> 香界泯群有，浮图岂诸相。登临骇孤高，披拂忻大壮。
> 言是羽翼生，迥出虚空上。顿疑身世别，乃觉形神王。
> 宫阙皆户前，山河尽檐向。秋风昨夜至，秦塞多清旷。
> 千里何苍苍，五陵郁相望。盛时惭阮步，末宦知周防。
> 输效独无因，斯焉可游放。

这里曾是玄奘译经之所在，是长安城南最高耸的佛塔。高适登塔而体会佛法之庄严，看到宫阙在前，天地开阔，再远则看到秦塞清旷，五陵相望，他感到汉代全盛时期的仪型在前，也体会到时代的问题，自己有心为国出力，但无路可入，因此只能于此盘桓。杜甫诗题作《同诸公登慈恩寺塔》，注："时高适、薛据先有此作。"诗云：

> 高标跨苍穹，烈风无时休。自非旷士怀，登兹翻百忧。
> 方知象教力，足可追冥搜。仰穿龙蛇窟，始出枝撑幽。
> 七星在北户，河汉声西流。羲和鞭白日，少昊行清秋。
> 秦山忽破碎，泾渭不可求。俯视但一气，焉能辨皇州。
> 回首叫虞舜，苍梧云正愁。惜哉瑶池饮，日晏昆仑丘。
> 黄鹄去不息，哀鸣何所投？君看随阳雁，各有稻粱谋。

写登上高塔，感到风很大，自己不够旷达，引出愁绪百端。"方知象教力，足可追冥搜"，是颂赞佛法深邃，引导自己深入思考。"仰穿"二句，即景写塔内景色与攀塔所见。展开视野，看到北斗星辰，也看到迢迢银汉，从日夜变更，想到四季回环。写到近景，反而觉得模糊不清。他想到虞舜远去，苍梧云愁，看到朝廷富足，日夜享乐，贤人不见用，在位者只为稻粱谋。他看清楚了，天宝盛世的繁华中，潜藏巨大的社会危机。这一想法，待他三年后写《自京赴奉先县咏怀五百字》时，有更强烈的控诉。相比较来说，高适想到自己无所施展才干，有积极的用世之心；杜甫忧时伤世，看到时代危机，显然更高一层。

顺便应该说到，在储光羲的存诗中，"同诸公"所作还有三篇，即《同诸公秋日游昆明池思古》《同诸公秋霁曲江俯见南山》《同诸公送李云南伐蛮》，高适集中有《同薛司直秋霁曲江俯见南山作》，此篇为薛据首唱，诸公奉和；又有《李云南征蛮诗》，此篇由高适首唱。可以推测，杜甫完全有可能也参与了这些唱和。李云南即李宓，征讨南诏是当时轰动的大事件，高适诗中充斥着拓边祝捷的内容，所谓"泸水夜可涉，交州今始通。归来长安道，召见甘泉宫"，对出师获胜有充分信任。事后知道，这次出征是灾难性的，几十万人死在炎方，六十多年后白居易作《新丰折臂翁》，还在说这次惨败。目前不知道，杜甫是没有参与这次唱和，还是有作而在晚年自定文集时删去了。任何人无法超越时代，即便杜甫曾写此题，也不足为怪。

天宝十二载（753）夏，高适经田梁丘推荐，往河西幕府谒名帅哥舒翰，不遇，复奔陇右，得到信任，辟为左骁卫兵曹、掌书记。这一过程，杜甫似乎知其始末。杜甫《赠田九判官梁丘》云："陈留阮瑀谁争长？京兆田郎早见招。麾下赖君才并入，独能无意向渔樵。"《高适年谱》认为"陈留阮瑀"即指高适，可以确认。

天宝十三载，高适曾随哥舒翰入朝，与杜甫再度相见。将行，杜甫作《送高三十五书记》：

　　崆峒小麦熟，且愿休王师。请公问主将，焉用穷荒为？

饥鹰未饱肉，侧翅随人飞。高生跨鞍马，有似幽并儿。
脱身簿尉中，始与捶楚辞。借问今何官？触热向武威。
答云一书记，所愧国士知。人实不易知，更须慎其仪。
十年出幕府，自可持旌麾。此行既特达，足以慰所思。
男儿功名遂，亦在老大时。常恨结欢浅，各在天一涯。
又如参与商，惨惨中肠悲。惊风吹鸿鹄，不得相追随。
黄尘翳沙漠，念子何当归？边城有余力，早寄从军诗。

这首送别诗，写出了高适的精神面貌，也写出分别后的思念。杜甫是反战的，所以开篇就说天下丰熟，应该休兵，并请高适转达主帅，在边远穷荒之地作战，究竟要干什么？后面两句代高适答，饥鹰永远也吃不饱，你退他进，守边义不容辞。下面写高适跨鞍马出行的雄姿，如同幽并一带慷慨激昂的少年。摆脱簿尉微官，也免得干捶楚小民的脏活。下面发问，大热天奔赴凉州，你担任什么职务。高适的回答很低调，仅任书记，难得的是主帅以国士待我，这样的机会很难得，更要谨言慎行。下面是杜甫的安慰。在幕府多年，你也可以成为主帅。有这样特殊的使命，可以宽慰我的思念。男儿成名立业，也不在少年还是老年。想到分别后，相隔遥远，还是充满悲伤。很遗憾不能追随你而去。边境生计艰苦，你要保重，我等你回来。如果有闲暇，写下军中的感受，我期待能够读到。这里，我们看到杜甫对友人的深切关心，宛转缠绵，如断还续，高适就是铁石心肠，也不能不为之感动。

杜甫也曾有诗遥寄思念："叹惜高生老，新诗日又多。美名人不及，佳句法如何？主将收才子，崆峒足凯歌。闻君已朱绂，且得慰蹉跎。"（《寄高三十五书记适》）是因高适立功而加朱绂，这是唐代特殊的恩典，五品以上可以加朱绂。蹉跎是说自己没有头绪，而高适的一切成就，包括新诗佳句，美名迁官，听闻后都感到宽慰。首句有些突兀，五十多岁方应召从军，这是杜甫曾有的叹惜。而今一切都值得，杜甫给以礼赞。

　　遇到高适同幕之人入京奏事返回，杜甫也有诗《送蔡希曾（宋本作鲁，据钱本及陈冠明说改）都尉还陇右因寄高三十五书记》，诗仅最后两句问候高适："因君问消息，好在阮元瑜。"此诗中"身轻一鸟过"句，写蔡之骑马捷行，是欧阳修《六一诗话》极致敬意的名句。

三　龙钟还忝二千石，愧尔东西南北人

　　安史之乱改变了所有人的命运，当年曾浪漫同游的李白、高适、杜甫亦莫能外。杜甫乱起后忙于安顿家小，赶回京城，失陷叛军半年。乘乱逃出，投奔凤翔行在，获得小官左拾遗。他毕竟还是不适应官场生活，不久就被挤出了圈子。高适在河西幕府深受主帅哥舒翰的信任，乱后随哥舒翰入守潼关，仓促出战兵败，哥舒翰被俘，高适侥幸逃出，间道归附行在，被委以淮南节度使的要职。李白仍在人外游仙，见豺狼横行，深感拯救世难，一己有责。永王李璘楼船经过江州，邀他出山，他毫不犹豫地就应允了。殊不知肃宗灵武即位，为巩固自身威望，径指奉玄宗旨意出师的永王为

谋反，高适就接受了这份平叛的责任。不久永王兵败被杀，李白以从逆的罪名下狱寻阳。杜甫关心李白的安危，写下大量诗篇，并没有向高适疏通，他深知一切的是非其实都与高适无关。高适的地位并不稳固，不久就得罪宦官李辅国，贬为太子少詹事，留司洛阳。这时杜甫在京，有《寄高三十五詹事适》一诗遥致问候：

> 安稳高詹事，兵戈久索居。时来知宦达，岁晚莫情疏。
> 天上多鸿雁，河中足鲤鱼。相看过半百，不寄一行书？

兵戈之间，你却在洛阳赋闲。偶然曾任高官，衰瑟时还要常通书问。雁飞长天，鱼游河中，万物如常，彼此年岁渐增，怎么不见你来信？杜甫是情商很高的人，高适得意时未必趋附，落寞时不妨送些温暖。

乾元元年（758），杜甫出为华州司功参军，与簿书为伴，很不愉快。次年春间曾回偃师一带，寻访旧居，寻弃官西行，经秦州、同谷，辗转入蜀。这年五月，高适授彭州刺史，入京陛辞后赴任。也就是说在这同一年，高、杜二人皆取剑阁道入蜀。高适早半年，因是官员赴任，一切都安排妥当。他的《赴彭州山行之作》也感慨道路难行，年齿渐增，于路还顺利。杜甫就不同了，脱离了体制，只能走一站，看一站，再决定下一步行程。在秦州看到敕目，知道高适除彭州刺史，岑参除虢州刺史，立即驰诗《寄彭州高三十五使君适虢州岑二十七长史参三十韵》（注：时患疟病）联络。诗很长，

一方面说自己处境艰困，"男儿行处是，客子斗身强。羁旅推贤圣，沉绵抵咎殃。三年犹疟疾，一鬼不销亡"，"无钱居帝里，尽室在边疆"，话不好直说，需要帮忙的意思很清楚。最后说："济世宜公等，安贫亦士常。蚩尤终戮辱，胡羯漫猖狂。会待妖氛静，论文暂裹粮。"二位前途无量，安贫是我的日常，叛贼终归灭亡，到时还有机会共同讨论诗文。在秦州、同谷，杜甫都有卜居长住的想法，最终放弃，下决心入蜀。高、岑二位得诗，估计还没有来得及回复，杜甫已经到了成都。

杜甫初到成都，借住浣花溪畔的草堂寺，曾向多方友人求助。后来经营草堂，作长住之想，即以寺名为居处名。草创时期的草堂很简陋，杜甫也不吝自

▶ （明）孙枝《杜甫诗意图》
台北故宫博物院藏
图中杜甫诗"百年地辟柴门迴，五月江深草阁寒"，即作于草堂时期。

降身段，多方乞求。其中向高适的表述最直率："百年已过半，秋至转饥寒。为问彭州牧，何时救急难？"（《因崔五侍御寄高彭州一绝》）不是穷急了，不是最好的朋友，不会作这样的表达。

就在此诗去后不久，高适于上元元年（760）改任蜀州刺史。彭州在成都北，蜀州在成都西，领青城、新津等县。其间两人之来往更方便了。高适先有《赠杜二拾遗》：

> 传道招提客，诗书自讨论。佛香时入院，僧饭屡过门。
> 听法还应难，寻经剩欲翻。草玄今已毕，此后更何言！

草堂临近寺院，杜甫早年与高适曾寻寺访幽。即此询问，如此地执着于参佛，一定如扬雄草《太玄》般地有对高奥理论的探求。杜甫作《酬高使君相赠》：

> 古寺僧牢落，空房客寓居。故人供禄米，邻舍与园蔬。
> 双树容听法，三车肯载书。草玄吾岂敢，赋或似相如。

借居寺院，偶有空房而已，一切日常起居，都还靠旧友、邻舍接济。成都是西汉扬雄、司马相如生活过的地方，因此以二人的话题作结。

上元二年初，高适作《人日寄杜二拾遗》：

> 人日题诗寄草堂，遥怜故人思故乡。
> 柳条弄色不忍见，梅花满枝空断肠。

身在南蕃无所预，心怀百忧复千虑。

今年人日空相忆，明年人日知何处？

一卧东山三十春，岂知书剑老风尘。

龙钟还忝二千石，愧尔东西南北人。

寄诗杜甫，想到故乡景色美好，更增愁肠。高适说得很明白，身在南方为刺史，其实什么也做不成。时光流逝，英雄老去，今天想到了你，明年此时又身在何处？"书剑老风尘"，是英雄迟暮的写照。年已衰惫，身为刺史，别人看来风光无比。高适说，与你奔走自由相比，我真的很惭愧。心气很高的高适，此时已经对人生有了新的感悟。

蜀州临近成都，高适得便曾造访草堂，杜甫受邀也曾到蜀州为客。杜甫有《王十七侍御抡许携酒至草堂奉寄此诗便请邀高三十五使君同到》，是通过王抡邀请高适。诗末云："戏假霜威促山简，须成一醉习池回。"这里用《襄阳耆旧传》刺史山简在习家池与民同醉的典故，王抡职务是侍御史，职责是监督官员，戏说你可以用御史的威严，催促高适来草堂一醉。续有《王竟携酒高亦同过》(注：共用寒字)：

卧疾荒郊远，通行小径难。故人能领客，携酒重相看。
自愧无鲑菜，空烦卸马鞍。移时劝山简，头白恐风寒。

（自注：高每云："汝年几小，且不必小于我。"故此句戏之。）

王抡带了酒，高适同来，谈笑饮酒，很是开心，以寒字为韵，各作诗一首，仅杜此诗得存。杜甫说陋居荒远，道路狭小，也没好菜招待。高公年老头白，要小心保重。自注所引高之所云，正所谓醉话，所谓"汝年几小，且不必小于我"，语义是你虽年轻，其实我身体好，看上去不逊色于你。

与高适再度相逢，杜甫感到极大喜悦。《奉简高三十五使君》：

> 当代论才子，如公复几人？骅骝开道路，鹰隼出风尘。
> 行色秋将晚，交情老更亲。天涯喜相见，披豁对吾真。

这里看到杜甫对高适的评价。当代以诗名世者，能达到高适般成就能有几人？如骏马捷进，如鹰出风尘，看到高诗的开拓与气象。彼此认识快二十年了，越老越感到交情之可贵。天涯相见，正可以披露胸襟，倾诉情怀。

杜甫曾到蜀州访高适的证据是《李司马桥了承高使君自成都回》："向来江上手纷纷，三日成功事出群。已传童子骑青竹，总拟桥东待使君。"是杜甫先到，恰逢高适到成都有公务，反而等高适返州了。高适在蜀州的前一任是诗人王维的弟弟王缙，杜甫有《和裴迪登新津寺寄王侍郎》诗，注："王时牧蜀。"此为杜甫首度访蜀州。

然而，蜀中并不太平。上元二年夏，梓州刺史段子璋反于东川，高适自蜀州出州兵，助西川节度使崔光远讨平叛乱。杜甫诗"子璋髑髅血模糊，手提掷还崔大夫"（《戏作花卿歌》），即写此事。代宗即位不久，西川节度使严武被召回，成都少尹徐知道谋叛，震动川西，杜甫有《草堂》诗，回忆当时情景，有"大将赴朝廷，群小起异图""一国实三公，万人欲为鱼""谈笑行杀戮，溅血满长衢"等语，可见情况严重。高适起兵蜀州，联合邛南各州，讨平叛乱。宝应二年（763）二月，因以上功劳，高适授剑南西川节度使，兼摄东川节度使。这时，中原虽初见安史之乱平定，但吐蕃势力日增，一度占据长安。唐廷征召回纥兵驱赶吐蕃，一时大乱。高适负有全蜀之责任，此时受命出击吐蕃南翼，以牵制吐蕃对京城的压迫。师出无功，松、维、保三州及云山二城，皆为吐蕃所攻占。杜甫次年作《东西两川说》，认为"顷三城失守，罪在职司，非兵之过也，粮不足故也"，是为高适辩护。其时形势严峻，杜甫在《警急》《王命》《西山三首》等诗中，有强烈的表述。无奈，朝廷只能罢免高适，起用严武。杜甫后来在《诸将五首》之五中，称赞严武："主恩前后三持节，军令分明数举杯。西蜀地形天下险，安危须仗出群材。"这些都是他亲眼所见，亲身所经，不以私害公。

高适领节度使不足一年，其间杜甫主要在东川，与高适交往不多。

四　独步诗名在，只令故旧伤

高适在蜀中军事遭遇挫折，广德二年（764）初被招回京，先任刑部侍郎，寻转左散骑常侍，不到一年就去世了。英雄成败，本难预期，最后一年的高适显然非常抑郁，终至不起。其间，杜甫曾给高适两次写诗，以表关心。一是《奉寄高常侍》：

汶上相逢年颇多，飞腾无那故人何。
总戎楚蜀应全未，方驾曹刘不啻过。
今日朝廷须汲黯，中原将帅忆廉颇。
天涯春色催迟暮，别泪遥添锦水波。

回忆往事，也期待故人高迁，给以安慰。"总戎楚蜀"是说平定西南的威胁，虽然未能竟功，但诗歌成就足以与曹植、刘桢比美。朝廷需要直臣，国家重用老将，是宽慰高适不要介意一时得失。这首诗或云为高适离蜀时，杜甫未及亲送，因寄诗为别。但左散骑常侍是高适居朝后所改官，应该作于广德二年岁末。

一是《寄高适》：

楚隔乾坤远，难招病客魂。诗名惟我共，世事与谁论？
北阙更新主，南星落故园。定知相见日，烂熳倒芳樽。

此诗是北宋员安宇保存的佚诗，应作于蜀中，应该是杜甫离蜀之际，给京城的高适寄诗，新主指代宗。杜甫准备入京，因此有相见论酒之约。不过以上两诗，估计高适都没有见到。

永泰元年（765）正月，高适以左散骑常侍的闲官，在京城去世，得年约六十五岁。朝廷根据他一生品行，赐谥忠，盖棺论定，肯定他的平生大节。杜甫春间离开成都，照理高适去世消息，十天半月可以传到成都，也许杜甫准备出行，消息不畅，离开成都后几个月，直到忠州，方知高适去世，立即作《闻高常侍亡》（注：忠州作）：

　　归朝不相见，蜀使忽传亡。虚历金华省，何殊地下郎。
　　致君丹槛折，哭友白云长。独步诗名在，只令故旧伤。

首句，前人解释是高适归朝后，两人再未见面，现知杜甫此行的目标是归京，就任郎职，可知杜甫希望归京后能与高适再见面，现在希望落空了。次句说明消息来源，大约剑南节度使严武四月末亡故，送丧船队赶上了杜甫的孤舟，杜甫方得知高适死讯。其后四句表达哀悼，金华省是朝廷藏书处，"何殊地下郎"用王隐《晋书》载古贤者皆在地下修书事，写高适之不幸与归宿。"致君丹槛折"，写高适在朝中正直敢言，"白云"句写自己身居远方，只能托浮云以寄哀思。最后两句作结，说高适诗名足以传诵千古，作为老友，难免有无尽的哀思。

　　夔州期间，杜甫多次回忆与高适、李白早年同游的经历。在生命垂暮时，整理旧稿，翻出高适当年旧诗《人日寄杜二拾遗》，无穷往事，涌上心头，立即追和一篇：

　　自蒙蜀州人日作，不意清诗久零落。

今晨散帙眼忽开，迸泪幽吟事如昨。

呜呼壮士多慷慨，合沓高名动寥廓。

叹我凄凄求友篇，感时郁郁匡君略。

锦里春光空烂漫，瑶墀侍臣已冥寞。

潇湘水国傍鼋鼍，鄠杜秋天失雕鹗。

东西南北更堪论，白首扁舟病独存。

遥拱北辰缠寇盗，欲倾东海洗乾坤。

边塞西蕃最充斥，衣冠南渡多崩奔。

鼓瑟至今悲帝子，曳裾何处觅王门？

文章曹植波澜阔，服食刘安德业尊。

长笛谁能乱愁思，昭州词翰与招魂。

诗写得曲折回环，感情奔涌，于公于私，为国为友，都感到极度悲痛。他想到赠诗时高适是蜀州刺史，常寻访草堂，倏忽已经多年，翻出旧诗，不免泪下如雨。他眼中的高适，是慷慨悲歌的壮士，是天地间第一等人物。"叹我凄凄求友篇，感时郁郁匡君略"，写彼此认识后的第一印象。两人结识，出自杜甫的主动求友，高适也感到他的真诚。而他对高适的印象，则是感时伤事，怀抱匡君致治的谋略而无从施展。"锦里春光"四句，感叹别后各自的遭际，高适侍立瑶墀的身影早已远去，草堂春光仅成追忆，自己沦落潇湘，更觉不堪。"东西南北"二句，是对高适"龙钟还忝二千石，愧尔东西南北人"二句的回应。英雄报国，空有豪情，经历官场跌宕后，高适感悟衰年出守，看似有高俸的朝官，其实还不如飘零四方的诗人之人生自由。杜甫感慨高适的理解，现在也是老病孤舟，漂泊天际。此下杜甫更写天下乱离纷扰，正是需要英雄拯世的时候。高适是慷慨悲歌的英雄，可惜已经不在，杜甫更寄望于来者，最后四句分别写对李瑀与敬超先的期待，所谓怀先哲而思来者。杜甫对高适情思绵绵，更感到乱世英雄之可贵。

余说

杜甫是儒家子，人生理想是醇儒循吏；高适是将家后人，英武特达，抱有强烈的英雄情怀。二人结交于同游梁宋。杜甫晚年回忆，充满美好场景。如读高适当时诗，如游琴台说"燕雀满檐楹，鸿鹄拎扶摇"，表达人各有志，不愿平庸；《同群公题张处士菜园》后两句说："为问葵藿资，何如庙堂肉？"似乎与杜甫有争执；《同群公题郑少府田家》说："男儿未称意，其道固无适。"总在努力寻觅称意的机会。高适五十多岁从军，曾立功异域，也曾两度秉钺，颇有战功，最终在西川任上惨败。生活是最好的教科书。高适的英雄豪情，不断消磨退减，杜甫对他的尊重与理解，荣黜不变的友好与深情，更显得难能可贵。蜀中的高适与杜甫走得很近，不再有年龄、地位、性格的差异。杜甫暮年对他的思念，为两人友谊写下最后的句点。

诗人贾至

——被忽略的盛唐名家

一 轰动一时的《早朝大明宫》唱和

乾元元年（758）春天，长安经历两年多的战乱后，逐渐恢复秩序，朝廷也在几个月前回归京城。虽然河南、河北仍然战事不断，但是长安城中感觉到了春回大地的欢欣。这时，中书舍人贾至感兴写下七律《早朝大明宫呈两省僚友》：

> 银烛朝天紫陌长，禁城春色晓苍苍。
> 千条弱柳垂青琐，百啭流莺绕建章。
> 剑佩声随玉墀步，衣冠身惹御炉香。
> 共沐恩波凤池上，朝朝染翰侍君王。

这是一首音节嘹亮、充满喜庆气氛的好诗。首二句写拂晓赶赴早朝，禁城春色，晓色苍茫，环绕宫禁的是初绽的垂柳和鸣叫的莺声。诗人随百官上朝，文武朝列，庄重有序，诗人

▶ （元）王振鹏《大明宫图》（局部）
美国大都会艺术博物馆藏
此图以细腻笔触重现唐代大明宫景象，所绘宫殿楼台颇有"九天阊阖开宫殿"之气势。

身为舍人，得列凤池，因为君主起草文告而感到欣慰。虽然战火未平，但毕竟皇朝中兴有望，要给天下展示皇家气象，鼓励士气和人心，此诗不愧为一时名篇。旧时许其最得盛唐气象，今人或以为粉饰太平，皆有偏失。

贾至首唱，激起一时唱和。王维作《和贾舍人早朝大明宫之作》：

> 绛帻鸡人送晓筹，尚衣方进翠云裘。
> 九天阊阖开宫殿，万国衣冠拜冕旒。
> 日色才临仙掌动，香烟欲傍衮龙浮。
> 朝罢须裁五色诏，珮声归向凤池头。

从宫中报晓、尚方进裘写起，颔联两句气象阔大，最具精神。其后写朝会充满生气，并回应贾诗凤池草诏的原唱。王维经历了陷贼究责的风波，此时已得解脱，任太子中允，心情尚称愉快。

岑参作《奉和中书舍人贾至早朝大明宫》:

鸡鸣紫陌曙光寒，莺啭皇州春色阑。
金阙晓钟开万户，玉阶仙仗拥千官。
花迎剑佩星初落，柳拂旌旗露未干。
独有凤凰池上客，《阳春》一曲和皆难。

写同题又是另一番气象，其中颔联两句契合早朝主题，写得声色完足，最为后世所称道。末句恭维原作高雅，难以应和。岑此时为右补阙，经历了西域从军与主帅败死，此时稍得安顿。

刚从鄜州归朝的杜甫仍然担任右拾遗，也作《奉和贾至舍人早朝大明宫》（自注：舍人先世尝掌丝纶）:

五夜漏声催晓箭，九重春色醉仙桃。
旌旗日暖龙蛇动，宫殿风微燕雀高。

朝罢香烟携满袖，诗成珠玉在挥毫。

欲知世掌丝纶美，池上于今有凤毛。

写春日早朝，更注意细节观察，颔联两句写出春日渐暖，宫殿高峻，更写到旗绘龙蛇之呼之欲舞，宫殿高处之燕雀随风。特别赞美贾至承先人旧业再掌王言，认为是盛世之盛事。

《早朝大明宫》唱和，无疑是盛唐文学的一次重大群体活动。四首诗皆声律高朗、辞藻华美、气象宏大、语义妥适，代表那一时间节点七律写作的最高水平。四人所作，各有千秋，历代虽有无数议论，评点轩轾，分析得失，但四家皆称擅场，无一弱笔，则可大致论定。

王、岑、杜三大家之诗史地位，久有定评，而原唱之贾至，则后人知者甚少，就前列四诗言，贾至并没有被三大家超越，何以如此呢？

二　贾至的早年经历

贾至（718—772），字幼邻，一作幼几，洛阳人。出身于北朝以来世宦之家。父亲贾曾，善诗文，睿宗时任太子舍人，得到太子即后来的玄宗皇帝李隆基的信任。睿宗禅位玄宗之诏书，即由他起草。贾曾去世时，贾至不足十岁，承家族余荫，进入仕途。前人或载他是开元二十三年（735）状元，那是将另一人贾季邻误读所致。一说天宝十载（751）明经登第，也是误传。他自撰《宓子贱碑颂》，称"天宝初，至始以校书郎尉于单父"，知他初为校书郎，再任单父尉。单父在古鲁国境内，传孔子弟子宓子贱（即宓子贱）在县有善政，贾至特为立碑表彰，所倡"为政之大，体玄之要，恤孤哀丧，举事问吊，训之以悌，加之以孝，借五更而悟君，贤三老而禀教"，皆秉持儒家学说亲民劝善的基本原则。

今存贾至最早的诗，应是天宝八载或稍后所作《闲居秋怀寄阳翟陆赞府封丘高少府》，受诗者二人，陆不详其名，高为诗人高适，在举有道科后授封丘尉。阳翟、封丘均在洛、汴一带，贾至居地大约相当。诗很长，说秋雨后稍有凉意，觉得年岁渐增，有些感慨。先说唐初群贤的功业："忆昔皇运初，众宾俱龙骧。解巾佐幕府，脱剑升明堂。郁郁被庆云，昭昭翼太阳。鲸鱼纵大壑，鸑鷟鸣高冈。"得到机会，成就兴王伟业，题名凌烟，鸣凤高冈。他觉得自己久居下位，难有成就，很是郁闷。"闭门对群书，几案在我旁。枕席想远游，聊欲浮沧浪。"希望有所改变。他称陆、高为"同怀才"，可惜"各在天一方"，期待披露所怀。"平生霞外期，宿昔共行藏。"霞外是好道，宿昔是说往事。这时高适在封丘，也正感到郁塞苦闷，高歌"我本渔樵孟诸野，一生自是悠悠者。乍可狂歌草泽中，宁堪作吏风尘下"（《封丘作》）。不久就辞官从军。生活在盛唐的诗人，内心情怀多有相似处。

贾至毕竟有其父的余荫，特别是玄宗与其家的特殊因缘，在天宝后期，即入朝为中书舍人。那时翰林学士初设，职权还不明确，宰相之行文与皇家之诏敕，都由舍人奉行。贾至似乎特别擅长于此，他存世文章中，也以代言体的诏敕类文章为多。

三　安史乱起后贾至的南奔北使

贾至所期待的时代剧变，以意外的形式突然出现。天宝十四载岁末，范阳节度使安禄山以所掌三镇重兵，以清君侧为名，挥师向阙。不到半年，就占据两河，突破潼关，进攻长安。玄宗君臣仓皇出逃。马嵬变起，玄宗更迫于压力，处死宠妃杨玉环，与太子李亨分途，太子北投朔方军，玄宗南下成都避难，时称巡狩。

玄宗出奔，贾至大约一直追随在其身边。关于马嵬事变的意义，他大约在当时未必能有清醒的认识。玄宗未抵成都，即于普安郡下诏，在全国重新落实军事布局。贾至执笔的《玄宗幸普安郡制》，以太子为天下兵马元帅，都统朔方、河东、河北、平卢等路大军，谋收复两京；以永王李璘领山南东路及黔中、江南西路，以盛王李琦领江南东路及淮南、河南等路，丰王李珙领河西、陇右、安西、北庭等路，仍希望维持自己的绝对统治。但自马嵬分途后，太子北进灵武，得到诸军臣的拥戴，尊玄宗为太上皇，自立即位。这一计划，显然在马嵬玄宗父子分途之际，就有高人为之策划，也是世乱之间皇纲不坠的重要保证。灵武的消息传到成都，完全出乎玄宗的预料。史书所载玄宗乐见其成，当然是粉饰之词，但如果细加分析，一是玄宗手上已无可以直接掌控的军队，二是如果不接受肃宗即位的事实，父子相争，对付叛军就更无胜算了。估计玄宗身边的大臣多明白人，很快说服玄宗接受现实，传位于子。

玄宗的传位册文，仍由贾至执笔，全文今存。《旧唐书》贾至本传说玄宗览后，感叹说："昔先帝逊位于朕，册文则卿之先父所为。今朕以神器大宝付储君，卿又当演诰。累朝盛典，出卿父子之手，可谓难矣。"贾至只能"伏于御前，鸣咽感涕"。其实他们父子二人的处境，是不相同的，即贾曾是太子宫臣，站在继位者一方，而贾至则为避位的玄宗起草册文，承认肃宗即位的合法性。

玄宗派遣在蜀最信任的几位大臣，即宰相韦见素、房琯、崔圆携带传国宝玉册，奉使灵武，贾至亦得同行，于路有长诗纪行，即《自蜀奉册命往朔方途中呈韦左相文部房尚书门下崔侍郎》：

> 胡羯乱中夏，銮舆忽南巡。衣冠陷寇戎，狼狈随风尘。
> 齮公秉大节，临难不顾身。激昂白刃前，溅血下沾巾。
> 尚书抱忠义，历险披荆榛。扈从出剑门，登翼岷江滨。
> 时望挹侍郎，公才标缙绅。亭亭昆山玉，皎皎无缁磷。
> 顾惟乏经济，扞牧陪从臣。永愿雪会稽，仗剑清咸秦。
> 太皇时内禅，神器付嗣君。新命集旧邦，至德被远人。
> 捧册自南服，奉诏趋北军。觐谒心载驰，违离难重陈。

策马出蜀山，畏途上缘云。饮啄丛箐间，栖息虎豹群。
崎岖凌危栈，惴栗惊心神。峭壁上嵌岑，大江下沄沄。
皇风扇八极，异类怀深仁。元凶诱黠虏，肘腋生妖氛。
明主信英武，威声赫殊邻。誓师自朔方，旗帜何缤纷。
铁骑照白日，旄头拂秋旻。将来荡沧溟，宁止蹴昆仑。
古来有屯难，否泰长相因。夏康缵禹绩，代祖复汉勋。
于役各勤王，驱驰拱紫宸。岂惟太公望，往昔逢周文。
谁谓三杰才，功业独殊伦。感此慰行迈，无为歌苦辛。

诗稍长，仍全录出，因此诗确有史诗的意义。诗题中的三人，即领衔之三相，从诗题看，三人之实际职务应该是左丞相、文部尚书和门下侍郎，与史传所载稍有出入。诗的首四句讲玄宗之避难南奔。其下三段各四句，分别颂赞三相在世乱之间的壮节，比史传更显生动。"顾惟乏经济"以下四句，自谦得以同行。"永愿雪会稽，仗剑清咸秦"则说愿以勾践雪耻和刘项定关中的态度，期许成功。"太皇时内禅"以下八句，说此行责任之重大。"策马出蜀山"以下八句，写北行道途之艰难。"皇风扇八极"以下，坚信虏势虽炽，皇唐必复，明主英武，诸将用命，否极必泰，屯难暂时。最后说君臣相得，功业殊伦，此行虽然艰难，但一切都有意义。诗中透露，在灵武消息到达成都后，玄宗与近信诸臣对形势认识非常清晰，即完全退位，拥戴肃宗之领导与抗敌。贾至与三相于道途中能作如此坦率之交流，所具认识也是非常明确的。

中国历史上有几次王朝安危存亡的关键时刻，最高决策者能否看到王朝命运之命门所在，并作妥善处理，大约于安史之乱间玄宗父子分路为其一，南渡初宋高宗与太后之分途为其二，皆得转危为安。当李自成大军逼近北京，崇祯皇帝自己不走，也不让太子走，所有鸡蛋装在一只危巢之中，明知不能中兴，也难以偏安，良有以也。

四　从汝州到岳州

贾至随三相到灵武，代表太上皇让位于肃宗，并送上传国宝玺，当然受到新朝的欢迎，诸人之官职也得以妥善安排。当然，这些都是表象。韦见素因曾依附杨国忠，待遇稍薄，不久就罢知政事。房琯当时享有重名，肃宗对他有一定好感，不久自请率兵出战，在陈涛斜两度败绩，且因人事原因与肃宗亲信发生冲突，逐渐被疏远。崔圆在收京后，参与了对降伪官员的处置，稍得信任。贾至从灵武到凤翔，随朝归京，一直担任中书舍人。大约前述《早朝大明宫》唱和，是他心情最愉快的时期。就在此后最多个把月，就因微过，外贬汝州刺史。从前后人事变化看，凡房琯集团中人，先后离朝，杜甫出为华州司功参军，严武出为巴州刺史，房琯出为邠州刺史，那就一切都可以理解。

贾至离京时，杜甫有《送贾阁老出汝州》：

西掖梧桐树，空留一院阴。艰难归故里，去住损春心。

宫殿青门隔，云山紫逻深。人生五马贵，莫受二毛侵。

唐代两省相呼为阁老，中书省在右，习称右省或西掖，杜甫时为拾遗，属门下省，故如此称呼。贾至是洛阳人，汝州距离洛阳不远，故杜甫以艰难时期得归故里，来给以安慰。所谓"西掖梧桐树，空留一院阴"，是说贾至长期任舍人，时有声誉，走后虽然庭院寂寞，仍足令人怀想。这一年贾至方逾四十，在官场也不年轻了。五马代指刺史，汉乐府有太守"五马立踟蹰"的记载，杜甫给他以安慰，刺史还是很光彩的官位，不要在乎年岁渐增，二毛徒生。不久前还在歌颂早朝的诗友，来不及送别春光，就此分别，心情当然都不好。二人间虽然以后还有诗简来往，此后未能再见面，也很遗憾。

贾至在汝州一年，没有留下太多事迹与诗篇。但第二年即乾元二年（759）春天，在唐王朝连续奏凯、叛军似乎即将平定的乐观气氛中，发生九节度兵溃邺下的惨剧，连带洛阳一带的官员与守军也慌忙奔逃。汝州是小州，本来也没多少军事实力，贾至在此氛围中，也弃州而南奔襄阳。这当然有违刺史守土有责的职守。不久，受到贬官岳州司马的处分。

岳州在今湖南岳阳，濒临洞庭湖。此前四十多年，名相张说到此为刺史，临湖建起岳阳楼，成为千古名楼。贾至到达岳州，肯定在此年秋，很难得的是遇到了旧友——大诗人李白。李白是一位天才奇丽的诗人，也是一位有治国抱负

▼ （元）夏永《岳阳楼图》
美国弗利尔美术馆藏
岳阳楼建成后，历代文人墨客登临咏怀，留下许多名篇。如李白之"楼观岳阳尽，川迥洞庭开。雁引愁心去，山衔好月来"。

而实际没有从政历练的人物。安史之乱起，李白方在庐山访道，自觉胡兵猖獗，应起而救天下苍生。贾至为玄宗起草《幸普安郡制》，命诸王起兵勤王，永王李璘接诏，率荆州水军，乘楼船一路东下。途经江州，将李白邀请上船。李白自觉可以大展宏图，作《永王东巡歌》，有"但用东山谢安石，为君谈笑静胡沙"的大言。李白不知道的是，此时玄宗已经让位给肃宗，肃宗不承认父皇曾经下达的诏令，指李璘之所为乃谋叛之举，派大军在今南京、镇江一带拦截追杀。李白一腔热血，无端得到从逆的结果，被囚于江州狱中。好在他名气够大，主管的官员也极力回护，最后给了个长流夜郎的处分。转了一大圈，这时他已经获释回到岳州。贾至是否向李白解释清楚三年多来朝政的变化，没有留下记载，两人互赠诗留下许多，值得仔细阅读。

李白《巴陵赠贾舍人》："贾生西望忆京华，湘浦南迁莫怨嗟。圣主恩深汉文帝，怜君不遣到长沙。"岳州时称巴陵郡，舍人则称原官。诗用西汉贾谊的故事来宽慰贾至，似乎对京城仍颇眷恋，对南贬岳州也有些埋怨。李白说当今皇上对贾至的感情超过汉文帝对贾谊，虽加贬逐，但还在长沙以北，没有贬到长沙或更南的地方。萧士赟《分类补注李太白诗》以为此首"恐非太白之作"，估计是因诗意比较浅俗吧，不过大诗人也无法保证每一首诗都是经典啊！

贾至有《初至巴陵与李十二白裴九同泛洞庭三首》：

江上相逢皆旧游，湘山永望不堪愁。
明月秋风洞庭水，孤鸿落叶一扁舟。

枫岸纷纷落叶多，洞庭秋水晚来波。
乘兴轻舟无近远，白云明月吊湘娥。

江畔枫叶初带霜，渚边菊花亦已黄。
轻舟落日兴不尽，三湘五湖意何长。

李白排行第十二，裴九不详为谁。诗称二人为"旧游"，估计天宝间即曾相识，很可能在李白往游单父之时吧。三诗皆清丽明畅，意境悠远，记游而写景如画，叙同游而情意可感。其中第二首曾为选家所重。湖湘本是屈原行吟之地，历来诗家都喜欢写泽畔幽怨之词，贾至贬官至此，却没有此种情怀，最多在"白云明月吊湘娥"中稍存寄托，深得诗人之旨。

李白有《陪族叔刑部侍郎晔及中书贾舍人至游洞庭五首》：

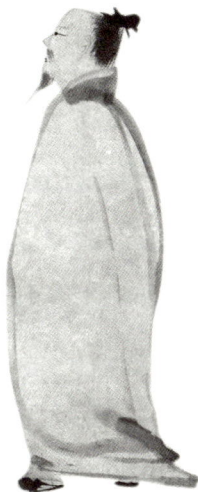

▼（南宋）梁楷《李白行吟图》
日本东京国立博物馆藏
图中所绘李白步态飘逸潇洒，轻踱曼咏，"诗仙"之姿跃然纸上。

洞庭西望楚江分，水尽南天不见云。
日落长沙秋色远，不知何处吊湘君？

南湖秋水夜无烟，耐可乘流直上天。
且就洞庭赊月色，将船买酒白云边。

洛阳才子谪湘川，元礼同舟月下仙。
记得长安还欲笑，不知何处是西天。

洞庭湖西秋月辉，潇湘江北早鸿飞。
醉客满船歌《白纻》，不知霜露入秋衣。

帝子潇湘去不还，空余秋草洞庭间。

淡扫明湖开玉镜，丹青画出是君山。

与贾至诗风格接近，部分诗意接近，但同游之人不同，可能不是一次所作。李晔被贬事见《资治通鉴》卷二二一，因审凤翔马坊押官劫盗案，得罪宦官李辅国，贬官岭南县尉，途经岳阳。李白毕竟是李白，五首诗各有风味。第一首写从洞庭西北望楚江，即今长江流经湖南、湖北之间的一段，水波浩渺，无边无际。再往南是长沙，是贾谊贬谪之所在，更往南是九嶷山，有湘君的传说，都令人感到哀怨，也指明是李晔将去的地方。第二首的南湖是洞庭湖的南半，指青草湖一带，夜静澄空，令人有乘流上天的遐想。李白说在湖光如镜中将月色尽收眼底，乘船饮酒有翩翩若仙的感受。第三首之洛阳才子指贾至，元礼是东汉李膺的字，指李晔，说二人因贬谪而同游洞庭，长安再好，西天再好，何如此水天一色之妙境？第四首写洞庭夜色，月轮当空，早鸿南飞，与客人醉后同唱《白纻》曲，不觉夜深，霜露沾湿了衣服，也全无感觉。第五首用楚辞"帝子降兮北渚"，说帝子远去再也不会回来，这里仅留下无边秋草弥漫的洞庭湖。末两句诗使整组诗升华，写湖光山色，如同淡妆美人临镜徘徊，君山点缀湖间，就像图画一样——这些都是李白最擅长的写法。

贾至有《洞庭送李十二赴零陵》：

今日相逢落叶前，洞庭秋水远连天。
共说金华旧游处，回看北斗欲潸然。

似乎李白在岳阳停留未久，即欲南下零陵，即永州。与前录组诗一样，诗句仍很清丽，落叶相逢，秋水漫天，其中包含无限情谊。"金华旧游"，也不知是当年两人曾一起同游，还是各诉在京城曾造访的名胜，末句更将对国事和命运之担忧，一并写出。此诗还有一特殊价值，即署名李白作、怀素草书的《草书歌行》，真伪历来有争议，其中一说即李白没有到过零陵，写不出此诗。贾至诗提供李白到零陵的旁证，是可再酌。

乾元二年，杜甫在东行归乡失望而归后，终于下决心弃官西行，辗转到达蜀中。其间作长诗《寄岳州贾司马六丈、巴州严八使君两阁老五十韵》，表达对贾至和严武两位旧友之关心。诗太长，只能取其要，一是感叹两人命运多舛："衡岳啼猿里，巴州鸟道边。故人俱不利，谪宦两茫然。开辟乾坤正，荣枯雨露偏。"在大乱将平、乾坤可正之际，两人都遭遇逆境，皇恩浩荡，但也难免有偏疏。二述自己处境艰难，如云："禁掖朋从改，微班性命全。青蒲甘受戮，白发竟谁怜？弟子贫原宪，诸生老伏虔。"其中涉及朋辈，也包含自己，处乱得全性命为幸，又老又贫，也属无可奈何。杜甫比贾至年长六岁，却称贾为六丈，比严武年长十四岁，亦不敢以前辈自居，盖二人在官场资源丰富，虽遭迁贬，仍可再起，故自己始终处于卑位。最后说："多病加淹泊，长吟阻静便。如公尽雄俊，志在必腾骞。"希望二位官位亨通，早逞雄俊之才，自己虽多病漂泊，仍期待给以援接。

岳州三年，是贾至诗歌写作的丰收时期。他存诗四十五首，过半数作于岳州。独孤及有诗题作《贾员外处见中书贾舍人巴陵诗集览之怀旧代书寄赠》，应该是贾至曾编岳州诗为《巴陵诗集》，当时即流传于友人之间。独孤及述读后感云："取公《咏怀》诗，示我江海澜。暂若窥武库，森然矛戟寒。眼明遗头风，心悦忘朝餐。"说贾至有《咏怀》诗，如江海一样波澜壮阔。武库用西晋杜预的故事，说他的诗气象森严，读之凛然敬畏。又说如同曹操读陈琳文章可以治疗头风，高兴得忘了吃早饭。《咏怀》诗不传，估计也是追拟阮籍抒写心情郁闷之作。

五　贾至文学命运的幸与不幸

贾至在岳州三年，待肃宗去世，代宗继位，被召复为中书舍人。宝应二年（763）为尚书左丞。此时礼部侍郎杨绾建议改更贡举法，贾至与严武都表赞同。其后，严武入蜀为剑南西川节度使，贾至则晋为礼部侍郎，知东都选事。大历三年（768），为兵部侍郎。大历五年，为京兆尹。大历七年，以右散骑常侍卒，年五十五。获谥文，是对他一身文学成就的肯定。

贾至晚年官位顺遂，与同首相元载关系良好有关。晚唐苏鹗笔记《杜阳杂编》说元载"宠姬薛瑶英，攻诗书，善歌舞，仙姿玉质，肌香体轻"，贾至不仅曾见其歌舞，还作诗捧场，诗云："舞怯铢衣重，笑疑桃脸开。方知汉成帝，虚筑避风台。"虽然无法考实，但确实算不上光彩。

杜甫于永泰元年（765）因严武推荐而得授检校工部员外郎，寻买船东下，拟取道襄汉入京。出行不久，严武去世，他又因自己病重，长期滞留夔州。其间杜甫有诗《别唐十五诫因寄礼部贾侍郎》，最后云：

南宫吾故人，白马金盘陀。雄笔映千古，见贤心靡他。
念子善师事，岁寒守旧柯。为吾谢贾公，病肺卧江沱。

南宫即指礼部，称贾是故人，是老朋友，人才与诗文都很杰出，特别愿意吸引人才。他要唐诫到京后，以贾为师，岁寒不移其操。他最后要唐告诉贾至，自己因病留滞三峡，当然是希望贾给以关心和支持。就杜甫存诗分析，他多次感叹因病耽搁赴京，朝廷视自己如弃物，极度失望。其间贾至是否得到杜甫消息，他是否有可能给其以有力的帮助，都无法揣测。

贾至去世后，独孤及作《祭贾尚书文》一文，后半对贾至的文学见解与古文写作，有很高评价：

追念凤昔，尝陪讨论。综核微言，揭厉孔门。匪究枝叶，必探本根。高论拔俗，精义入神。誓将以儒，训齐斯民。文章陵夷，郑声夺伦。兄于其中，振三代风。复雕为朴，正始是崇。学者归仁，如川朝宗。六义炳焉，自兄中兴。大名全才，仪刑百工。

此文是他积极倡导复兴儒学，将其作为"训齐斯民"的根本学说。文学上则倡导复古，主张返璞归真，特别推崇正始文学，也就是以嵇康、阮籍为代表的文学，以《咏怀》最著名，慷慨而有风骨。

《新唐书·艺文志》载贾至文集二十卷，另有别集十五卷。晁公武《郡斋读书志》则云北宋李淑家藏本为苏弁编次，常仲孺为序，二人皆贞元年间人。南宋时此本已亡，尚存十卷本文集，晁、陈二家皆曾见，洪迈编《万首唐人绝句》曾据此录绝句十九首。此本后亦不存。

贾至长期立朝，长掌王言，文学主张也卓立当时。他不以诗名，与盛唐大诗人李白、杜甫、王维、高适、岑参交往密切则有如前述，存诗亦不乏佳作。在盛唐诸大家中，虽未能引领风气，卓立一代，但自成一家，稍具成就，则应无问题。

元结在道州

元结是盛唐后期的一位重要诗人。在文学上,他主张复古,与诗家主流不完全合辙;在儒学上,他是坚定的实践者,对时政之腐败与民生之艰难皆有激烈的反映。遭遇世乱,他在进退之间几度彷徨,过着兼仕兼隐的生活。一旦主政,则不顾朝廷限制与世俗规范,坚决地践行他的主张。他曾两度出任道州刺史,留下诗篇,更留下美政,值得表彰。

一 元结出守道州前的经历与思想

元结(719—772),字次山,先世是北魏皇族。到他历经十二世,已经完全汉化。其父元延祖,清净恬澹,不乐仕进,四十方出仕,官至道州延唐丞,后退居汝州商余山。元结成长于汝州,对他影响最大的是宗兄元德秀。德秀年长元结二十多岁,进士及第后以家贫,求为河南鲁山令。居官行古人之政,以德惠治民。时玄宗在洛阳大酺,州县皆炫奇丽之巧，唯德秀遣乐工数人，联袂唱己作《于芳于》，反而得到玄宗的表彰。元结十七岁从德秀学于鲁山，后德秀退官居陆浑，元结更追随相从。德秀平生所作不传，但他的道德文章、人生境界，在元结身上得到完美传续。

元结早年作品，以《补乐歌》与《系乐府》为代表。《补乐歌》十首十九章，设拟上古贤君之为政之方而歌颂之。《系乐府》十二首，在感慨风教与君子修养之同时，对民间疾苦有很强烈之控诉。如《贫妇词》写贫苦夫妻之绝望；《去乡悲》写离乡者之去留无奈；《农臣怨》诉草木之患，昆虫之苦，尚祈官府体察；《贱士吟》则表明在"谄竞实多路，苟邪皆共求"的恶劣环境中，他以古君子立身的坚定选择："正方终莫可，江海有沧洲。"即便行正道不为世容，至少还有归隐江海可以选择。

天宝六载（747），玄宗开特科广求人才，元结、杜甫皆应诏赴选。元结作《二风诗》与《皇谟》投匦，以天下治乱之关键所在表达所见，为其论政事得失的强烈而具独见的大议论。无奈权臣当道，仍被黜落，让他很失望。其后几年，他写下大量激烈而古拗的政论，表达对时政的不满。

天宝十二载，礼部侍郎阳浚知贡举，特别请大儒萧颖士荐举天下人才。阳浚得见元结所撰《文编》，大为欣赏，感叹说："以一第污元子耳，有司得元子是赖。"科举是为国家抡选栋梁之材，主考官如是说，不是施舍，而是说有污你的高节，你正是国家今后的希望，诚为难得。

进士及第后，元结并未立即进入官场，不久就遭遇安史之乱，只能举家避难，所选地为鄂州猗玗洞。两年后，再迁江州彭泽瀼溪。这时，他得到肃宗之召见，问以治国之方，元结进《时议三篇》，所见为止奢靡、奖有功、识兵势、致太平，关键是有信于民，必须革除弊政。寻获授官，以监察御史往山南招募乡勇民兵。次年，更授山南东道节度参谋，回到他的家乡，在唐、邓、汝、蔡等州招募乡兵，得以迅速成军，成为荆襄之间一支特别的武装力量，在来瑱镇襄、吕諲镇荆期间，发挥了积极作用。这里看到元结在领军治军方面的能力，在乱世中他是一位清醒的强者。

上元二年（761），元结撰写了他一生影响最大的文章《大唐中兴颂》。此颂以歌颂肃宗中兴唐祚之功德，以"春秋笔法"表达强烈的批判精神。此颂由颜真卿大字书写，摩崖刻于浯溪，今存，为后人所景仰。

宝应元年（762），荆南节度使吕諲卒于镇，其时恰好玄、肃二帝去世，代宗新立，未及选派继任者达八月之久，元结以判官代领府事，安定地方，处置军务，当纷乱之际，显示出卓越的才能。朝廷选派新帅后，对元结并未酬勋，仅给一著作郎之闲职。元结退而卜居武昌樊口，其间他自称漫郎，改称漫叟，耕钓自资，享受了近一年的散漫时光。

二　元结在道州体恤民艰，抗拒征赋

广德元年（763）九月，元结获授道州刺史。为何授官，颜真卿撰《元次山碑》说是"上以君居贫"，当然是推恩君

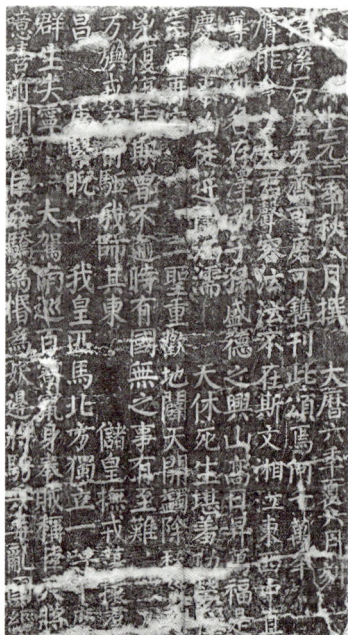

▼ （唐）颜真卿《大唐中兴颂》
此颂为元结最具代表性的文章，欧阳修评"书字尤奇伟，而文辞古雅"。

上的表达，若然则何以不择一富州呢？或认为出于旧相李岘的推荐。道州在今湖南西南隅，与岭南相接，更与今广西一带接壤，其地当时为西原蛮所据。中原大乱，南方也不靖，西原蛮数度侵扰湖南郡县。就在元结接受任命之时，恰逢州府遭受剽劫。九月敕下，元结十二月方接到官牒，其间别有耽搁，到次年五月方到职。元结到任后的《谢上表》说："耆老见臣，俯伏而泣；官吏见臣，已无菜色。城池井邑，但生荒草；登高极望，不见人烟。岭南数州，与臣接近，余寇蚁聚，尚未归降。"可以说是一片凄凉。所说"耆老见臣"，应该是因元结父曾在道州为县令，元结当曾随侍，耆老见前令之子来领州事，特别亲切，因至俯伏而泣。元结更进一步对皇上陈述，作为刺史，"若无武略以制暴乱，若无文才以救疲弊，若不清廉以身率下，若不变通以救时须，一州之人不叛，则乱将作矣"。明确告诉君主，人民已经穷困到了极点，如果君主不加体恤，刺史不加安抚，则大乱随时可能爆发。

唐时州县官简事省，州县长官的主要职守，一是完征赋税，二是处理狱讼。元结既然到任，当然明白自己的责任。到任不久，他就收到租庸使文牒，"当州准敕及租庸等使征率钱物，都计一十三万六千三百八十八贯八百文"。在太平时节，对有四万余户的道州来说，是一户要缴纳三贯多的赋税，不是小数目，但道州刚刚经历浩劫，元结报告说：

> 臣当州被西原贼屠陷，贼停留一月余，日焚烧粮储屋宅，俘掠百姓男女，驱杀牛马老少，一州几尽。贼散后，百姓归复，十不存一，资产皆无，人心嗷嗷，未有安者。

情况如此严重，居家的财物大多被掳掠一空，所剩人户连存活都困难，哪还有余资来为国输纳？元结因此上《奏免科率状》，请求将"自州未破以前，百姓久负租税，及租庸等使所有征率和市杂物，一切放免"，不仅请求现在不征税，且要求将以前所负欠者一律减免，以便百姓存活，州县再现生机。

以上所引是元结文集中保存的给朝廷的奏文。他更有《舂陵行》述其事。诗有序云：

癸卯岁，漫叟授道州刺史。道州旧四万余户，经贼已来，不满四千，大半不胜赋税。到官未五十日，承诸使征求符牒二百余封，皆曰："失其限者，罪至贬削。"於戏！若悉应其命，则州县破乱，刺史欲焉逃罪；若不应命，又即获罪戾，必不免也。吾将守官，静以安人，待罪而已。此州是舂陵故地，故作《舂陵行》以达下情。

这里说得更坦率。州县上面有节镇，更往上有朝廷的各职能部门，连下符牒，要刺史完成赋税，更威胁说刺史如果拒不完成，就当承担罪责。元结身处其地，深知四千户如何能完成四万户的税纳，迭经大乱，生计艰难，更哪有余资？刺史如果执行上级的指令，必然加剧民间的动荡，如不执行，则罪不可逃。两难之间，他坚持"静以安人"的对策，即便获罪，也绝不怨尤。其诗云：

军国多所须，切责在有司。有司临郡县，刑法竟欲施。
供给岂不忧，征敛又可悲。州小经乱亡，遗民实困疲。
大乡无十家，大族命单羸。朝餐是草根，暮食乃木皮。
出言气欲绝，意速行步迟。追呼尚不忍，况乃鞭扑之。
邮亭传急符，来往迹相追。更无宽大恩，但有迫促期。
欲令鬻儿女，言发恐乱随。悉使索其家，而又无生资。
听彼道路言，怨伤谁复知？去冬山贼来，杀夺几无遗。
所愿见王官，抚养以惠慈。奈何重驱逐，不使存活为。

安人天子命，符节我所持。州县忽乱亡，得罪复是谁。
逋缓违诏令，蒙责固所宜。前贤重守分，恶以祸福移。
亦云贵守官，不爱能适时。顾惟屛弱者，正直当不亏。
何人采国风，吾欲献此辞。

这是一位守正官员的心声，将内心所虑与现实困境全部托出。国家自变乱以来，军国费用激增，将责任推到各州县，有司即各职能部门在这样的政权机制中，只能不择手段、恩威并施地以求征敛。现实则是如此困蹇，民众其实生存在死亡线上，只能靠草根木皮苟活于人间，连讲话、行走的力气都没有。

刺史是掌握权力的，可以严刑威逼，但民困如此，大声呵斥都尚且不忍心，哪还忍心大刑伺候？上方一点也不加体谅，只会督促，然而百姓家中早已一无所有，难道叫他们卖儿卖女以完税吗？元结堂堂正正地宣示，我是皇帝委任的守吏，我的首要责任是让百姓安于生活。如果催迫急了，地方叛乱，谁来承担责任？如果因为稽缓征赋而获罪，我愿意承担全部的罪责。最后几句是前贤任官坚守职分，绝不以个人祸福改变施政立场，更何况面对屛弱的百姓，正直的官员都不会凌虐他们。

这年秋天，西原蛮再度大举入侵湖南州县，邵州、永州皆遭难。元结到任后重视守御，他先前练兵领军的经验得以实践，捍卫百日，终于击退攻城者。事后，他作《贼退示官吏》述怀，有序云：

> 癸卯岁，西原贼入道州，焚烧杀掠几尽而去。明
> 年，贼又攻永破邵，不犯此州边鄙而退，岂力能制敌
> 欤？盖蒙其伤怜而已。诸使何为忍苦征敛，故作诗一
> 篇，以示官吏。

这是西原蛮第二度侵掠。元结说不是道州官民有力量克敌制
胜，仅仅是贼人"伤怜而已"，道州已经破败到没有可以劫
掠的东西了。这里，与他在奏进朝廷的《奏免科率等状》中
所说"防捍一百余日"，稍有不同，大约也都是事实。诗云：

> 昔岁逢太平，山林二十年。泉源在庭户，洞壑当门前。
> 井税有常期，日晏犹得眠。忽然遭世变，数岁亲戎旃。
> 今来典斯郡，山夷又纷然。城小贼不屠，人贫伤可怜。
> 是以陷邻境，此州独见全。使臣将王命，岂不如贼焉？
> 今彼征敛者，迫之如火煎。谁能绝人命，以作时世贤。
> 思欲委符节，引竿自刺船。将家就鱼麦，归老江湖边。

他回顾往事，太平时节，州郡贡赋有常期，百姓也安生乐
命，日间犹得高卧。这是说他自己，也是一个时代的回忆。
但世乱以后，自己也有弃文从戎的经历。经历了又一次西原
蛮侵扰后，他说山夷犹且见怜道州之城小民贫而不进扰，自
己身为刺史，受王命而临州，横征暴敛，不顾百姓死活，那
与做盗贼者有何不同？可能还不如盗贼！"谁能绝人命，以
作时世贤"二句，更直截了当地说刺史若为了向朝廷交差，

博一时之贤名，只能将百姓推向死路，这是自己绝不加以考虑的。最后几句，更强调自己随时准备罢职归隐，终老江湖边，绝不考虑政绩，绝不在意人言。为民争命，为民抗命，诗人将个人的进退完全置之度外。

三 杜甫对元结之表彰

杜甫比元结年长七岁。当元结赴任道州刺史时，他还在蜀中严武幕府。其后两年，他出蜀后奔波道途，因病留滞峡中，大约在大历元年（766）方得见元结二诗，大为赞佩，旋即作《同元使君〈舂陵行〉》加以表彰。此诗亦有序，录如下：

> 览道州元使君结《舂陵行》兼《贼退后示官吏作》二首，志之曰：当天子分忧之地，效汉官良吏之目。今盗贼未息，知民疾苦，得结辈十数公，落落然参错天下为邦伯，万物吐气，天下少安可待矣。不意复见比兴体制，微婉顿挫之词，感而有诗，增诸卷轴，简知我者，不必寄元。

杜甫写此诗时，距离元结作诗已经过了两年。他与元结的地位处境皆不同，感受也有差异，异中也有同，即认为国家经过长期战乱，应该与民休息。刺史的责任是为天子治理地方，即所谓为君王分忧，而汉代之刺史权力更大，所管地域也宽，有许多值得学习借鉴的良吏典范。杜甫更强调，如元结这样能体恤民生的官吏若再多一些，让他们分散到各地，必然有益于社会恢复元气，重回太平。杜甫的这段话，其实导源于玄宗在开元前期实行的一项重要决策，即选拔朝中最优秀的官员，分发全国重要州府，担任刺史，亲自制诗送行，有云"眷言思共理，鉴寝想惟良"。皇帝与百官一起治理天下，日夜都希望守官贤良敬业。天下太平，最重要的是亲民官要理解皇帝的意志，更要做到"视人当如子，爱人亦如伤""恤惸且存老，抚弱复绥强"（《赐诸州刺史以题座右》）。玄宗更颁布《令长新戒》以规勉官员。玄宗的这些举措，是达成开元盛世的根本，杜甫不容不知。他在元结诗中，看到了这种精神。杜序的最后几句，则为模拟陈子昂《与东方左史虬修竹篇序》，认为这些诗正符合诗歌的比兴传统。杜诗云：

遭乱发尽白，转衰病相婴。沉绵盗贼际，狼狈江汉行。
叹时药力薄，为客羸瘵成。吾人诗家秀，博采世上名。
粲粲元道州，前圣畏后生。观乎舂陵作，欻见俊哲情。
复览贼退篇，结也实国桢。贾谊昔流恸，匡衡常引经。
道州忧黎庶，词气浩纵横。两章对秋月，一字偕华星。
致君唐虞际，纯朴忆大庭。何时降玺书，用尔为丹青。
狱讼永衰息，岂唯偃甲兵。凄恻念诛求，薄敛近休明。
乃知正人意，不苟飞长缨。凉飙振南岳，之子宠若惊。
色阻金印大，兴含沧溟清。我多长卿病，日夕思朝廷。
肺枯渴太甚，漂泊公孙城。呼儿具纸笔，隐几临轩楹。
作诗呻吟内，墨淡字欹倾。感彼危苦词，庶几知者听。

诗很长，且从自己病居峡中的狼狈处境写起。在他远离朝廷、日夜为国担忧的愁怀中，从元结诗中，看到了乱世中不可多得的耀眼光芒。他比元结稍长，因此视元为后生，不仅自己刮目相看，更认为他继承了汉代良二千石的传统。他认为元结就是俊哲，就是国桢，是国家不可多得的栋梁之材。致君尧舜曾是杜甫少年时的梦想，现在从元结身上，他看到了实现这一理想的具体举措，这也是上古贤君的为政之方。杜甫认为对元结这样的人才，朝廷应该下诏表彰，图像高阁，示天下以典型。"狱讼永衰息"四句，是他设想理想社会中地方长吏的作为，不仅罢战，也止绝民间的讼争。赋税当然仍然不能免，但太平社会总应该尽量薄敛，减轻人民的负担。长吏当然仍然要催逼，但若能"凄恻念诛求"，即以悲天悯人的情怀，完成君王交付的责任，社会方能休明。最后几句杜甫回过来仍写自己，遗憾自己因病未能入朝，无能为国尽力，只能借诗篇传达自己的感受。

这里应该特别说到杜甫、元结二人之交往实相。在今存两人文集中，除了这一首诗，两人之间没有任何来往的记录。从履历说，两人都在天宝六载应诏赴举，应该有认识的机会。而与杜甫交好的孟云卿、王季友、张彪，也是元结的密友。杜甫诗题称"元使君"，不带个人色彩。杨承祖先生著《元结研究》之"元结文学交游考"认为两人之间可能曾有交恶或不快，乃至绝交，皆属可能。杜"序"说："感而有诗，增诸卷轴，简知我者，不必寄元。"他隆重地写诗表彰元结，目的只是增加自己诗集之篇幅，诗仅寄给与自己关系密切的"知我者",且"不必寄元",至少元非知我者,这些都值得玩味。笔者很怀疑这位知我者是指孟云卿,永泰间往南海,元结有诗赠行,大历初客居荆州幕府,其间与杜甫有来往,元结的诗也很可能由孟见示。杜甫是襟怀坦荡的人,更何况他始终坚守儒家仁爱亲民的立场,对国家之治乱殷忧焦虑,不能忘怀。元结所做的一切,正契合他的治国理想,情不自禁地写诗,用极端的赞美称许元结的作为。在这里,恰好可以看到两人君子人格的完美表达。元结是否看到杜诗,也无从知晓,知而不答,也算一种态度吧!君子和而不同,有隔阂不妨欣赏赞美,互相吹捧就俗气了。

四　元结初度罢守后之徘徊

元结首度守道州,两度奏请免除租庸科率,都获得了朝廷的恩准。在任期间,他还曾游历九嶷山,考察舜祠,并撰《道州刺史厅壁记》,言守长善恶宜为规诫,具有官箴之警示价值。

元结首度任道州刺史,因到任耽搁,实际在任仅一年多。到永泰元年(765)夏,他已经去职到了衡阳,遇到几位有名的诗人。一位是刘湾,存诗不多,但《中兴间气集》收其诗,称许其"性率多直,属文比事,尤得边塞之思",亦足名家。元结与他月夜燕会,作诗相赠云:

我从苍梧来,将耕旧山田。踟蹰为故人,且复停归船。
日夕得相从,转觉和乐全。愚爱凉风来,明月正满天。

河汉望不见，几星犹粲然。中夜兴欲酣，改坐临清川。未醉恐天旦，更歌促繁弦。欢娱不可逢，请君莫言旋。

这里看到元结的打算，道州任后，仍拟归耕旧田，因为遇到好友，欢会至旦，兴致很高，且各存规勉。另一位是诗人孟云卿，早年元结编《箧中集》，就有孟诗。二人是同乡，相知逾二十年，元结认为自己之才业、词赋、通和皆不如孟，称孟"名声满天下，知己在朝廷"，前途不可限量。《别孟校书》云："吾闻近南海，乃是魑魅乡。忽见孟夫子，欢然游此方。忽喜海风来，海帆又欲张。漂漂随所去，不念归路长。君有失母儿，爱之似阿阳。始解随人行，不欲离君傍。相劝早旋归，此言慎勿忘。"因为孟要往岭南，元诗送行，说以往对南海之认识有误解，因为孟之此行，对南方生活有新的感受。

这里有必要说明一件事实。笔者曾在《文史知识》2018年第7期刊文《元结与〈箧中集〉作者之佚诗》，披露日本所存藤原佐理（944—998）文书中一组作于连州海阳湖的佚诗，从诗中知道他已经在海阳置业，拟作养老之地，更感到世事纷扰，唯岭南可为避乱之地。此行是否即在衡阳暂憩期间，是否与孟云卿之南行有关，仍可暂存疑。

五　再次出守道州

在衡阳候命半年多，元结于永泰二年春，再授道州刺史。作《再谢上表》谢恩，谦称有过无功，不宜重授，更申言州县官守之要，希望代宗"特加察问，举其功过，必行赏罚，以安苍生"，坚持一贯的主张。

再次莅守道州，乱后的秩序渐次恢复，对州情也早已熟悉，元结得以从容州政，弦歌而理。他作《论舜庙状》，称谨遵旧制，于西山立舜庙讫，为地方建设之大事。又撰《舜祠表》，对历史传说中舜死南方之始末表示怀疑，见他的治学求实态度。他于州城南发现溪流潺湲，命名为右溪，作《右溪记》，更撰《游右溪劝学者》：

> 小溪在城下，形胜堪赏爱。尤宜春水满，水石更殊怪。
> 长山势回合，井邑相萦带。石林绕舜祠，西南正相对。
> 阶庭无争讼，郊境罢守卫。时时溪上来，劝引辞学辈。
> 今谁不务武，儒雅道将废。岂忘二三子，旦夕相勉励。

这时，他的心情是闲适的，治州有成，得以从容山水，选择名胜，更借此指示后学在战争平息后，要努力儒道，以风雅互勉，以期有所成就。所谓行春而重教化，也于此可见。《右溪记》更是柳宗元以前唐人山水游记的名篇。篇幅不长，全录于下：

> 道州城西百余步，有小溪，南流数十步，合营溪。水抵两岸，悉皆怪石，欹嵌盘屈，不可名状。清流触石，洄悬激注，佳木异竹，垂阴相荫。此溪若在山野，

则宜逸民退士之所游处；在人间，则可为都邑之胜境、静者之林亭。而置州已来，无人赏爱，徘徊溪上，为之怅然。乃疏凿芜秽，俾为亭宇，植松与桂，兼之香草，以裨形胜。为溪在州右，遂命之曰右溪。刻铭石上，彰示来者。

因为心情好，他不断发现佳景，时作铭记，先后作有《七泉铭》《五如石铭》《寒亭记》《阳华岩铭》等。而他最爱者，则为石鱼湖。其地在㳠泉南，水中有石，状若游鱼，因名。《石鱼湖上作》云：

吾爱石鱼湖，石鱼在湖里。鱼背有酒樽，绕鱼是湖水。
儿童作小舫，载酒胜一杯。座中令酒舫，空去复满来。
湖岸多欹石，石下流寒泉。醉中一盥漱，快意无比焉。
金玉吾不须，轩冕吾不爱。且欲坐湖畔，石鱼长相对。

喜悦之情，溢于言表。《石鱼湖上醉歌》更云：

石鱼湖，似洞庭，夏水欲满君山青。
山为尊，水为沼，酒徒历历坐洲岛。
长风连日作大浪，不能废人运酒舫。
我持长瓢坐巴丘，酌饮四坐以散愁。

醉饮石鱼湖，仿佛到了洞庭湖中，夏水涨溢，君山青碧，酒徒环坐，山水佐欢，即便长风大浪，也无妨酒人高兴。诗中的浪漫豪情，是他在道州友朋环绕的写照，更可见他度过最困难时期，州郡得治的兴奋。

大历二年春，元结往衡阳与湖南指挥使请示军事归州，恰逢春水奔泻，舟行不进，乃作《欸乃曲》五首，令舟子唱之。这是唐代诗人借用民间曲调写作新声的难得努力。录两首如下：

> 湘江二月春水平，满月和风宜夜行。
> 唱桡欲过平阳戍，守吏相呼问姓名。
>
> 千里枫林烟雨深，无朝无暮有猿吟。
> 停桡静听曲中意，好是云山韶濩音。

读者不难发现，这些歌曲和刘禹锡在夔州所作《竹枝歌》情味十分相像，但比刘诗早了大约半个世纪。

六　元结的意义

元结是唐代一位非常特别的诗人。在盛唐新声弥漫全国，取得空前成就之际，他高举复古大旗，团结一批朋友，坚持走自己的道路，也取得独特的成就，足成一家。

他是一位文武兼资的能吏，也是一位激烈的社会批评家。他对统治阶层政治无能、国事败窳的批判，同时文人都

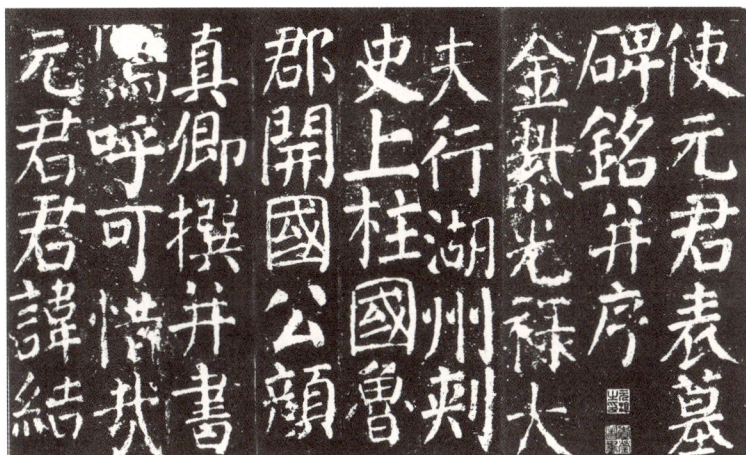

▶ （唐）颜真卿楷书《容州都督元结碑》，又名《元次山碑》。

没有达到他的深度与广度。在安史大乱中，他能够召集兵民，捍御疆土，在荆南与道州都显示了他的吏干。他在道州两任刺史，在州事危殆之际以仁爱之心体恤州民之艰困，在州理恢复以后注重地方的文化建设，都昭示了他的人格与能力。道州任满，被授容管经略使，成为地方大员。可惜归京即逝，得年仅五十四岁。颜真卿为他撰墓碑，称赞他是"皇家忠烈义激、文武之直清臣也"，又说：

> 其心古，其行古，其言古，躬是三者而见重于今，虽拥旄麾幢，总戎于五岭之下，弥纶秉宪，对越于九天之上，不为不遇。然以君之才之德之美，竟不得专政方面，登翼太阶，而感激者不能不为之太息也。

就常人来说，元结两守道州，独镇容管，不能说没有成就，也不能说没有得到皇家之恩遇，但以他的才华出众，品德高尚，人格俊美，毕竟没有获得大用，颜真卿为之再三叹息，是可以理解的。

南京师范大学孙望教授撰《元次山年谱》，又校理《元次山集》。台湾大学杨承祖教授撰《元结年谱》，又撰《元结评传》，更在1966年撰《元结年谱辨正》，在两岸隔绝年代商榷学术，是为学林佳话。后学如我，曾聆教于两位前辈，更珍惜二家治元之深邃精密。孙先生谢世已经三十一年，杨先生辞世也已近四年。述本文竟，感念为深。（本文作于2021年）

狂生任华

——从粉丝立场推动李杜齐名的第一人

李杜何以齐名，垂映千春，最初的细节还有许多不甚清楚的地方。十年前我曾撰文《李杜齐名之形成》（《岭南学报》2014年复刊号），力主杜甫生前即有此说。还揭出一则有趣的记录，杜甫天宝间作《赠特进汝阳王二十韵》，有云："已忝归曹植，何知对李膺。"即在与让皇李宪长子汝阳王李琎的笑谈中，自承人生目标是追踪曹植，别人则觉得可以与李某为对，毕竟李杜齐名是东汉以来的旧梗，大家都熟悉，这时当然还与李白无关。代宗广德二年（764），严武再镇剑南，杜甫从东川回到成都，一位狂热的追随者任华按照近二十年前给李白写诗表达狂热崇拜的格式，也给杜甫写了一首。两首诗都很长，居然都保存了下来，不妨读一读，可以知道李杜当年的影响与追星者的狂热程度。

一　任华之生平与两面性格

任华，今知为青州乐安（今山东博兴）人。家世、生卒皆无可考。他有三首长诗存世，分别写给李白、杜甫和怀素。《全唐文》卷三七六收其文一卷，凡二十四篇，分别采自五代王定保的《唐摭言》和宋初编大型总集《文苑英华》。别人的诗文中很少提到他，仅知高适有一首《赠任华》诗，见《唐诗纪事》卷二二，《全唐诗》失收。根据这些文献，可以粗线条地勾勒出他的生平。任华估计出生于开元前或中期，也许比杜甫还小十岁左右。玄宗天宝五载（746），他至长安寻访李白，其时李白已至江东访元丹丘，未遇，只能寄诗以表向往之忱。肃宗朝，曾任秘书省校书郎、太常寺属吏、监察御史，但他似乎对在朝为官始终不太安分。代宗广德二年，任华得悉杜甫入参西川严武幕，赋《杂言赠杜拾遗》长歌。他也经常向高官上书，请求关心自己，语气傲岸不羁，请求间不断致责公卿，结果当然可以想见。代宗大历间，长沙草书僧怀素入京，所作耸动京城，任华也作《怀素上人草书歌》，怀素很高兴，将此歌书写一遍，真迹宋时尚存。大历末，任华曾入桂管李昌巙幕府，后不知所终。如果用公元表示他的生卒年，大约是725—780，当然两边都要加问号，属于推测。

任华存文有《明堂赋》，应该是参加科考之孑遗。有《随求即得大自在陀罗尼神咒经序》《西方变画赞》，可见他

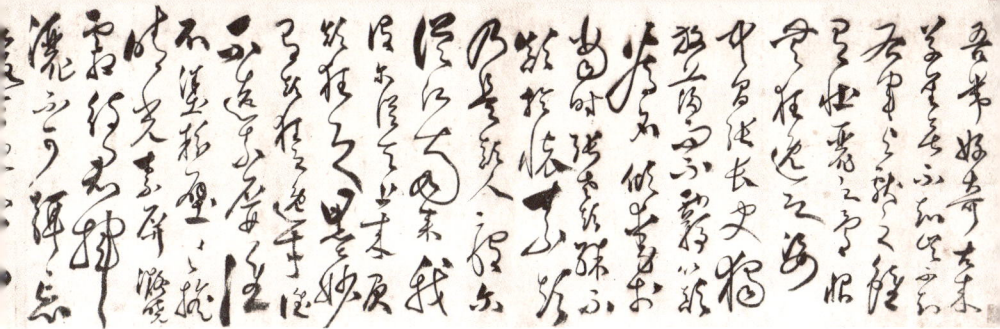

▶ （明）张弼《怀素上人草书歌》（局部）

此为明代书法家张弼所录写，狂草跌宕错落、酣畅淋漓，饱含张弼对怀素的欣赏与钦敬。

对佛学研习颇深，对密宗颇多关注。他作《送王舍人归寿春侍奉序》，说："赠言伊何？莫过于勤孝。立身伊何？莫过于守正而已。"肯定被送者王良辅之勤孝守正，也看到他对为家为国之基本态度。《送祖评事赴黔府李中丞使幕序》述自己之临别赠言，"不虑吾子以忠贞为本，又当指踪不选地，感恩不顾身死。见贤良则引而荐之，勿惮勿疑；见仇怨则报之以德，勿瑕勿疵"。即从宦以忠贞为本，得知己提携，当感恩图报，不顾生死。祖评事在幕府有一定权力，也规劝以遇到贤良者应努力引荐，即使有些仇怨，也当报之以德。这些都是官场一般之认识，没有卓识，多属常谈，多在规范之内。这里看到任华作为一个京城小官循规蹈矩的一面。虽难有大作为，但凭借资历，也可拾级而上，无灾无难，平稳一生。

令人意外的是《唐摭言》卷一一在《怨怒（戆直附）》中保存了任华的四件上高官书，干谒请求而怪招迭出，显示了任华性格的另一面。《唐摭言》称"任华戆直"，即他在官场混，性格村戆，表达直率，因此显得另类。这里先介绍其中的三件，上严武那件，与赠杜甫诗为同时而作，容后再说。

《与庾中丞书》是给御史中丞庾准的。缘由是去冬曾以文投给庾准，庾准称赞了几句，认为写出这样的文章，可以做"补衮"，即可任谏官。再一次，则是太仆卿李某在时，任又去纠缠，庾顺口对李说："任子文辞，可为卓绝，负冤已久，何不奏与太仆丞？"话外之意是我帮不上忙，李太仆可否在太仆寺为其谋一职位。三则几次以赋投献，庾回信说："足下文格，由来高妙，今所寄者，尤更新奇。"还是一般的客气，是场面话。

任华是一切都当真的，你在众人面前夸奖了我，怎么可以不兑现呢，你对我评价很好，就应该提携我。久等没有消息，他怒了，先说：

> 华也不才，皆非所望。然公之相待，何前紧而后慢？若是耶，岂华才减于前日，而公之恩遇薄于兹辰。退思伏念，良增叹惋耳！

你的夸奖超过了我的预期，但怎么一点也没有兑现，到底是我的才华退减了，还是你的恩德薄弱了，想来想去，只能长叹。信的最后，任华将此事来一个上纲上线：

> 朝廷方以振举遗滞为务，在中丞今日，得非公言之次乎？当公言之次，曾不闻以片言见及。公其意者，岂欲弃前日之信乎？华本野人，尝思渔钓寻常，杖策归乎旧山，非有机心，致斯扣击。但以今之后进，咸属望于

公，公其留意焉！不然，后进何望矣！

朝廷大张旗鼓地选拔人才，你的话是曾有人听见的，你怎么可以背信弃义？我本是山野之人，对此本可以不计较，但你有没有想一想，无数的后进英贤，都对你寄予厚望，你失信于我事小，天下后进因此而失去希望，问题就很严重了。这是求谒而包含威胁。

《与京尹杜中丞书》是大历五年（770）或稍后写给京兆尹杜济的。任华说自己到京城后，见高官贵人，避之如恐不及，原因嘛，他举汉初辟阳侯审食其与其门客朱建事为例，说自己深知受人之恩，生死相报的道理，因此不想卷入是非。没有想到的是，杜济居然对自己很赏识，先是"以文章见知，特于名公大臣，曲垂奖拂"，也就是在众官在座时夸奖过自己的文章，因此而"以公为知己"，即以杜为自己的靠山。再则"造诣门馆，公相待甚厚，谈笑怡如"，我去你家访问，你待我很客气，谈笑风生。于是他有了非分之想，亲自登门提出了要求。任华说自己是很高贵的人，"若道不合，虽以王侯之贵，亲御车相迎，或以千金为寿，仆终不顾"，以道义相期，如道不合，即便王侯之人，亲自驾车来迎，或以千金为寿，自己皆不屑一顾。现在我亲自骑马，到你府上干求，要求并不高。但你先是对我说："亦不易致，即当分减。"你的要求太高了，不易办到，可否降低一些？任华的态度是，如果我自己可以办到，干嘛要找你呢？虽然不知他具体所提为何事，估计任华既不肯"分减"，杜济只能虚作承允。任华等了十多天，没有消息，于是驰书问责：

> 况自蒙见许，已经旬日，客舍倾听，寂寥无声，公岂事繁遗忘耶？当不至遗忘，以为闲事耶？今明公位高望重，又居四方之地，若轻于信而薄于义，则四方无所取。惟公留意耳！

你既已经答允了，怎么可以像什么都没发生一样，难道事多遗忘了吗？你以为我求你的是可以忘却的闲事吗？你失信于我事小，天下人因此而对你失望，给你差评，你当心一些，问题很严重啊！

《告辞京尹贾大夫书》，贾大夫是贾至，著名诗人，杜济任京兆尹是在贾至之后。任华与贾至是否有旧交，难以确认。事情的原委居然是任华认为贾至享天下之美名，但还有些欠缺，于是邀请贾造访自己的陋室。等了几天，贾至居然没来，于是驰书告辞。他认为贾至曾以国士待自己，自己也愿以国士之礼还报，邀请贾至卑身来访，目的是"浇君恃才傲物之过，而补君之阙"，使你改正过失，成就完人。贾至居然不领情，任华大怒，他讲了许多战国名公子待客的往事，你"踌躇数日不我顾"，似乎将我当成了"卖醦博徒"。"观君似欲以富贵骄仆，乃不知仆欲以贫贱骄君，君何见之晚耶"，你以为你地位高贵，就可以对我露出傲慢之色，你根本不知道我欲以"贫贱骄君"，即我虽贫贱，但你不介意而卑身顾我，你因此可以获得空前美名，你对此居然不加体会。他举信陵君为侯嬴执绥，平原君斩美人以告谢门客，要贾至以他们为榜样。最后说你不来的后果很严重，你家门客可能就此解体，我就是那解体人。这样强人所难，几乎有些霸王硬上弓，不接受就是一顿诅咒，实在匪夷所思。

任华上述行事，可以说是盛唐士人中的极端案例。那时人人意气风发，自以为是，说他戆直是轻的，其实他根本不理解官场游戏规则。上述三书皆不知结果如何，但也大致可以体会吧。

二　任华对李白的痴狂

任华给李白、杜甫的诗都很长，只能分段解说。给李白一篇题作《杂言赠李白》，第一段讲对李白诗歌的印象：

> 古来文章有能奔逸气，高耸高格，清人心神，惊人魂魄。我闻当今有李白，《大猎赋》《鸿猷文》，嗤长卿，笑子云。班、张所作琐细不入耳，未知卿、云得在嗤笑限否？登庐山，观瀑布，海风吹不断，江月照还明，余爱此两句。登天台，望渤海，云垂大鹏飞，山压巨鳌背，斯言亦好在。至于他所作，多不拘常律。振摆起腾，既俊且逸。或醉中操纸，或兴来走笔。手下忽然片云飞，眼前划见孤峰出。而我有时白日忽欲睡，觉之不觉欻然起攘臂。

二诗分别为《望庐山瀑布》与《客中行》。李白有两首《望庐山瀑布》，一为五言古诗，一为七言绝句。任华所钟爱的则为五言古诗中"海风吹不断，江月照还空"两句。

开头就说自古以来文章能够逸气奔腾、高悬品格、惊心动魄、清人神志，方足感人，当今只有李白能够达到。《大猎赋》有存，模仿《文选》汉大赋的痕迹明显，为李白早期所作。《鸿猷文》今不存。长卿是司马相如，子云是扬雄，都是西汉最著名的辞赋家。班是班固，张是张衡，东汉时以《两都赋》《二京赋》，各擅时名。任华既说李白辞赋嗤笑扬、马，又认为班、张所作琐碎不堪入耳，又重复问长卿、子云在嗤笑范围内否。大约情绪激动，有些语无伦次。下面列举他最喜爱的诗篇，一为《望庐山瀑布》，今本作"海风吹不断，江月照还空"，任华引诗末字作"明"，不知任华见本如此，还是他就韵而改。其次两句见《天台晓望》，今本作"云垂大鹏翻，波动巨鳌没"，与任华所见异。前句末字《嘉定赤城志》卷三〇亦作"飞"，与任华所见同。后句恐任华有误记，因李白此诗是用入声韵。而"登天台，望渤海"，显然误解了李白"凭高远登览，直下见溟渤"的诗意，溟渤仅泛指大海，与渤海无关。他称颂李白诗"不拘常律""既俊且逸"，还是看到了关键所在。此下四句想象李白作诗的情景，是他读诗之直觉，而自己经常读诗而感到兴奋，驱逐睡魔，奋起攘臂。任华刻意模仿李白诗，以期引起李白之注意，但所作略显粗豪，也属无奈。

> 任生知有君，君还知有任生未？中间闻道在长安，及余戾止，君已江东访元丹。邂逅不得见君面，每常把酒向东望。良久见说往年在翰林，胸中矛戟何森森。新诗传在宫人口，佳句不离明主心。身骑天马多意气，目送飞鸿对豪贵。承恩诏入凡几回，待诏归来仍半醉。

"任生知有君，君还知有任生未"，这两句是最典型的粉丝思维。明星照耀当代，尽人皆知，但你知道我对你的一片痴情吗？"中间闻道在长安"，指李白天宝初任翰林供奉事。任华到京造访，方知李白已经在天宝三载初赐金还山。现在知道，李白东行后，在洛阳、梁宋、齐鲁一带盘桓很久，任华显然缺乏与李白的联络方法。等到他得到确信，李白已经南行与友人元丹丘会合。任华很失望，举酒东望，不妨将在京城听闻的李白故事叙述一下。因为是道听途说的总汇，他知道的是李白如何春风得意，身骑天马，目送飞鸿，承恩诏入，明主吟诗，归来仍醉，佳句流传，这些都是李白归山两三年间他听说的，与其后百来年间《松窗杂录》《本事诗》所记传闻也差不多，与真相相去甚远。李白的痛苦与失望，任华是无法理解的。

> 权臣妒盛名，群犬多吠声。有敕放君却归隐沦处，

高歌大笑出关去。且向东山为外臣，诸侯交迓驰朱轮。白璧一双买交者，黄金百镒相知人。平生傲岸，其志不可测。数十年为客，未曾一日低颜色。八咏楼中坦腹眠，五侯门下无心忆。繁花越台上，细柳吴宫侧。绿水青山知有君，白云明月偏相识。

这里写李白遭权臣诋毁，有赦放还。李白入京时有"仰天大笑出门去"之句，估计任华也曾读到，但用在归山后。谢安高卧东山，是李白诗中向往的人物。轻白璧而重交友，也是李白经常表述的态度。任华读李白诗，还是很能得其精神的。"未曾一日低颜色"也就是李白"安能摧眉折腰事权贵，使我不得开心颜"的意思。此后揣度李白在江南的游踪。其中越台、吴宫，李白确曾多次游历。而八咏楼在金华，是与梁朝沈约相关的古迹。李白《送王屋山人魏万还王屋》诗有"落帆金华岸，赤松若可招。沈约八咏楼，城西孤岩峣"之句，是述魏颢的行迹，他本人似未必去过。"绿水青山知有君，白云明月偏相识"是任华此诗中写李白最得风神的诗句。

养高兼养闲，可见不可攀。庄周万物外，范蠡五湖间。又闻访道沧海上，丁令王乔时还往。蓬莱经是曾到来，方丈岂唯方一丈。伊余每欲乘兴远相寻，江湖拥隔劳寸心。今朝忽遇东飞翼，寄此一章表胸臆。倘能报我一片言，但访任华有人识。

最后说到，因为获得特殊的线索，有人东行，可以为任华传递诗笺，因此任华匆促间作此长诗来表述胸臆，希望李白能够认识自己，不要辜负了自己的相思之忧。所引前几句，说李白高尚出世，高不可攀，交往的都是古之神仙，所到则为蓬莱、方丈这样的海上仙山。"庄周万物外，范蠡五湖间"两句，揭示李白的思想渊源颇得其要。而"方丈岂唯方一丈"简直不成诗句。

李白可能读过任华的寄诗，但看不到响应，似乎并不愿与他结交，更无法认其为知己。两人之间，恐怕始终只是明星与粉丝之间那种台上台下相望的关系。

三　任华对杜甫的颂赞

《杂言赠杜拾遗》也是歌行，但比赠李白那首稍显整饬，是任华根据两人诗风不同，而有意识地加以模仿。拾遗是杜甫在肃宗时立朝所受官职，品级不高，但可在朝廷议论朝政得失。诗中称"遂使安仁却为掾"，指杜甫任华州司功参军事，任华不称此而仍称前职，唐人贵朝右之官故。又称"如今避地锦城隅"，是在杜甫居蜀后所作。

前已云《唐摭言》有载任华《上严大夫笺》，作于严武以御史大夫第二度镇蜀之时，时在广德二年正月以后。此笺称自己退隐已久，"掷世事于流水"，今则出趋幕府，"是将观公俯仰，窥公浅深"，即考验你容人的气量。他自谓"将投公药石之言，疗公膏肓之疾"，不仅可助严之为政，似乎还看出了严武的宿疾。想听我的所见吗？请拿出成人之美的诚意来，对我"先之以卑辞，申之以喜色"。不仅搬出了严家的"先侍郎"之讥谏，即严武父亲严挺之的议政，更列举潘岳、嵇康得罪文士而死的故事，软硬兼说，极尽鼓动之能事。最后说：

> 任华一野客耳，用华言亦唯命，不用华言亦唯命。明日当拂衣而去矣，不知其他！

自负高尚，有些接近威胁。严武一代英雄，哪里会看不懂这些把戏。如果他赠杜甫诗也在这时，杜甫与严武私交甚密，自会谈及此一狂客之来鸿，最多一笑而已。不过严武一年多后即以四十岁之盛年去世，任华是否看出了什么症候，是否有什么高招，也无从知晓了。

这里主要还是说任华给杜甫的诗。第一节：

> 杜拾遗，名甫第二才甚奇。任生与君别，别来几多时，何曾一日不相思。杜拾遗，知不知？

是两人以前曾有过交往，不知在什么时间。较大可能是至德至乾元初，杜甫在朝为官时。杜甫性格与李白不同，情商很高，对任何身份的人都不会轻加白眼。任华也仅是说与杜甫分别后，对杜甫思念从未中断。问杜甫"知不知"，是说你是否知道我的思念，不是彼此不知。

昨日有人诵得数篇黄绢词，吾怪异奇特借问，果然称是杜二之所为。势攫虎豹，气腾蛟螭。沧海无风似鼓荡，华岳平地欲奔驰。曹、刘俯仰惭大敌，沈、谢逡巡称小儿。

"黄绢词"用《世说·捷悟》典，指绝妙之词。任华听到人诵好诗，惊怪而打听，知道是杜甫所作，大感叹服。其下一段描述，只是说力量狠烈，气象不凡，与杜诗并不十分贴切。曹是曹植，刘是刘桢，建安文学的代表。沈是沈约，谢是谢朓，齐梁声律诗的代表。几位都是杜甫尊敬的前辈诗人，有心超越，只做不说。任华认为杜甫是诸人真正的劲敌，在很大程度上已经超越了他们。虽然有些过度夸张，所见还是对的。

昔在帝城中，盛名君一个。诸人见所作，无不心胆破。郎官丛里作狂歌，丞相阁中常醉卧。前年皇帝归长安，承恩阔步青云端。积翠扈游花匼匝，披香寓直月团栾。英才特达承天眷，公卿谁不相钦羡。只缘汲黯好直言，遂使安仁却为掾。如今避地锦城隅，幕下英僚每日相随提玉壶。半醉起舞捋髭须，乍低乍昂傍若无。古人制礼但为防俗士，岂得为君设之乎！

这一大段追述往事，部分得实，大多夸张而得自传闻。杜甫那时诗名已甚，但绝没有达到诸人皆"心胆破"的程度。杜甫与郎官诚多交往，也屡有《醉时歌》一类诗作，说他在郎官堆里狂歌，丞相阁中醉卧，怎么也无可能。"前年皇帝归长安"指唐收复二京，肃宗回銮，杜甫地位很低，为人也不张扬，任华说他"承恩阔步青云端"，也言过其实。积翠指积翠池，披香指披香殿，皆属皇家宫苑。杜甫偶曾陪游，"承天眷"实在很有限。汲黯是西汉的直臣，比喻杜甫因直言房琯事而外贬，也还算恰当。至于避地锦城，即成都，杜甫与历任节度使亲疏有别，即便在严武再镇剑南后，杜甫任节度参谋，幕中地位也并不高。任华说杜甫在幕中地位特殊，杜甫也低昂自得，众僚佐奔走前后，都是想当然之辞。虽尽力鼓吹，估计杜甫并不太受用。

> 而我不飞不鸣亦何以，只待朝廷有知己。亦曾读却无限书，拙诗一句两句在人耳。如今看之总无益，又不能崎岖傍朝市。且当事耕稼，岂得便徒尔。南阳葛亮为友朋，东山谢安作邻里。闲常把琴弄，闷即携樽起。莺啼二月三月时，花发千山万山里。此中幽旷无人知，火急将书凭驿吏，为报杜拾遗。

此节说自己。不飞不鸣，期待朝中有人推荐。自述也曾读了许多书，写过一些诗，现在看来都没有什么意思，那就远离都市，退隐归田吧！但仍自命不凡，以诸葛亮、谢安自期。春山花发，莺啼幽谷，实在不能再就此忍受寂寞了。把这一切告诉杜甫，为什么呢？可能仍与上严武笺中的求其特别眷顾有关。

南宋叶适评杜诗说："无那评文兼世情。"（《叶适集》卷八《对读文选杜诗成四绝句》）重视人际关系的杜甫，对朋友的来往十分用心，细节也都很周到。任华对他的极度抬举，特别是对往事的回顾，对自己不甘寂寞，希望杜甫理解的倾诉，杜甫似没有理由拒绝。就任华曾面请严武相见来说，他也确实到了成都，给杜甫的诗可能即写于成都，也就不能排除二人见面之可能。但杜集中确实没有杜甫回复的痕迹，原因无解。

四　任华曾结识高适，倾力称誉怀素草书

今存高适《赠任华》：

> 丈夫结交须结贫，贫者结交交始亲。
> 世人不解结交者，唯重黄金不重人。
> 黄金虽多有尽时，结交一成无竭期。
> 君不见管仲与鲍叔，至今留名名不移。

不知道二人曾有怎样的人生交集，也不知道任华是否也有长诗对高适表述倾慕之情。高适是将门后人，以大丈夫自期。这里的丈夫，即指有伟大襟抱的人物。高适认为世人之结交，重财富而不重人品，这样的结交难以持久。贫者结交，以道义情感为基石，这样的友谊方能保持长久。春秋时管仲与鲍叔的结交，就是贫交而相知不移的典范。仅此而已，无

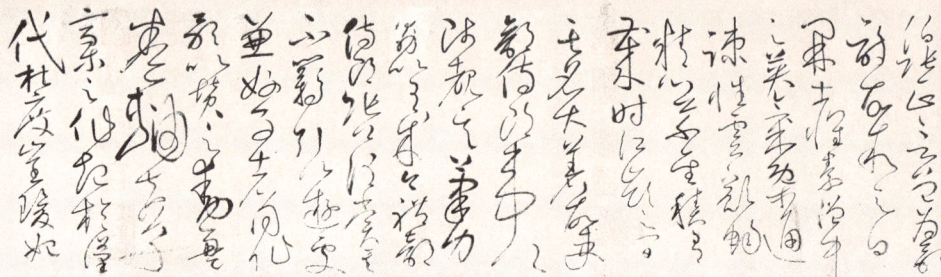

▶ （唐）怀素《自叙帖》（局部）

台北故宫博物院藏

《自叙帖》为怀素草书之代表作，铁画银钩、神采飞扬，正如任华所评价："非数仞高墙，不足以逞其笔势。"

法进一步展开。

任华有《怀素上人草书歌》，篇幅较长，为篇幅所限，不拟全录，这里仅摘其要点。诗作于代宗大历间怀素从湖南入京之时，当时有无数知名或不知名的诗人写歌行体诗给以表彰，怀素本人也很受用，其传世名帖《自叙帖》就列举了许多诗人的作品。任华先说自古草书，以王羲之、王献之父子最著名，"虽有壮丽之骨，恨无狂逸之姿"。再说前辈张旭，说"张老颠，殊不颠于怀素颠，怀素颠，乃是颠"，怀素更超越张旭。再荡一笔，说"人谓尔从江南来，我谓尔从天上来"，这是贺知章赞美李白的桥段。此后纵横恣肆，极尽描述之能事，就描摹张扬来说，此歌比写给李白、杜甫的二诗更为精彩。歌之最后说："狂僧有绝艺，非数仞高墙，不足以逞其笔势。"又说："狂僧狂僧，尔虽有绝艺，犹当假良媒。不因礼部张公将尔来，如何得声名一旦喧九垓？"这里的礼部张公指诗人张谓，代宗大历二年任潭州刺史，潭州即今湖南长沙，怀素是张谓发现的天才。不久，张谓入朝为太子左庶子。六年冬，张谓任礼部侍郎，连续执典大历七、八、九年的贡举，其"妙选彦才"，一时广为士林称誉。其间张谓将怀素介绍给长安朝野群贤，得到广泛认同。当时到底有多少诗人写诗赞誉其草书，至今难以统计。最后请大书法家颜真卿作序（序参《文苑英华》卷七三七），大获时美。对任华的诗，怀素非常喜欢，曾亲自书写一过，真迹宋时犹存。宋米芾《宝章待访录》录怀素书任华《草书歌》云："右真迹两幅，绢书，字法清逸，歌辞奇伟，在驸马都尉王晋卿第。尚方有三幅，乃其后幅适完。尝请出第观，复归尚方。"可惜没有传世。

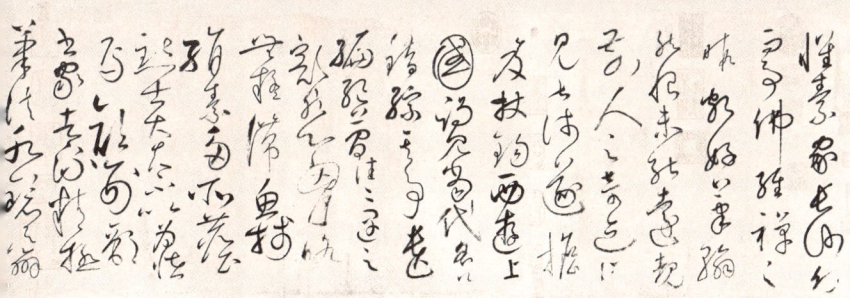

余话

战国时有一学派叫纵横家，专门在各国之间出谋划策，蛊惑人主，危言耸听，以展抱负。这些人的著作流传下来不多，但其游说列国的故事与谈辞，当时曾有许多文本。后经西汉末文献学家刘向整理，成为《战国策》三十三卷。战国策士之议论，对唐宋古文家影响很大，在李白、韩愈及苏洵、苏轼父子的上书与策论中，多可加以体会。极意渲染，危言耸听，关键是要能把握分寸，即要看对象与彼此身份差异，在渲染中提出要求。前引任华的一些文章，循规蹈矩者显得才气不足，危言耸听者又显得求索过度，立意出奇而有时显得过分勒索，他列举高官对自己的赞誉与承诺，似乎有些将官场上的虚与委蛇看得太过认真了。其人生之不顺，当皆与此有关。

任华爱憎分明。对李白、杜甫这样同时代的伟大诗人，充满敬意，举头仰望。他用他的阅读与理解，在赠寄二人诗中努力表达自己的向望之忱，说尽自己对二人诗的理解，做了尽己所能、不加节制的称赏与极品。尽管就他的水平与理解，似乎与二人文学致力之目标与成就，实在存在巨大的落差，他对二人行踪出处的描摹，也始终处于传闻多于事实之间。今人根据西人 fans 一词，音译为粉丝，是追星而不具理智群体的指称，用在任华身上，显得十分贴切。他那两首写给李白、杜甫的充满激情，有时还显得有些迷狂的长诗，虽然在李杜二人那边都没有得到他所期待的响应，但朦胧地感受到李杜二人诗歌对前代所有诗歌的超越，可以代表他所处时代的最高水平，他的认识无疑具有前瞻性。他写诗给李白时，李白还不足五十岁；写诗给杜甫时，杜甫五十三岁，都处在一生文学创作的鼎盛时期。像任华这样疯狂的追星者，那个时代当也不在少数。李杜齐名，辉焕千春，最初形成共识，任华一类人物的推动，能说没有积极意义吗？

诗人刘长卿的两次迁谪

刘长卿（约720—约790），字文房，是安史之乱后崛起的杰出诗人，时有五言长城之誉。他早年在科场上度过漫长岁月，后入国子监为诸生，曾任棚头。所谓棚头，是指同棚举子中的领袖。他有组织与行动能力，因而被众人拥戴。高仲武《中兴间气集》说他"有吏干，刚而犯上，两遭迁谪，皆自取之"。写这段话时，刘长卿还在世，相信不会诬枉。他从棚头最后官至随州刺史，吏干是确实有的。"刚而犯上"，做棚头可以，进入官场就难免处处碰壁。两次迁谪，史籍载之不详，据他存诗可以勾勒出大致痕迹。因为多是他的自说，是否"皆自取之"，他从来也不这样认为，现在更无从还原了。

一　赴敌甘负戈，论兵勇投笔：长洲尉之忧国情怀

刘长卿是宣城（今安徽宣城）人。其祖父刘处约，武后至玄宗初在世，曾任吏部员外郎、考功郎中，也属官宦人家。处

约有诗一首《下山逢故人》存世："妾身本薄命，轻弃城南隅。庭前厌芍药，山上采蘼芜。春风冒纨袖，零落湿罗襦。羞将憔悴日，提笼逢故夫。"将古诗中一句敷衍成篇，是南朝至唐初的习见题材，无足称道。据此推测他家有诗礼传习，层级也可能并不太高。长卿很少提到他的父母，原因不明。

旧说长卿是开元二十一年（733）进士，可以确认错误。今人考证，长卿弱冠始应举，至少盘桓十多年，方于天宝十载（751）前后登第，年约三十二岁。初官陈留郡浚仪尉，其地临近今河南开封。乱起，他自洛阳避地江东。肃宗至德二载（757），任苏州长洲尉。三载初，曾摄海盐令。虽然远离战火，但他始终密切关心国家安危，怀抱为国驱敌的强烈愿望。

《送路少府使东京便应制举》自注："时梁宋初失守。"写于天宝十五载初春，安史乱起仅月余，汴州、宋州已经失陷。路少府仍按计划北行，长卿诗首句即写"故人西奉使，胡骑正纷纷"，表达殷切关心。

《登松江驿楼北望故园》：

泪尽江楼北望归，田园已陷百重围。
平芜万里何人去？落日千山空鸟飞。
孤舟漾漾寒潮小，极浦苍苍远树微。
白鸥渔父徒相待，未扫攙枪懒息机。

松江即今苏州河上游，临近苏州。故园是刘家之祖居地，在河北河间。长卿身在江东，眷怀故土久陷战火，遥远而无法回去，尤表殷忧。最后两句是他的态度，人生虽早怀退隐之志，国难未平，哪可息机远遁！

不久，潼关失守，君臣出奔的消息也传到苏州。长卿作《吴中闻潼关失守，因奉寄淮南萧判官》，感叹自己"萧条长洲外，唯见寒山出"，更操心中原安危："胡马嘶秦云，汉兵乱相失。关中因窃据，天下共忧栗。"叛军窃据京城，天下震动而忧惧。他赞赏萧判官此时赴军："赴敌甘负戈，论兵勇投笔。临风但攘臂，择木将委质。"这里是写萧，也是他的自述，国家有难，正是丈夫挺身，择木委身，奋臂有为的时候。

不久，玄宗奔蜀而退位，肃宗在灵武继位的消息传到江表。《送史判官奏事之灵武，兼寄巴西亲故》：

> 中州日纷梗，天地何时泰？独有西归心，遥悬夕阳外。
> 故人奉章奏，此去论利害。阳雁南渡江，征骖去相背。
> 因君欲寄远，何处问亲爱？空使沧洲人，相思减衣带。

最后的沧洲人是自喻，担忧国事而日见憔悴，这是他的精神状态。史判官的目的地是灵武，那时肃宗已经即位，不过长卿得到的消息是模糊的，他担忧的是中原战乱，分别问候在玄、肃父子身边的故人，祈祷早日天地安泰。

其间刘长卿有两首长诗值得特别关注。一是《瓜洲驿奉饯张侍御公拜膳部郎中兼却复宪台充贺兰大夫留后使之岭南时侍御先在淮南幕府》，贺兰大夫是贺兰进明，乱后初除岭南节度使，后改河南节度使，成为阻拦叛军南侵的关键人物，也因为不救睢阳而饱受后世诟病。刘诗太长，无法在此分析，但可知贺兰因咼从玄宗得其信任而委以重任，位同副相，责在先稳定岭南。二是《至德三年春正月时谬蒙差摄海盐令闻王师收复二京因书事寄上浙西节度李侍郎中丞行营五十韵》，此诗几乎是杜甫百韵诗前篇幅最宏大的长律，长卿以长洲尉摄海盐令，是短期的责任。唐军收复二京，扭转战局，是在至德二载九、十月间，消息传到江东，已在次年正月，长卿喜出望外，摘中间几句："海内戎衣卷，关中贼垒平。山川随转战，草木助横行。区宇神功立，讴歌帝业成。天回万象变，龙见五云迎。小苑春犹在，长安日更明。"新皇奋威，贼垒初平，山川草木都为王业中兴奋勇出力，长卿更感到天地再明，万象更新，小城春色灿烂，更想见长安红日朗照，普天同庆。

二　得罪风霜苦：长洲案发，在狱经年

海盐摄令时间不长，长卿有《海盐官舍早春》：

> 小邑沧洲吏，新年白首翁。一官如远客，万事极飘蓬。
> 柳色孤城里，莺声细雨中。羁心早已乱，何事更春风？

虽然他这时还不到四十岁，但已有迟暮之感，心情并不愉快。万事飘蓬，羁心昏乱，虽然春色可人，却感到了些许厌烦。

结束摄令，他准备退官。《罢摄官后将还旧居，留辞李

侍御》，表述在军幕与江湖之间艰难的选择："旅食伤飘梗，岩栖忆采薇。悠然独归去，回首望旌旗。"这是诗的最后几句，人生不安，欲去又有所眷恋。陶敏《全唐诗人名汇考》认为此诗有云"熊轼分朝寄，龙韬解贼围"，"青春发礼闱"，"悠然独归去，回首望旌旗"，知所辞者为方面大员，诗题李侍御当作李侍郎，指至德间江东采访使李希言，自礼部侍郎兼。李希言是朝廷派往江东的最高官员，负有军政重责，前此长卿也有多首诗写给他，不能说关系密切，至少是熟悉的。这首诗里看到长卿的徘徊与苦闷，眷念与决退，隐约传达出他遇到了麻烦。

前诗后不久，长卿就入狱了。《狱中闻收东京有赦》：

> 传闻阙下降丝纶，为报关东灭虏尘。
> 壮志已怜成白首，余生犹待发青春。
> 风霜何事偏伤物，天地无情亦爱人。
> 持法不须张密网，恩波自解惜枯鳞。

唐收东京后有三次大赦，第一次在至德二载（757）十二月，长卿尚在海盐，后二次在乾元元年（758）二月及四月，传到苏州要晚一些，估计在春夏间。由此倒推，长卿入狱应在三月春末。入狱之缘由，长卿自言是"冶长空得罪，夷甫岂言钱"。冶长是公冶长，孔子婿，曾蒙冤入狱六十日。夷甫是西晋王衍，据说平生不言钱。长卿认为自己入狱为蒙冤，平生不言钱，哪里可能贪钱？独孤及《送长洲刘少府贬南巴使牒留洪州序》云："夫迹傲则合不苟，政峻则物忤，故绩未书也，而谤及之，臧仓之徒得骋其媒孽。"据此可以推测，长卿为人刚猛，任长洲尉或摄令海盐期间，与手下之俗吏关系高度紧张，且因其疏傲，未能协调解决，不仅未获得考绩，而且被宵小之徒抓到有力证据，证成其违法行为，且难以自释。

刘长卿自说是冤狱，但平心而论，当时的江东采访使李希言与他多有交往，似乎关系尚可。苏州别驾是阎敬爱，长卿后来有《祭阎使君文》云："长卿昔尉长洲，公为半刺，一命之末，三年伏事。爱我以文，奖我以吏，礼变常仪，恩生非次。"不仅关系好，且赏其诗文，超越礼仪地给以关心。所谓"奖我以吏"，不仅肯定吏干，更曾给以指点。阎也能诗，今仅存《题濠州高塘馆》："借问襄王安在哉？山川此地胜阳台。今宵寓宿高塘馆，神女何曾入梦来！"因为错认濠州高塘馆即巫山高阳台，做起了高唐梦，引起过一些笑谈，这是别话。这时的苏州刺史是韦之晋，也就是杜甫晚年在湖南投靠的那位。长卿在韦改任婺州时，有序赠行，称"顷公之在吴，值欃枪构戾，南犯牛斗"，"公夷险一心，忠勇增气"（《首夏干越亭奉饯韦卿使君公赴婺州序》），遇乱有决断。《赴宣州使院夜宴寂上人房留辞前苏州韦使君》也有"恋旧争趋府，临危欲负戈"句。这些都写于狱事以后，如果是刺史为难他，他可以不再来往，如果刺史曾帮助他，他应该存谢，可惜都没有。因此可以推测，长卿之入狱，确实有重大犯案，且未必地方之主官可以为他解脱。他在狱为时较久，中间逢赦也没有即从减免，更见不同寻常。

还是读一下刘长卿在狱中所作诗。前引《狱中闻收东京有赦》，首二句说朝廷颁布赦书，是为了尽可能地调动一切力量消灭安史残军。自己以往的雄心壮志，已成白首可怜，但残生仍望有再度作为的机会。虽然遭到风霜摧残，仍相信天地有情，爱惜人才，设法并非如密网般将一切生灵消灭，恩波总会给"枯鳞"以机会。这里看到他的认识，虽然有错，仍期待恩光普照，枯涸得生。

《狱中见壁画佛》："不谓衔冤处，而能窥大悲。独栖丛棘下，还见雨花时。地狭青莲小，城高白日迟。幸亲方便力，犹畏毒龙欺。"狱中见佛，希望佛法慈悲，法雨普降，既希望借此而出苦难，更借此感悟人生。

《罪所留系每夜闻长洲军笛声》："白日浮云闭不开，黄沙谁问冶长猜？只怜横笛关山月，知是愁人夜夜来。"自己本有心报国，不料失身图圄。浮云蔽白日是熟典，喻邪佞之遮蔽良人，黄沙也指牢狱，很遗憾长期囚禁而不获解白。后两句笛声引起往日壮志的联想，更添加愁人的痛苦。

《罪所留系寄张十四》："不见君来久，冤深意未传。冶长空得罪，夷甫不言钱。直道天何在，愁容镜亦怜。因书欲自许，无泪可潸然。"张十四是张谓，也是著名诗人，且因曾西域从军，此时官尚书郎，其间曾出使江汉。估计是旧友，因而寄诗求助，诉述冤情，希望朝廷有人支持直道。差不多同时，杜甫也写诗怀念李白，首句"不见李生久"，与此诗颇相似。其间刘长卿还给元载、郑炅之等人写诗，请求帮助。

《非所留幽系寄上韦使君》："误因微禄滞南昌，幽系圆扉昼夜长。黄鹄翅垂同燕雀，青松心在任风霜。斗间谁与看冤气，盆下无由见太阳。贤达不能同感激，更令何处问苍苍？"

（"非所"即今所谓看守所，前引二处"罪所"皆当作"非所"，为后人不明唐时习语而改。）

此据宋本《刘文房文集》，《四部丛刊》影明本《刘随州诗集》题作《罪所上御史惟则》，岑仲勉《读全唐诗札记》谓"史"下夺"史"字，指史惟则，以八分书名世，尤能断狱。刘乾《刘长卿诗再续考》（《平原大学学报》2002年第3期）认为韦使君为韦黄裳，乾元元年（758）末为苏州刺史。且疑长卿为申冤，同一诗曾分寄史惟则、韦黄裳二人。诗中"南昌"用梅福为南昌尉故事，是说自己因微禄而任官，系留狱中，时月已久。虽有黄鹄之志，青松之操，无奈遭遇挫折，难以雪冤。最后两句直截了当：贤达如阁下若还不能为我感激辩白，我还能向谁申诉？韦是于刘入狱后方到苏州任，史则以御史负有巡察之责任。这样的诗，相信会起到作用，不管涉案真相不甚明了，但能写出这样诗的作者毕竟是不可多得的人才，谁能不生同情呢？

三　全生天地仁：贬官南巴及两度重推

刘长卿从乾元元年即至德三载春入狱，到次年春方得以远贬潘州南巴（在今广东茂名）结案出狱，在狱近一年，至少有十个月，不能不说遭遇很惨烈。《却赴南巴留别苏台知己》：

又过梅岭上，岁岁此枝寒。落日孤舟去，青山万里看。
猿声湘水静，草色洞庭宽。已料生涯事，唯应把钓竿。

所谓知己指对自己关心提携者，诗写得大气而表面，没有怨愤，仅有释然与记谢。梅岭为北人过岭之通道，想象南行后之清寒。然后说落日孤舟，青山万里，交代行程，苦中寻味。生涯已尽，从此将归隐江湖，既说失落，也因贬降看到仕途严重受挫。

《赴南巴书情寄故人》："南过三湘去，巴人此路偏。谪居秋瘴里，归处夕阳边。直道天何在，愁客镜亦怜。裁书欲谁诉，无泪可潸然。"故人是旧友，因此内心之痛苦会说得多一些。这一首诗后四句与前引《罪所留系寄张十四》略同，不知是作者旧句再用，抑或传误所致。

刘长卿寄家在江西余干，故取道江西南下。他意外遇到大诗人李白，此时李白经历了长流夜郎之曲折，幸运地遇赦东归，与长卿邂逅于余干。长卿作《将赴南巴至余干别李十二》：

江上花催问礼人，鄱阳莺报越乡春。
谁怜此别悲欢异，万里青山送逐臣。

问礼人用孔子问礼于老子事，代指李姓友人。估计李白将经此而往越中，次句更多写李白之欢悦。匆匆见面，匆匆分别，彼此心境真是悲欢两重天。最后一句气魄宏大，可以说是长卿对李白诗歌之模仿与致敬。

南迁时长卿最好的诗，是《负谪后登干越亭作》：

> 天南愁望绝，亭上柳条新。落日独归鸟，孤舟何处人。
> 生涯投越徼，世业陷胡尘。江入千峰暮，花连百越春。
> 秦台怜白首，楚水怨青蘋。草色迷征路，莺声傍逐臣。
> 独醒空取笑，直道不容身。得罪风霜苦，全生天地仁。
> 青山数行泪，沧海一穷鳞。牢落机心尽，空怜鸥鸟亲。

干越亭在饶州余干县。宋杨亿曾称此处景色秀伟："前瞰琵琶洲，后枕思禅寺，林麓森郁，千峰竞秀，真天下之绝境。"（《宋朝事实类苑》卷三七引《杨文公谈苑》）并称此亭题诗百余篇，唯长卿此篇与张祜所作最好。诗述被谪南行，孤苦无聊，但落日苍茫，春色新柳，又给人以无限生意。经历了所有苦难后，庆幸自己还活着，真是天高地厚，无限恩德，方有此结果。虽然经历此程，伤感困穷，但"独行孤立之操，终不以窘辱少渝"（周珽《唐诗选脉会通评林》）。

据前引独孤及序，长卿行至中途，得使牒让他到洪州待命，因此而在江西居留甚久，留下许多诗篇。其后似有两次重推。第一次重推后，他有《重推后却赴岭外待进止，寄元侍郎》："却访巴人路，难期国士恩。白云从出岫，黄叶已辞根。大造功何薄，长年气尚冤。空令数行泪，来往落湘沅。"似乎让他往岭南再定进止。元侍郎是元载，两京平后因有功而官显。长卿在苏州之初，即与元载交好，存诗有《陪元侍御游支硎山寺》《奉饯元侍郎加豫章采访兼赐章服》，那时元尚官微。他称元为国士，自感有负期许，也感喟造化对自己不公，乃至一腔怨气无处表白。

此后他经湖南南下，有《长沙过贾谊宅》：

> 三年谪宦此栖迟，万古惟留楚客悲。
> 秋草独寻人去后，寒林空见日斜时。
> 汉文有道恩犹薄，湘水无情吊岂知。
> 寂寂江山摇落处，怜君何事到天涯？

这也是长卿的代表作。贾谊为国献《治安策》，又遇到汉文帝这样的明君，犹且沦落长沙，抑郁以终，自己命运也一样。诗的每一句都写贾谊，每一句都说自己，因此有感人的力量。

长卿过岭，所见诗有《桂阳西州晚泊古桥村主人》《入桂渚次砂牛石穴》等。他是否到过南巴，目前还缺乏直接的证据。他有《会赦后酬主簿所问》，是在岭南逢赦。又有《敕恩重推使牒追赴苏州，次前溪馆作》，有"天南一万里，谁料得生还"，这次是真的可以免一切罪责了。历经三年，南行万里，总算可以回到旧官处。前溪在湖州，与苏州相接，他已经能够得悉最后的起复，一切终于回到了原点。

长卿在肃宗上元二年（761）秋重归苏州，再到长洲官舍，作诗《自江西归至旧任官舍，赠袁赞府（时经刘展平后）》：

> 却见同官喜复悲，此生何幸有归期？

空庭客至逢摇落，旧邑人稀经乱离。

湘路来过回雁处，江城卧听捣衣时。

南方风土劳君问，贾谊长沙岂不知？

时间据刘展乱平推定，距离最初案发，已经四年半。历经无数风波，万里南奔，生死萦怀，人生郁结，终于回到原点，同官还有认识者，真是悲欢交集。"此生何幸有归期?"包括了太多的痛苦回忆与人生感悟。

四　直氏偷金枉，于家决狱明：鄂岳受诬始末

经过苏州的狱事风波，刘长卿其后曾长期在淮南幕府任职。淮南镇扬州，是江南财赋进输两京的重要所在，中唐后由扬子留后主其事。大历二年（767）起，长卿居京任职数年。这时元载任相主持朝事，长卿之入朝必与此有关。当然，由于文献偶缺，长卿此时具体任何官职，目前暂不知晓。四年，他离京南下，曾归江西，也曾游越，更曾经润州，再入淮南幕。六年，他任鄂岳转运判官、知淮西鄂岳转运留后。这是很重要的职位，因鄂岳控今武汉之地，为荆湖财赋转运京洛的要路。其间他曾出使湖南，与湖南观察使辛京杲有唱和。长卿在润州见过刺史樊晃，樊是杜甫旧友，方编《杜工部小集》；长卿在杜甫逝后次年到湖南，很可惜他的存诗与杜甫全无交集，也许他全没得悉杜甫的成就。

大历八年，中兴名将郭子仪的女婿吴仲孺出任鄂岳观察

孤城背嶺寒吹角
獨戍臨江夜泊船

▶（清）唐岱《刘长卿诗
　意图》
故宫博物院藏
图中题诗为刘长卿所作
"孤城背岭寒吹角，独戍临
江夜泊船"，约作于大历年
间长卿任职于鄂岳期间。

使。郭子仪于唐有再造之功，门生故吏遍天下，郭常怀盈满之惧，极其小心。但他家人则多依仗权势，恣意妄为。大历九年，吴欲截留输京钱粮，长卿不与，吴反诬长卿侵吞犯赃二十万贯，朝廷遣监察御史苗伾往推，真相得白，但畏于吴之权势，仍给长卿以贬官睦州司马的处分。

关于长卿的第二次狱事，留下的记载相对较少，且有不少错误。《新唐书·艺文志》云"鄂岳观察使吴仲孺诬奏，贬潘州南巴尉，会有为辨之者，除睦州司马"，是将两次迁谪混淆为一次。《旧唐书》卷一三七《卢南史传》载："大历中，鄂岳观察使吴仲孺与转运使判官刘长卿纷竞，仲孺奏长卿犯赃二十万贯，时止差监察御史苗伾就推。"同书卷一二六《陈少游传》载建中四年 (783) 淮南判官崔颁诬两税使包佶贪渎军资，有"中丞若得，为刘长卿，不尔为崔众矣"的威胁，并解释："长卿尝任租庸使，为吴仲孺所困，崔众供军者财，为光弼所杀。故颁言及之。"是同被诬告，结局完全不同。包佶不敢对抗，只能屈从。以上两例，都是德宗时人所说，可见刘长卿第二次迁谪，是当时极其轰动的事件。

这位还刘长卿清白的监察御史苗伾，名似应作苗丕，是肃宗时宰相苗晋卿的第二子。据说晋卿生十子，命名皆取古帝王名，时人多议之。丕是魏文帝曹丕名，也许苗伾从官后忌而加人字边，也未可知。事释后，长卿有《按覆后赴睦州，赠苗侍御》致谢于苗：

地远心难达，天高谤易成。羊肠留覆辙，虎口脱余生。

直氏偷金枉，于家决狱明。一言知己重，片议杀身轻。
日下人谁忆？天涯客独行。年光销塞步，秋气入衰情。
建德知何在？长江问去程。孤舟百口渡，万里一猿声。
落日开乡路，空山向郡城。岂令冤气积，千古在长平。

诗当然是感谢苗之秉公执法，虽然仍有冤屈，但是最好的结局了。"一言知己重，片议杀身轻。"两句是全诗的关键，也是向苗伾致谢之重话。一言含一言九鼎意，是说苗之一言，重于泰山，重于九鼎，是可以生死相交的知己行为。他也知道，如此重恩，即便杀身也难以相报。此后写自己的东行，写自己的衰暮，也包含一些哀怨，毕竟又是一番沦落。最后两句说，虽有冤屈，决不让冤气郁积，应该从哀怨中走出来。"千古在长平"一句很有意思。秦将白起大败赵军后，赵军四十万人皆为白起诈而坑之，其地后世称省冤谷。长卿的意思是，与四十万赵军的冲天冤气相比较，我的这点委屈又能算什么呢？估计苗伾虽为长卿洗白出狱，仍不免贬官，略存歉意，长卿诗中有以自明心迹。

苗伾本人无诗存世，其兄苗发则是大历十才子之一。

睦州是浙东山水名区。长卿被贬谪睦州，流连山水，留下许多名篇，亦一幸也。

五 余说

《新唐书》有一很好的体例：列传无传而有著作者，在

《艺文志》中略存其事迹。此部分且相信主要出自文献学家宋敏求之手，当有凭依。偶误亦有，如以张碧为贞元间人（误信所谓孟郊《读张碧集》），称袁郊昭宗时翰林学士（将韦郊误为袁郊），皆是。前引所述刘长卿因鄂岳案贬南巴，流传甚广，学者多不加深究。1978年，傅璇琮先生《刘长卿事迹考辨》一文在《中华文史论丛》复刊第八辑上刊出。那时笔者方入研一，读后深感震动，因此而理解唐诗文献研究的一些原则，即传说故事虽多动人有趣，流播广泛，但未必可信，作者本人诗文是更可靠的第一手文献，此其一；文史结合，在唐诗诗旨解读或诗人生平研究方面，应在诗文与史籍对读中，寻获若干可以定时定地的可靠证据，进而解读文本，阐释诗意，理解诗人，此其二；文学史是由无数成就大小不一的文人共同努力的结果，文学研究固然要重视大家，但二三流作家也应给以充分重视，特别应在社会时政的变化中理解他们的作品，并加以评价。《考辨》一文秉持此一精神，廓清迷雾，还刘长卿生平之真相，其中最重要部分就是对他两次迁谪始末的考镜，及对诗歌创作影响之分析。

刘长卿诗向无注本。近三十年则先后出版储仲君先生《刘长卿诗编年笺注》（中华书局，1996）、杨世明先生《刘长卿集编年校注》（人民文学出版社，1999，2017年新版）、阮廷瑜先生《刘随州诗集校注》［五南图书出版有限公司（台湾），2012］，学者称便。储先生是常州人，长期任教于山西，曾任晋东南师专校长，后调山西师范大学，醇厚长者也，二十多年前来往甚多，算来应年近九十了。杨先生不曾认识。阮先生则为台湾大学中文系老辈教授。2001年初笔者随校长访台，台大中文系时任主任叶国良教授约与罗联添先生、杨承祖先生及阮先生在台大校内餐厅晤叙，因得聆教，领略风采学术。

谨参前述诸家之说，敷衍成文。行文既竟，念及前修，不胜怅惘。

作为诗人的茶圣陆羽

陆羽至今为人所知，是他有《茶经》三卷存世，且几乎在他生前就奠定了茶圣的不朽地位。世所不尽知者，是他身世不幸，历尽艰难；著作众多，仅《茶经》得传；多才多艺，名声显赫，绝不以仕进为意；存诗不多，但诗友和茶友遍及南北。容一一说来。

一　陆羽早期的人生经历

陆羽（733—约804），今人一般认为是复州竟陵（今湖北天门）人，但他自己中年所撰《陆文学自传》则说"不知何许人也"，原因在于他三岁已孤，为竟陵龙盖寺僧智积收育。《唐诗纪事》卷四〇说他是弃儿，为陆姓僧人得于堤上，即以陆为姓。其名字，则说是他读书识字后，自占筮繇，得《蹇》卦之《渐》繇，云"鸿渐于陆，其羽可用为仪"，于是字鸿渐，名羽。鸿渐就是大雁起飞，雁羽可以用作仪会中的饰物。不过他似乎很有自起名号的癖好，现在知道他又名疾，字季疵，自号竟陵子、桑苎翁、东岗子。他与皎然部分联句诗署名"疾"，很容易被人忽视。

因为养于寺中，老僧智积对他恩重如山，看到他的聪慧，特别希望他专心佛书，继承寺业。他稍知读书后，智积拿出佛书，要他研习。陆羽回答："终鲜兄弟，无复后嗣，染衣削发，号为释氏，使儒者闻之，得称为孝乎？羽将授孔圣之文，可乎？"因为是孤儿，没有昆弟，如果出家，也就断了后嗣，似乎有违于儒家孝道，因此更愿意研读儒家典籍。这里说无后为不孝，只是他不愿为僧的借口，以他的颖悟，似乎很早就有广泛的兴趣。智积很不高兴，因此给他以严厉惩罚。《陆文学自传》说他与智积僵持了许久，仅用"矫怜抚爱"四字概括智积的态度，这是他的厚道。接着就说智积让他"历试贱务，扫寺地，洁僧厕，践泥圬墙，负瓦施屋，牧牛一百二十蹄"。反正庙里最苦最累的活，都交给他来做。陆羽也很坚决，即便艰难，仍坚持学习精进。没有纸，就以竹枝画牛背写字。偶然得到汉张衡《南都赋》的文本，字识不全，乃跟着学堂中孩子读书的样子，端坐嘴动，作读书状。他说智积知道后，怕他渐渐被外典所蛊惑，离开佛教日远，"又束于寺中，令其翦榛莽，以门人之伯主焉"。这里的"束"，不知仅是限制他的自由，还是有所缚械，反正处境更困难了。"门人之伯"指寺中的大师兄，负责管教他。他仍不愿屈从。下面一段说：

> 或时心记文字，惕然若有所遗，灰心木立，过日不作。主者以为慵堕，鞭之。因叹云："恐岁月往矣，不知其书。"呜呼不自胜。主者以为蓄怒，又鞭其背，折其楚乃释。因倦所役，舍主者而去。

看来对立到了很严重的程度。智积不退让，大师兄唯师命是从，至少两次说到受到鞭打，几乎到了生死相迫的程度。陆羽别无办法，只能逃出寺院。智积对他有养育之恩，在人生选择时互不相谅如此，也属无可奈何。

逃出寺院，还要存活，他投奔了"伶党"，即民间演出团体。这一期间可能为时不短，他渐次升至伶正，会"弄木人、假吏、藏珠之戏"，其中弄木人应是傀儡戏，假吏应是参军戏，藏珠很可能是变魔术一类。其间他曾著《谑谈》三篇，大约是民间表演或说笑的专著。此外，他还曾为名优李仙鹤编写过参军戏的文本。唐代的民间表演，是最卑贱的行业，陆羽在此没有任何炫弄的意思，只是说自己为了生存，一切都在所不计。据说智积知道后，反应是"念尔道丧，惜哉"，想不到居然堕落到这一地步。不过他也持宽厚态度，法外开恩，不追究私逃的罪名，"今从尔所欲，可捐乐工书"。只要不做伶人，一切任便。

其间，陆羽先后遇到两位贵人。一位是李齐物，从河南尹的高位黜守竟陵，时适大酺，陆羽以伶正参与表演，李齐物与谈，大为惊异。《陆文学自传》说"提手抚背，亲授诗集"，其实是赏识他的才华，将他从贱籍晋为士人，并亲授诗学。这一年是天宝五载（746），陆羽十四岁。到天宝十一载，著名诗人崔国辅自京城贬为竟陵司马，陆羽随他游从三年，大获进益。

安史乱起，北方士人纷纷南奔，竟陵虽非战地，也感到北方的威胁，陆羽乃过江，避居湖州，与著名诗僧皎然结为"缁素忘年之交"。皎然长于他十多岁，这段友谊维持了四十年之久，留下许多记录。此后他曾客居诸方，以在湖州的时间最长。《陆文学自传》写于上元辛丑岁（761），自述著作有"《君臣契》三卷，《源解》三十卷，《江表四姓谱》八卷，《南北人物志》十卷，《吴兴历官记》三卷，《湖州刺史记》一卷，《茶经》三卷，《占梦》上中下三卷"。这时他还不到三十岁，确实是难得的天才。

二 《茶经》的成就与陆羽茶圣地位的确立

中国饮茶的历史可以追溯到汉以前，历代与茶有关的诗文与故事也很多。《茶经》是中国历史上第一部茶书，久有定论。《茶经》存世版本众多，今人校注本更多，无法一一介绍。

《陆文学自传》已经提到《茶经》三卷，知肃宗后期已具初稿。但他到德宗建中年间（780—783）方拜太子文学，自称"陆文学"应在此后，因此推测《茶经》"修订工作持续了将近二十年，直到建中元年付梓"［郑培凯、朱自振主编《中国历代茶书汇编校注本》，商务印书馆（香港），2007］，大体可以相信。唐人评论《茶

▼ （元）赵原《陆羽烹茶图》
台北故宫博物院藏
图中明山秀水一茅屋，一人独坐，小童烹茶。赵原（号丹林）题诗："山中茅屋是谁家，兀坐闲
吟到日斜。俗客不来山鸟散，呼童汲水煮新茶。"

经》，以皮日休之说最为权威。其《茶中杂咏序》（参《松陵集》卷
四，是为他与陆龟蒙所作茶诗之序，后世刻《茶经》，或移为序，不妥）云：

> 然季疵（即陆羽）以前，称著饮者必浑以烹之，与夫
> 瀹蔬而啜者无异也。季疵之始为经三卷，由是分其源，
> 制其具，教其造，设其器，命其煮，俾饮之者除痟而去
> 疠，虽疾医之不若也。其为利也，于人岂小哉！

是说陆羽以前，烹茶类似乎煮菜，没有成为独立而庄重
的饮事。陆羽考镜源流，正本明法，改变了世之饮茶方
法。皮日休还说："余始得季疵书，以为备矣。后又获其
《顾渚山记》二篇，其中多茶事。"顾渚山在湖州，是唐
代江南最著名的茶产地。陆羽在此生活多年，述山志而兼
及茶事，对《茶经》多有补充。可惜此书不存，仅在宋

元地志中稍存残文。皮氏又云："季疵有《茶歌》。"也未保存。

今本《茶经》分十节。从最后《十之图》仅不足五十字，且无图，可以确认仅是残本。

《茶经》十节。《一之源》，从茶之植物特征说起，兼及其定名，其异称，其生地，其为用，属于提纲溯源。《二之具》，涉及从采茶到蒸制、贮藏等方面之器具。《三之造》，述采得之茶，经历"蒸之、捣之、拍之、焙之、穿之、封之"的过程，方得为佳茗。且云："茶之否臧，存于口诀。"今口诀不存。《四之器》《五之煮》《六之饮》三节，是全书精华所在。其中器指煮茶、饮茶必须准备的器物，共二十四件，从风炉到漉水囊、瓢、碗等，应有尽有。煮茶则包括炭的选择，水之选汲，关键是煮沸到什么程度，且说明前三沸水老而不可食，然后方取其精，"乘热连饮之，以重浊凝其下，精英浮其上"。茶冷，"则精英随气而竭"，只能止渴了。《六之饮》进一步说明茶有九难："一曰造，二曰别，三曰器，四曰火，五曰水，六曰炙，七曰末，八曰煮，九曰饮。"任何一个环节之疏忽，皆会影响饮茶之高雅出俗。《七之事》辑录历代的茶人、茶事及与茶相关之诗文典故，篇幅不大，从史传、图经、本草、医方、文集加以采集，见其读书之广，多存独备之逸文。《八之出》，记载各地所产茶的优劣，述及八道四十二州，他说岭南十一州未详，"往往得之，其味极佳"。即所载都曾目验品尝。《九之略》说造具与煮器。《十之图》应该是以上采造、器物及煮饮之具体图示。

从目前文献看，陆羽生长楚地，长居江南，交游极广，且曾多次参与采茶、贮茶、制茶的实践，更以大半生的精力专诣茶事，改变了时人粗糙牛饮的饮茶习俗，将饮茶上升到艺术高度。他生存于民间，参与茶事之商业运作，虽情况仍多不明，但《茶经》一旦问世，立即风靡南北，有当时许多记载可得证明。

成书于德宗时期的封演《封氏闻见记》卷六《饮茶》，肯定写成时陆羽尚在世。封演说："茶早采者为茶，晚采者为茗。《本草》云：'止渴，令人不眠。'南人好饮之，北人初不多饮。"这是玄宗以前的情况。茶、茗之区分，也与后世认识不同。变化开始于开元中，泰山僧因兴禅教，"学禅务于不寐，又不夕食，皆许其饮茶，人自怀挟，到处煮饮，从此转相仿效，遂成风俗"。饮茶习惯之北渐，确与禅宗有关。北方流行北宗禅，讲究禅坐，彻夜不眠，僧人饮茶提神，成为风习。不久，以今山东西部到河北南部为起点，发展到两京，"城市多开店铺，煎茶卖之，不问道俗，投钱取饮。其茶自江淮而来，舟车相继，所在山积，色额甚多"。这是陆羽治茶事以前的情况。北方已风行茶铺，茶则均产于江淮，而且品种众多，茶铺的服务也方便周到。陆羽的贡献，封演这样介绍：

楚人陆鸿渐为《茶论》，说茶之功效并煎茶炙茶之法，造茶具二十四事，以都统笼贮之，远近倾慕。好事者家藏一副。

《茶论》应该就是今传《茶经》的初名，其中说饮茶之功效，以及煎茶、炙茶之方法，前已有介绍。"造茶具二十四事，以都统笼贮之"，是说凡煮茶需要的物件，他设计了二十四件一套的完整茶具，打包销售，风靡远近，几乎家家购置。《茶经·四之器》所列恰为二十四目，最后为"都篮"，是竹篾编成的方筐，也即封演所称"都统"。不过封演反对饮茶，因此他还记载了御史大夫李季卿戏辱陆羽，陆羽为之改辙事："鸿渐游江介，通狎胜流，及此羞愧，复著《毁茶论》。"真相似乎很难厘清。

后引耿㴑诗称陆羽为"茶仙"，这时陆羽还不到五十岁。

稍晚一些的《大唐传载》说：

> 陆鸿渐嗜茶，撰《茶经》三卷，行于代。常见鬻茶邸烧瓦瓷为其形貌，置于灶釜上左右，为茶神。有交易，则茶祭之，无则以釜汤沃之。

即唐时茶铺皆奉其为茶神，借其名保佑生意兴隆。《唐国史补》卷中则说这些陶瓷人偶来自巩县，"陶者多为瓷偶人号陆鸿渐，买数十茶器得一鸿渐"，因为普及，家家皆需，陶者借此促销，即买多件瓷器送一只鸿渐。"市人沽茗不利，辄灌注之。"估计瓷偶是开口内空的，生意不好时也不免泼水灌注。这里看到陆羽崇拜之市井化，普及而不必敬畏。

▼（唐）三彩茶具模型一组

河南巩义司马家族墓地出土。
其中右上角的人物俑，应为陆羽之像。

三　陆羽的存诗

陆羽能诗，可惜保存太少。前引皮日休说他有《茶歌》，
虽然没有更多线索，就唐诗一般情况分析，应该是一首与
采茶、制茶、饮茶有关的长篇歌行。湮灭不存，实在可惜。
《陆文学自传》说："自禄山乱中原，为《四悲诗》；刘展窥江
淮，作《天之未明赋》。皆见感激当时，行哭涕泗。"一诗一
赋，皆感怀时事而作，是有重大现实关怀的力作，自评"感
激当时，行哭涕泗"，知慷慨悲歌，感人至深。从同时人诗
题，也能分析出一些陆羽失传诗的题目。如权德舆《权载之
文集》卷三有诗《同陆太祝鸿渐崔法曹载华见萧侍御留后说
得卫抚州报推事使张侍御却回前刺史戴员外无事喜而有作三
首》，"同"指三人同题作诗，知陆羽应有《见萧侍御留后说

得卫抚州报推事使张侍御却回前刺史戴员外无事喜而有作三首》。其中"前刺史戴员外"指兴元元年（784）任抚州刺史的诗人戴叔伦，受诬陷罢官，经御史张某推审，得以洗白。陆羽与崔载华、权德舆为戴高兴，各作三诗以述怀。

陆羽保存至今的可靠诗作，其实只有一首，即悼念养育了他的僧智积之诗。前面说到，他是由陆姓僧人从堤上抱得，此陆姓僧人是否是智积还难遽断。但他从弃儿得以长成，全靠智积的照顾，可以说智积就是他的养父。人生前途选择，他与养父发生剧烈冲突，彼此都有许多不快，所幸最终和平分手，各走各路。他对智积和尚的养育之恩，从来没有忽忘。智积辞世的消息传来，他这时成名已久，压抑不住内心的悲痛，写诗抒发内心的伤恸。此诗存两个大同小异的文本。

其一见唐李肇《唐国史补》卷中：

> 竟陵僧有于水滨得婴儿者，育为弟子。稍长，自筮得《蹇》之《渐》，繇曰："鸿渐于陆，其羽可用为仪。"乃令姓陆，名羽，字鸿渐。（中略）羽少事竟陵禅师智积。异日在他处，闻禅师去世，哭之甚哀，乃作诗寄情。其略云："不羡白玉盏，不羡黄金罍。亦不羡朝入省，亦不羡暮入台。千羡万羡西江水，曾向竟陵城下来。"

这里所叙，陆姓并非僧姓，得婴者与师事者也未必是同一人。诗用四个"不羡"，表达他从来不在乎世俗的财富与官职。白玉盏是用珍贵的白玉做成的酒杯，黄金罍是用黄金做成的礼器，入省指进入中央朝廷的三省，即中书、尚书和门下省为官，入台则指入御史台为官，是唐代官员监察的最高机构。在这四句中，他说自己绝不羡慕和追求财富与高官。可以想见，当年寺院中的师傅与弟子，事实上的养父子，在为学佛还是从儒的道路争执中，肯定涉及学佛之出世清冷，以及为儒从宦可能带来的财富与官位。四句"不羡"，陆羽是在向逝去的养父倾诉，自己的选择有人生的不同考虑，绝不是着眼于财富与官职。这一话题，在年少的陆羽与养父的激烈冲突中，显然包含彼此都能体会的内涵。后两句："千羡万羡西江水，曾向竟陵城下来。"西江指今长江流经宜昌至武汉间的一段，其间经过竟陵城下。陆羽说自己对流经竟陵的江水充满羡慕，是因为此时他在江东，即今苏南浙北一带，无法回到养育自己的养父身边，亲自为他送行，表达自己终身难以忘怀的、超过亲生父子的刻骨深情。流不尽的西江水，包含多少自己童年的回忆，又有多少委屈与真情，难以向养父表白。

其二见唐赵璘《因话录》卷三：

> 太子陆文学鸿渐，名羽，其先不知何许人。竟陵龙盖寺僧姓陆，于堤上得一初生儿，收育之，遂以陆为氏。及长，聪俊多能，学赡辞逸，诙谐纵辩，盖东方曼倩之俦。与余外祖户曹府君（原注：外族柳氏，外祖洪府户曹讳淡，字中庸，别有传。）交契深至。外祖有《笺事状》，陆君所撰。

性嗜茶，始创煎茶法，至今鬻茶之家，陶为其像，置于炀器之间，云宜茶足利。余幼年尚记识一复州老僧，是陆僧弟子，常讽其歌云："不羡黄金罍，不羡白玉杯。不羡朝入省，不羡暮入台。千羡万羡西江水，曾向竟陵城下来。"又有追感陆僧诗至多。

赵璘的外祖柳淡，以字行即柳中庸，也是颜真卿、皎然的好友，彼此多有联句。赵璘的叙述来自家族记忆，坐实养育陆羽的僧人姓陆。所记陆羽之诗，根据他早年所见复州老僧的讽诵，基本意思与李肇所述一样。他更说陆羽"追感陆僧诗至多"，可能是传闻，也可能见过陆羽的诗集。陆羽其实是很怀旧的人，早年的人生选择有其不得不与智积分手的原因，内心的不安和愧疚，始终没有忽忘。当然，无论李肇和赵璘所记，未必即其诗之全篇，很可能只是当时传诵的句子。

另有一诗："月色寒潮入剡溪，青猿叫断绿林西。昔人已逐东流去，空见年年江草齐。"《全唐诗》卷三〇八题作《会稽东小江》。《万历绍兴府志》卷七云："会稽东小江，在府城东南九十里，亦名小舜江，西为会稽，东为上虞。其源出浦阳江，东北流经阳浦，入曹娥江。"下即引诗。"会稽东小江"并非专名，作诗题不妥。《万历会稽县志》卷二即以"小舜江"立目。明人《笔精》卷三、《小草斋诗话》卷三题作《题会稽剡溪》，大体妥当。今所见此诗，没有宋以前记载，因而稍可怀疑。从诗意说，也确是唐人风味，不似后人依托。诗写剡溪一带秋末之景色。月光下的剡溪，寒水沉碧，气氛凄冷。遥远的林间，传来哀猿时隐时现的叫声，引起诗人的遐想。此地此景，从晋人南渡以来，多少代风流人物先后远去，不变的只有月色之阴晴圆缺，江草之丰茂凋零。往事如梦，不免令人伤感。

陆羽还有几句残诗保存。《松陵集》卷一陆龟蒙《奉和二游诗·任诗》注，引陆羽《玩月诗》句："辟疆旧林园，怪石纷相向。"是对苏州一处以山石著名的园林的描摹。五代僧齐己《白莲集》卷九《过陆鸿渐旧居》自注，引陆羽诗"行坐诵佛书"，可能是陆对寺中生活的回忆。宋人叶廷珪《海录碎事》卷九下，存陆羽诗"绝涧方险寻，乱岩亦危造"，不知写何处景色。

四　陆羽参与的联句唱和

联句是中唐前期很风行的写作方式。众多朋友欢会，找一个合适的题目，每人写一两句，凑成一首完诗，角逐诗意，讨论高下，其间有无穷乐趣。联句因成于众手，各自思路不一，难有佳作，当也可理解。陆羽今存参与的联句诗，多达十五首，分别见于颜真卿、皎然和耿㵑的诗集和刊石。

颜真卿自大历七年（772）起任湖州刺史五年，他倡导的联句，陆羽参加过三次。一次是《登岘山观李左相石尊联句》，参与者多达二十九人，极一时之胜。诗题中的岘山是湖州的南岘山，缘由则是开元间，名相李适之贬湖州别驾，

发现山上有一石尊，可置酒五斗，遂邀友人同饮。颜真卿约
集友人、门生、亲属，为此胜会，陆羽当然参加。他所作二
句为："松深引闲步，葛弱供险扪。"写登临此处之感受。第
二次是《水堂送诸文士戏赠潘丞联句》，六人参加，每人作
四句，且互为承接。陆羽所写四句为："林栖非姓许，寺住
那名约。会异永和年，才同建安作。"可作绝句来读，且因
有前后衔接，解读较繁。前两句说在座多名士，林居者不是
许询，住寺者也非僧约，其实是赞许在座者有许之高节，约
之修行。"永和年"指王羲之主导的兰亭会诗，建安诗人则
以三曹七子为著名。陆羽说今天是兰亭会后又一次盛会，在
座也都是一时作者。第三次是《竹山连句题潘氏书堂》，有
真卿真迹与拓本流传，书界对其真伪有些争议，诗则肯定不
伪。此次有十八人参与。真卿首唱："竹山招隐处，潘子读书

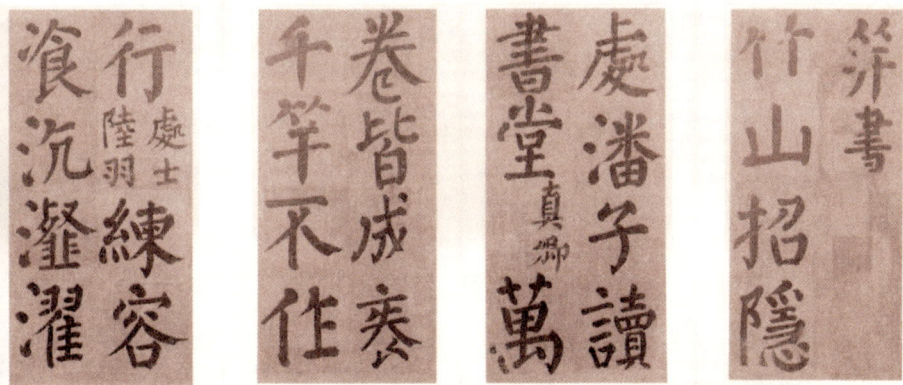

▼（唐）颜真卿楷书《竹山堂连句册》（局部）
故宫博物院藏
书界对其真伪尚有争议。

堂。"点出题目，堂堂正正。陆羽接写："万卷皆成帙，千竿不作行。"写潘述住处风景，万卷说其书多，成帙是收拾有序，见主人之博学。山名竹山，自是竹林环绕。千竿写满山青竹，不仅仅是一行一片。下署"处士陆羽"，尚未入官。

从耿沣(736—787)那边保存的联句诗也有三首。《水亭咏风连句》有十二人参加，《溪馆听蝉连句》有十人参加，都可忽略。《连句多暇赠陆三山人》，是耿沣与陆羽二人间联句，可以看到彼此的友谊与评价，全录如下：

一生为墨客，几世作茶仙？(沣)喜是攀阑者，惭非负鼎贤。(羽)
禁门闻曙漏，顾渚入晨烟。(沣)拜井孤城里，携笼万壑前。(羽)
闲喧悲异趣，语默取同年。(沣)历落惊相偶，衰赢狠见怜。(羽)
诗书闻讲诵，文雅接兰荃。(沣)未敢重芳席，焉能弄彩笺。(羽)
黑池流砚水，径石涩苔钱。(沣)何事亲香案，无端狎钓船。(羽)
野中求逸礼，江上访遗编。(沣)莫发搜歌意，予心或不然。(羽)

诗大约作于耿沣晚年，彼此都有入朝的经历，也都感到了衰赢。耿沣首唱，感叹一生为诗为文，是为墨客，但陆羽已被尊为茶仙，这是多少代的修行，方能达到的成就？陆羽响应，庆幸自己偶然攀缘方能及此，实在算不上代表时代的贤者。耿沣接着说在朝听曙漏，在顾渚山晨烟中采茶，应该仍是称道陆羽。陆羽在德宗初曾拜太子文学，又拜太常寺太祝，为时甚暂，退而为山人，为处士，算有了一段经历。陆羽的回答仍与茶有关，"拜井孤城"是求好水，"携笼万壑"

则是山间采茶。耿㴑接说两人性情差别很大，但年纪仿佛，足为知己。陆羽接谓经历世变，有幸相识相知。此时耿㴑有官职，故陆羽总是处于卑位。耿㴑再说听闻讲诵诗书，更观风采，如睹香草，也是称赞陆羽。其后彼此更讲到筵席、书笺、临池、祭祀、游船等细节。最后，耿㴑说礼失求诸野，陆羽了解民间，逸礼、遗编应指陆羽之著作，是希望陆羽结集诗文，以传后世。陆羽则拒绝了耿㴑的好意。也许他接触了太多一流诗人，对己作评价并不太高，似乎没有搜辑的意愿。陆羽诗文传世不多，也就可以理解了。

皎然《杼山集》保存陆羽参与的联句九首，其中五首署名羽，四首署名疾，应该是不同时期所作。皎然是陆羽一生最密切的朋友。权德舆为韦渠牟文集所作《左谏议大夫韦公诗集序》云：

> 又与竟陵陆鸿渐、杼山僧皎然为方外之侣，沉冥博约，为日最久，而不名一行，不滞一方。故其曳羽衣也，则曰遗名；摄方袍也，则曰尘外；披儒服也，则今之名字著焉。（《权载之文集》卷三五）

韦渠牟是诗人卢纶的从舅，做过道士，也做过僧人，与陆羽、皎然情趣相投，只是晚年居然入朝为显宦，弄得声名狼藉。权德舆序韦集而提到陆羽，当因三人友谊为世所备知。《宋高僧传》卷二九也称"昼（即皎然）以陆鸿渐为莫逆之交"，并称皎然"清净其志，高迈其心，浮名薄利，所不能啖，唯事林峦，与道者游，故终身无惰色"，这一礼赞，也可以看作对陆羽人生态度的评价。皎然文集十卷今存，其中与陆羽交往的记录极其丰富，涉及茶事的记录也很多。

五　陆羽的诗友与茶友

《陆文学自传》称自己貌陋而口吃，为人才辩，性褊急而多自用意，与人宴处时常别有所感，即不告而别，缺点很多。但朋友规劝，豁然能从，交友守信用，答应的事，即便"冰雪千里，虎狼当道"，也绝不爽约。从存世文献看，他的朋友很多，且多与茶事、诗事有关，留下许多珍贵记录。

现在留下与陆羽有交往的当时名士超过五十人，留下交往的诗篇极其丰富，其中且有与采茶、饮茶、煮茶有关的大量记载。本文为篇幅所限，恕不展开了，以后有机会再写出。

贞元年间的诗人卢纶

卢纶约生于天宝初期，在大历一代诗人中，他是晚辈，也是同代诗人中最后存活者之一。虽然到现在还没有确切的证据说他见到了九世纪的曙光，估计也相差不远。他成名很早，大历间历经波澜，曾下狱，又被贬，好不容易熬到德宗时期，朱泚之乱失身贼中。也就在这一系列困艰中，他终于等到了转圜。往日同游的诗人先后凋零，他也略尽到后死之责。

一　早年经历与建中陷贼

最近三十多年，卢纶弟卢绶夫妇墓志、父卢之翰夫妇墓志先后出土，揭开了卢纶家世和早年经历的真实状况。他的五世祖卢羽客，仅官至韩城令，有一首乐府《结客少年场行》传世，可见家业文学，传流有绪。羽客以后四世，多为州县小官，纶父之翰仅官临黄尉。更不幸的是，卢纶尚未成年，父母即双双去世，他的人生注定艰难。

代宗大历初年，卢纶及冠不久，参加科举，屡试不中是可以预料的。但他的文学才华引起当时两位宰相的注意：一是元载，自己也出身寒素，对贫寒有才者特别关心，推荐卢纶为阌乡尉，改密县令；二是王缙，诗人王维的弟弟，荐其为集贤学士、秘书省校书郎。虽然皆不算显官，但能晋身士林，算不错了。那时，京城诗人都游驸马都尉郭暧门下，文咏唱和，角艺争胜，卢纶得与钱起、李端等同游。后世称他为大历十才子之一，主要得益于此段经历。

人生得意，灾祸却不时降临。大历十二年（777），元载以贪污渎职罪被杀，王缙也被贬。卢纶由他们推荐入仕，自然属于亲信，也受到牵连。他有《非所送苗员外之上都》："谋身当议罪，宁遣友朋闻。祸近防难及，愁长事未分。寂寥惊远语，幽闭望归云。亲戚如相见，唯应泣向君。"非所是囚禁罪犯之所在，看来问题相当严重，一时还看不到希望，诗中可见卢纶的心情很绝望。好在事情很快得到澄清，卢纶有《雪谤后书事上皇甫大夫》致谢，诗稍长，仅录后半段：

> 却忆经前事，翻疑得此生。分深存殁感，恩在子孙荣。
> 览镜愁将老，扪心喜复惊。岂言沉族重，但觉杀身轻。
> 有泪沾坟典，无家集弟兄。东西遭世难，流浪识交情。
> 阅古宗文举，推才慕正平。应怜守贫贱，又欲事躬耕。

皇甫大夫对卢纶释狱起了关键作用，卢纶惊喜之际，深感厚恩无以为报，只能说你的恩德足以庇护你的子孙繁荣，自己即便杀身相报，也深感太轻。最后几句说自己的遭际，宗族没有强援，又遭逢世乱，虽然以孔融、祢衡自期，无奈又只能退而躬耕。

好在政局变化也快。代宗去世，新皇即位，卢纶起为陕府户曹。德宗建中元年（780），任昭应令。地方皆在两京之间，属于京畿官。

建中四年，奉调东行的泾原军途经长安时哗变，拥戴退闲居京的河北旧将朱泚为帝，德宗仓皇出奔奉天以避难。世称泾原之变或奉天之难。昭应县城就在华山附近，卢纶也因此陷身贼中。现在可以读到三首诗，一是《贼中与严越卿曲江看花》："红枝欲折紫枝繁，隔水连宫不用攀。会待长风吹落尽，始能开眼向青山。"严越卿是名臣严武的儿子，两人同游，诗只写看花，其间颇有寄意。眼前花枝丛杂，红枝欲折，紫枝繁茂，似乎借指皇家受挫出奔，叛军嚣张一时。作者更希望长风浩荡，扫尽尘嚣，然后可见青山巍峨，兀然眼前。另一首是《春日卧病示赵季黄》，自注："时陷在贼中。"诗云：

> 病中饶泪眼常昏，闻说花开亦闭门。
> 语少渐知琴思苦，卧多唯觉鸟声喧。
> 黄埃满市图书贱，黑雾漫山虎豹尊。
> 今日支离顾形影，向君凡在几重恩。

诗说春病，心情不好，即便花开时节也懒得去观赏。卧病，再加无人说话，因此可以更多地体会琴曲中流露的相思之苦，对周围喧闹的鸟声更感到不耐烦。"黄埃满市图书贱，黑雾漫山虎豹尊"两句，写出叛军占据长安时期的真实画卷，文化摧残，虎豹肆虐。诗人远避尘浊，身心俱疲。第三首是《赠李果毅》："向日磨金镞，当风着锦衣。上城邀贼语，走马截雕飞。"似乎写给一位参与平叛的小校。

就在这战祸再起、天下将乱之际，德宗得到几位名臣、名将的鼎力相助，得以敉平叛乱，重归太平。建中五年改元兴元，仅一年多再改元贞元，大唐王朝转危为安，卢纶也迎来人生新的机缘。

二　进入河中浑瑊幕府

卢纶的人生转折，始于进入河中浑瑊幕府。

浑瑊出铁勒九姓部落之浑部，世为皋兰部都督。浑瑊少从军，屡立战功。安史之乱发生，他先从李光弼讨平河北，再从郭子仪收复两京。肃代之间，功勋卓著。德宗时累迁为朔方节度使，尽领子仪旧部。奉天之难发生，他与李晟、马燧成为中兴三名将，对荡平动乱、恢复秩序起了关键作用。兴元元年（784）七月，德宗还宫，立即任命浑瑊为河中节度使，守御关中与河北之间的要冲之地。河中唐称蒲州，在今山西运城、永济一代，为京东北重镇。浑瑊忠于皇室——德宗对他也充分信任——镇守河中达十五年半，直到他去世。浑瑊赴河中前已官侍中，赴河中时封咸宁郡王，贞元十二年

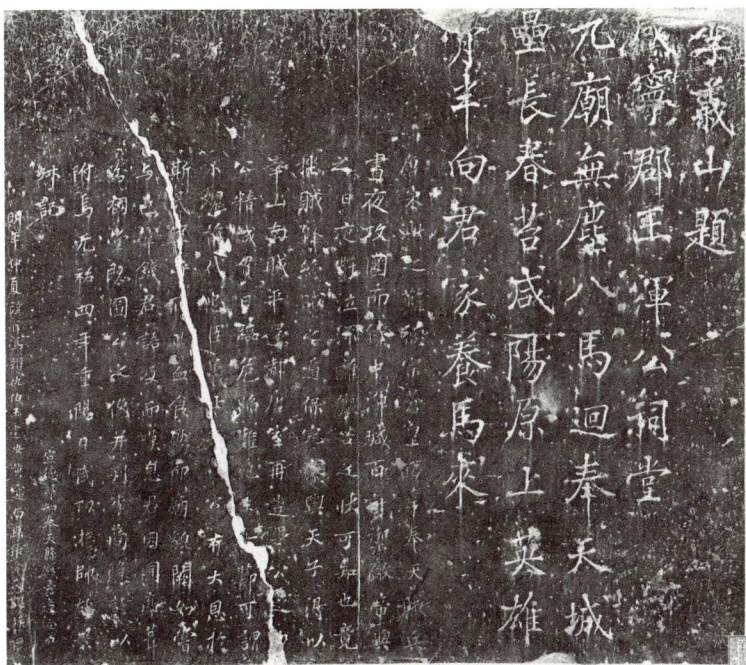

▼ （宋）佚名《浑王祠诗并记墨拓本》
台北故宫博物院藏
咸宁郡王浑瑊功勋卓著，李商隐诗《浑河中》云："九庙无尘八马回，奉天城垒长春苔。咸阳原上英雄骨，半向君家养马来。"

（796）进中书令。他的头衔的变化，对解读卢纶与他同游唱和的大量诗篇的年代与寄意，具有重要价值。

卢纶何时进入浑瑊幕府，目前看不到确凿记载。《旧唐书》卷一六三《卢简辞传》云："朱泚之乱，咸宁王浑瑊充京城西面副元帅，乃拔纶为元帅判官、检校金部郎中。"所谓京城西面副元帅，指浑瑊兴元元年三月所任"奉天行营兵马副元帅"，时德宗尚居行在。卢纶于贞元十二年迁父卢之翰墓于万年县洪固乡，自撰墓志，署衔为"朔方河中副元帅判官"。一般来说，幕职也是逐渐迁升的，判官已是最重要的幕职，贞元十二年是可靠的，最初入幕时未必即此，但他在兴元、贞元之间已经入河中幕，居幕时间长达十三四年，深得浑瑊信任，也可以确认。

卢纶在浑瑊幕府较早的一首诗是《腊日观咸宁王部曲娑勒擒豹歌》：

> 山头瞳瞳日将出，山下猎围照初日。
> 前林有兽未识名，将军促骑无人声。
> 潜形踠伏草不动，双雕旋转群鸦鸣。
> 阴方质子才三十，译语受词蕃语揖。
> 舍鞍解甲疾如风，人忽虎蹲兽人立。
> 歘然扼颡批其颐，爪牙委地涎淋漓。
> 既苏复吼拗仍怒，果决英谋生致之。
> 拖自深丛目如电，万夫失容千马战。
> 传呼贺拜声相连，杀气腾凌阴满川。
> 始知缚虎如缚鼠，败虏降羌生眼前。
> 祝尔嘉词尔无苦，献尔将随犀象舞。
> 苑中流水禁中山，期尔攫搏开天颜。
> 非熊之兆庆无极，愿纪雄名传百蛮。

唐在非常时期，会给一些异姓而功勋卓著的文武臣僚封王，安史乱平与奉天难后都封过，此后国家升平，虽未撤销，但也较少提及，故知此首所作甚早。诗写浑瑊部将娑勒在猎围活动中勇擒猛豹的故事。诗写得虎虎有生气，围猎中突然感到有猛兽深藏，众人紧张，草木与群鸟各皆不安。娑勒的身份是"阴方质子"，即蕃部留在唐地的子弟，虽然言语不通，仍然挺身而出，经过一番惨烈的人豹决斗，得以擒豹而生制之。于是全军欢呼，歌颂此"缚虎如缚鼠"之壮举，更感慨这样的举动可以鼓舞士气，应为国建立勋绩。这样充满激情的诗歌，在大历前后很少见到。

卢纶在河中，陪侍浑瑊作诗存十多首。其中最多的题目是九日陪同登白楼，有诗《九日奉陪浑侍中登白楼》《九日奉陪浑侍中宴白楼》《九日奉陪令公登白楼同咏菊》，不是一年之作，大约白楼是河中名胜，每逢重阳，浑瑊必与臣僚登楼观景，也饮宴赏菊。其他季节也会来，如《春日喜雨奉和侍中宴白楼》，是春日游览。《奉陪侍中登白楼》，《文苑英华》卷三一二题作《奉陪浑侍中五日登白鹤楼》，知为五日端午而作。当然，其他活动也有，如《九日奉陪侍中宴后亭》，是在使府后庭的宴会。《奉陪侍中游石笋溪十二韵》，走得远了一些，诗云："国泰事留侯，山春纵康乐。"以张良、谢灵运来比况，写时平游览之欢。诗末云："旌幢不可驻，古塞新沙漠。"则目的还是边关，游览仅是经过。《奉陪浑侍中上巳日泛渭河》，渭河为从河中入京的道路，浑瑊虽然出守，其间曾多次进京或到边关作战，卢纶皆可能陪同。《奉陪侍中春日过武安君庙》，武安君为战国秦名将白起，其庙有许多记载。诗云："白羽三千骑，红林一万层。"是浑瑊率大军经过。从"回风卷丛柏，骤雨湿诸陵"两句看，其地在关中，很可能即咸阳之白起庙。贞元三年，唐与吐蕃盟于平凉，浑瑊授平凉盟会使，担此重责。无奈吐蕃背盟，浑瑊夺骑逃出，随员多被劫被杀。卢纶此诗若作于其间，则他也可能随至平凉。

浑瑊是蕃将，以武毅安国定邦，他是否通文事，颇可怀疑。席本《卢户部诗集》卷七有一首题作《春日喜雨奉和马侍中宴白楼》，"马"字为衍文。称"奉和"则似浑瑊亦先有作，但《文苑英华》卷二一五此诗题作《春日喜雨奉陪侍中宴白鹤楼》，作"陪"而不作"和"，是浑瑊未必有作。《旧唐书》本传称浑瑊"忠勤谨慎，功高不伐，在藩方岁时贡奉，必躬亲阅视；每有颁锡，虽居远地，如在帝前。位极将相，无忘谦抑，物论方之金日磾，故深为德宗委信，猜间不能入，君子多之"。其谦敬知礼，忠勤谨慎如此。浑瑊本人能不能作诗并不重要，他能尊敬诗人，感受时节与山河之壮丽美好，诗人乐于助兴，也就够了。卢纶长期居其幕下，应是一段愉快胜任的经历。

卢纶告别浑瑊的最后一首诗是《将赴京留献令公》：

沙鹤惊鸣野雨收，大河风物飒然秋。
力微恩重谅难报，不是行人不解愁。

时间是在贞元十二年浑瑊授中书令以后，秋日的景象给人以衰瑟之感，更增离别的愁绪。卢纶说浑瑊对己恩重，自己力微无以为报，此时心情，一般人难以理解。浑瑊在授中书令三年后去世，这首诗可能是最后的离别。

三　往日诗友的凋零

卢纶大历间在京城结识的诗友，多数年长于他，随着时光的推移，贞元初逐渐凋零。卢纶有几首诗写此时的感受。

一首是《得耿㳲司法书，因叙长安故友零落，兵部苗员外发、秘省李校书端相次倾逝，潞府崔功曹峒、长林司空丞曙俱谪远方。余以摇落之时，对书增叹，因呈河中郑仓曹、畅参军昆季》：

> 鬓似衰蓬心似灰，惊悲相集老相催。
> 故友九泉留语别，逐臣千里寄书来。
> 尘容带病何堪问，泪眼逢秋不喜开。
> 幸接野居宜屐步，冀君清夜一申哀。

诗的题目很长，前引将其标点出来，以便阅读。事由是接到诗人耿㳲的书信，告知以往在京城的朋友苗发、李端相次逝世，崔峒、司空曙贬谪远方。称耿㳲官为司法，指他大历十二年因与元载、王缙善而贬许州司法参军。诗中的"逐臣"即指耿㳲，因承他告以消息，方得知诸人零落情况。从"故友九泉留语别"一句分析，去世的二位临终前都曾有遗言与卢纶告别。诗写得极其沉痛，写自己的衰颓，更感伤诸人之死别。诗是写给同在河中的诗友郑损、畅当，因为同在河中，居处接近，因约二人得便移步以作清夜长谈，以述悲怀。

更大的悲哀接踵而来。贞元元年，诗人皇甫曾卒，卢纶有诗《同兵部李纾侍郎刑部包佶侍郎哭皇甫侍御曾》：

> 攀龙与泣麟，哀乐不同尘。九陌霄汉侣，一灯冥窦人。
> 舟沉惊海阔，兰折怨霜频。已矣复何见，故山应更春。

皇甫曾与其兄皇甫冉，肃代间皆以诗名，冉成就更高，然大历六年就去世了。皇甫兄弟是润州丹阳人，仕宦不太得意，皇甫曾到大历末官阳翟令，郁郁而终。李纾、包佶皆是旧日的诗友，在世乱中各有建立，此时分别担任兵部侍郎与刑部侍郎，从唐代职官来说，可算是高层文官。卢纶与二人共同作诗悼念皇甫曾，以二人之得意与皇甫之早逝作比况，从写诗的语境来说，不算太妥当，但对比很强烈，更增加了对亡友的怀念。

不久更有司空曙、崔峒等人去世的消息传来，诗人畅当先作五十韵长诗以为哀悼，但未得保存，卢纶的诗题仍然很长，《纶与吉侍郎中孚、司空郎中曙、苗员外发、崔补阙峒、耿拾遗湋、李校书端，风尘追游，向三十载，数公皆负当时盛称。荣耀未几，俱沉下泉。畅博士当感怀前踪，有五十韵见寄，辄有所酬，以申悲旧，兼寄夏侯侍御审、侯仓曹钊》：

> 禀命孤且贱，少为病所婴。八岁始读书，四方遂有兵。

童心幸不羁，此去负平生。是月胡入洛，明年天陨星。
夜行登灞陵，惝恍靡所征。云海一翻荡，鱼龙俱不宁。
因浮襄江流，远寄鄱阳城。鄱阳富学徒，诮我戆无营。
谕以诗礼义，勖随宾荐名。舟车更滞留，水陆互阴晴。
晓望怯云阵，夜愁惊鹤声。凄凄指宋郊，浩浩入秦京。
沴气既风散，皇威如日明。方逢粟比金，未识公与卿。
十上不可待，三年竟无成。偶为达者知，扬我于王庭。
素志且不立，青袍徒见萦。昏屏夙自保，静躁本殊形。
始趋甘棠阴，旋遇密人迎。考实绩无取，责能才固轻。
新丰古离宫，宫树锁云扃。中复莅兹邑，往惟曾所经。
缭垣何逶迤，水殿亦峥嵘。夜雨滴金砌，阴风吹玉楹。
官曹虽检率，国步日夷平。命蹇固安分，祸来非有萌。
因逢骇浪漂，几落无辜刑。巍巍登坛臣，独正天柱倾。
悄悄失途子，分将秋草并。百年甘守素，一顾乃拾青。
相逢十月交，众卉飘已零。感旧谅戚戚，问孤恳茕茕。
侍郎文章宗，杰出淮楚灵。掌赋若吹籁，司言如建瓴。
郎中善余庆，雅韵与琴清。郁郁松带雪，萧萧鸿入冥。
员外真贵儒，弱冠被华缨。月香飘桂实，乳溜滴琼英。
补阙思冲融，巾拂艺亦精。彩蝶戏芳圃，瑞云凝翠屏。
拾遗兴难伴，逸调旷无程。九酝贮弥洁，三花寒转馨。
校书才智雄，举世一娉婷。赌墅鬼神变，属词鸾凤惊。
差肩曳长裾，总辔奉和铃。共赋瑶台雪，同观金谷筝。
倚天方比剑，沉井忽如瓶。神昧不可问，天高莫尔听。
君持玉盘珠，泻我怀袖盈。读罢涕交颐，愿言跻百龄。

诗很长，仍愿意全篇抄出，是因为所谓大历十才子，此诗记录了六人的死亡，加上年辈稍长的钱起与韩翃，存者只有作者卢纶与受诗者之一的夏侯审了。说此诗是诗史，记录了一个时代的悲哀，应该不算过分。

首先要确定此诗之作年。近年出土侯钊撰《唐故京兆府功曹参军耿君墓志铭》（收入胡可先、杨琼编著《唐代诗人墓志汇编·出土文献卷》，上海古籍出版社，2021），载耿沣卒于贞元三年十一月二十六日，得年五十二。此其一。《旧唐书》卷一三《德宗纪》载，贞元四年"八月，以权判吏部侍郎吉中孚为中书舍人"。诗题仍称吉为侍郎而非称舍人，很可能吉未及就新职即去世。此其二。《全唐文》卷六九〇有符载《剑南西川幕府诸公写真赞》，分十三章，写"水部司空郎中曙字文初"一章云："风仪朗迈，振拔氛器。玉气凝润，鹤情超辽。文烛翰苑，德成士标。问望何有？羽仪中朝。"此文开首即有时间："戊辰岁，尚书韦公授钺之四年也。"戊辰即为贞元四年，韦公是时任剑南西川节度使的名臣韦皋。《元和姓纂》卷二说司空曙官至虞部郎中，虽皆指检校官，知他在写真后还活过一段时间。此其三。崔峒有《书情寄上苏州韦使君兼呈吴县李明府》，是他曾得知韦应物于贞元五年任苏州刺史。此其四。就以上四证，知卢纶长诗写作最早大约是贞元五年，也可能再晚一两年。

其次，这首长诗因悼念诸亡友而作，十分庄重，但诗的前半认真讲自己早年的经历，显得很不一般，或者可以认为，诸亡友在他生命中占有非常特殊的位置。从《全唐文补遗》第七辑所载卢纶父母墓志，知他大约出生于天宝初年，母亲韦氏不久去世，到至德二载（757），其父之翰也逝于避难嵩山时。那时诗人尚未成年，在世乱中遁迹南方，沿汉江东下，寄居江西鄱阳，有机缘读书晋学，渐次成年。二十岁左右入京，先应举业，因无人认识，以至"十上不可待，三年竟无成"，十上与三年皆未必是实指，可以看作是屡试不第。在困境中，他先后为宰相元载、王缙（诗中称"达者"）所赏识，推荐出仕，不仅曾任畿县官职，且得登朝为官。其间有自谦，更多是回忆大历中期的特别遭际。其间，他结交了京城中的众多文学才俊，结下深厚友谊，往事值得长久回味。"命蹇固安分，祸来非有萌。因逢骇浪漂，几落无辜刑"一段，写这一文学群体受到代宗贬杀元载集团之影响，遭到致命的打击。可以说，与卢纶亲近的诗人，大多卷入元载事件而遭遇不幸。"巍巍登坛臣，独正天柱倾"写自己与浑瑊的遇合，从失途中看到希望。可以说，长诗悼念亡友前要特别说到自己的遭际，是他特别在意当年京城的遭际与机缘，对诸人命运寄予极大同情与感慨。

诗的后半段，卢纶对亡故的六位诗友分别有所评价。

"侍郎文章宗，杰出淮楚灵。掌赋若吹籁，司言如建瓴。"首先讲吉中孚。中孚为楚州人，故称他是"淮楚灵"。他早年居鄱阳，曾为道士，可能那时就与卢纶结交。大历初返俗，任过万年尉，登过制科，更任翰林学士，晚年做到户部侍郎、判度支事，所以卢纶称他掌赋（即理财），司言即为皇帝掌纶，皆驾轻就熟，可见他多方面的成就。卢纶有《送吉中孚校书归楚州旧山》，作于吉入仕之初，见二人交谊之深。

"郎中善余庆，雅韵与琴清。郁郁松带雪，萧萧鸿入冥。"这几句讲司空曙，说他能承家学，能诗工琴，情调悠远。他称卢纶为外弟，即是他母亲一支之近亲。两人感情深厚，留下不少名篇。曙《别卢纶》："有月多同赏，无秋不共悲。如何与君别，又是菊黄时。"说二人有月同赏，感秋同悲，是难得的知己。遇到菊开时，偏要分别，更增伤感。《喜外弟卢纶见宿》："静夜四无邻，荒居旧业贫。雨中黄叶树，灯下白头人。以我独沉久，愧君相见频。平生自有分，况是蔡家亲。""雨中"两句，特别动人。一夜相见，对宿详谈，更见彼此相知之深。司空曙坐元载事，贬长林丞，地在近湖北江陵一代。晚年入蜀投靠韦皋，卢纶也有诗寄韦，或与司空有关。

"员外真贵儒，弱冠被华缨。月香飘桂实，乳溜滴琼英。"四句讲苗发。发为肃宗相苗晋卿子，故称他为贵儒，羡慕他弱冠就从荫入仕。后两句称赞他的诗格高雅，人品高洁。苗发虽存诗不多，同时诗人与他唱和频繁，知他足以名家，可惜留存太少。

"补阙思冲融，巾拂艺亦精。彩蝶戏芳圃，瑞云凝翠屏。"四句讲崔峒。前两句说他思绪平和，衣着与技艺皆很讲究，后两句称赏他的诗着色彩丽，景象生动。崔峒大历初登进士第，累官集贤学士，曾奉使江淮访图书。建中间，迁左补阙。贞元初，贬潞府功曹参军，与卢纶所在的河中相

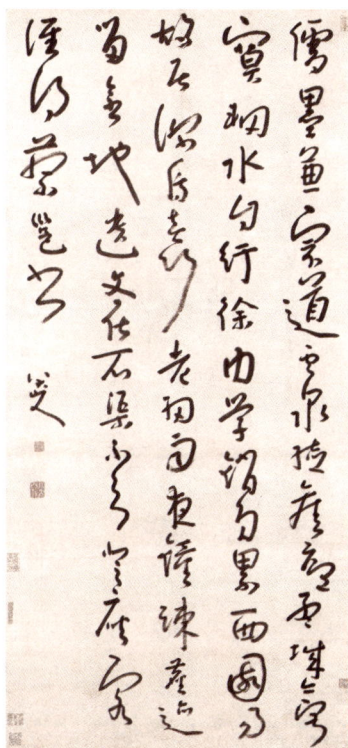

邻。《中兴间气集》卷下收崔峒诗，评云"崔拾遗文彩炳然，意思方雅，如'清磬度山翠，闲云来竹房'，又'流水声中视公事，寒山影里见人家'，斯亦披沙拣金，往往见宝"，给以很高评价。

"拾遗兴难侔，逸调旷无程。九酝贮弥洁，三花寒转馨。"四句讲耿㳄，称赞其诗兴逸调高，如同九酿之陈酒，也如经寒之梅花，自成高境。其墓志即为卢纶诗之受诗人侯钊所撰，称他因事贬官，在建中之乱后，一时文臣包佶、李纾、裴谞、刘太真都向宰相推荐他的才能，可惜没有落实。

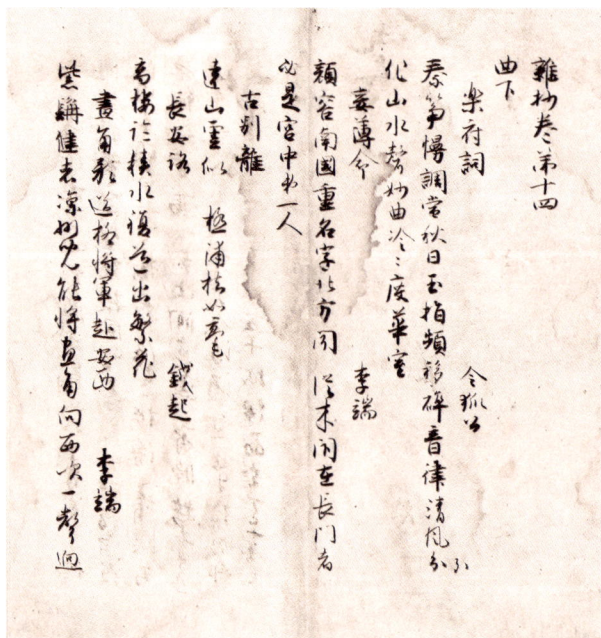

▼《杂钞》卷
第十四

日本伏见宫旧
藏，现藏于宫
内厅书陵部。

墓志称他"重芳迭业，特生才子；抱明禀秀，卓膺诗人"，充满惋惜之情。

"校书才智雄，举世一娉婷。赌墅鬼神变，属词鸾凤惊。"四句讲李端。从彼此的存诗来读，李端与卢纶年纪相仿，私交甚密，虽述在最后，评价最高。李端大历五年登进士第，但仕宦不显。在驸马郭暧门客中，他以《赠郭驸马二首》得享高名。他的诗集仍存唐编的面貌，通行仅有近代江标影宋本，颇多疑问。今知台湾存明覆刊宋书棚本，一切疑问皆可得到解释。日本伏见宫旧藏《杂钞》卷十四，有他多首七言歌行体佚诗保存，可以看到他诗歌写作另一方面的成就。

本节写出稍长，宜稍做归纳。所谓大历十才子，并非大历间成就最高的诗人群体，而是指大历前中期在长安城中得到宰相元载、王缙关心，也经常聚会于驸马郭暧门下的松散的诗人群体。其中多数受到大历十二年元载被杀、王缙被贬的牵累，而遭到程度不等的处分。到德宗贞元初年，这群人遭际不一，相继凋零。卢纶在诗中写到对他们的怀念，所谓大历十才子的提出，很可能也出于卢的意见。贞元以后，李端子李虞仲，卢纶子卢简辞、卢简求官显，他们父辈的事迹也随着入史，为世所知。

四　贞元中期在京城的晚达

从前引《将赴京留献令公》诗，知卢纶入京肯定出自浑瑊的推荐。《旧唐书》卷一六三《卢简辞传》则说出于韦渠牟之推荐："太府卿韦渠牟得幸于德宗，纶即渠牟之甥也，数称纶之才。德宗召之内殿，令和御制诗，超拜户部郎中。"可能是另一个层面的推荐，虽正史有述，作用肯定不如浑瑊，后者毕竟是国之重臣。从年纪说，韦比卢纶小七八岁。从亲缘说，渠牟之曾祖是坊州刺史韦余庆，卢纶母亲韦氏，曾祖是皇朝赠坊州刺史□庆。余庆与□庆肯定是同一人，坊州刺史为赠官而非实授官。渠牟父韦冰是李白的朋友，渠牟早年曾向李白问诗，也是事实。韦冰与卢纶外公韦渐只能算是堂兄弟，到卢纶更隔一层。但在讲究家族背景的唐代，算是很近的亲人了。卢纶有《敬酬太府二十四舅览诗卷因以见示》，就是酬赠韦渠牟：

郄公怜赣亦怜愚，忽赐金盘径寸珠。

彻底碧潭滋涸溜，压枝红艳照枯株。

九门洞启延高论，百辟联行挹大儒。

顾己文章非酷似，敢将幽劣俟洪炉。

这时韦渠牟任太府卿，为九卿之一，正得德宗信任，也乐于
推荐卢纶诗作。卢纶的诗写得极其自抑，说韦对自己的吹嘘
为怜赣怜愚，自己早已是涸溜、枯株，是韦的器重使自己恢
复生气。又说多亏韦的推重，使自己有机会在朝会上听到大
儒之高论。早已成名的诗人，自抑如此，只能说时事改变
人，官场毕竟有官场的道理。说来韦渠牟经历也颇传奇，他
早年承李白授以古乐府，大历初干脆入茅山做了道士。过了
几年，又出家为僧，法名尘外。今存皎然湖州唱和诗中，还
有他署名尘外的诗作。德宗初返俗，数入使府。贞元十二年
参加御前三教论衡，因他确曾出入三教，加上辩才无碍，为
德宗赏识。他虽得信任，当时名声并不佳。《旧唐书》本传
说他"形神佻躁，无士君子器，志向不根道德，众雅知不能
以正道开悟上意"，"名素轻，颇张恩势，以招趋向者，门庭
填委"。人品如此，卢纶虽稍沾亲缘，亦不得不强自贬抑，
求其援手，大约可以理解。

卢纶有《奉和圣制麟德殿宴百僚》：

云辟御筵张，山呼圣寿长。玉阑丰瑞草，金陛立神羊。

台鼎资庖膳，天星奉酒浆。蛮夷陪作位，犀象舞成行。

网已却三面，歌因守四方。千秋不可极，花发满宫香。

德宗原唱作于贞元四年，卢纶所作不在归朝后应制。估计卢纶在河中幕府，常有机会参加朝会，他又有诗名，得缘作诗，应属可能。

《旧唐书》说德宗赏识卢纶诗，"超拜户部郎中。方欲委之掌诰，居无何，卒"。从卢纶存诗来说，《天长地久词五首》歌颂德宗之圣德与朝野平和，略存宫中逸事，大约是其时所作。

卢纶《和裴延龄尚书寄题果州谢舍人仙居》："飘然去谒八仙翁，自地从天香满空。芝盖迥标双鹤上，语音犹在五云中。青溪不接渔樵路，丹井唯传草木风。歌此因思奉金液，露盘长庆汉皇宫。"也是其时所作。裴延龄世称奸佞，尤其因其与陆贽争斗而导致陆长期贬外，后世多同情陆贽而否定裴延龄。裴之能诗，他书不载，仅见卢纶此一例。说卢纶交往不太注意人品，大约不是苛论。果州谢自然飞升事件发生在贞元十年，当时人疑信参半，韩愈即给以严肃批判，卢纶似乎颇为相信。

卢纶最有名的诗作《和张仆射塞下曲六章》，一般认为张仆射为徐州节度使张建封。卢纶行迹未到徐州，前此也未见他与张建封有来往。此组诗很可能作于贞元十三年末张建封入朝期间。张建封虽称名将，其实出身文士，其父张玠为杜甫早年朋友。杜甫在长沙，与张仍有过往。张建封镇徐州多年，世颇疑之，此时毅然入朝，一时轰动。他的《酬韩校书愈打球歌》："仆本修文持笔者，今来帅领红旌下。"正见书生本色。卢纶此时和张之旧诗，应属可能，也留下他一生诗歌的最后辉煌。录二首如下：

林暗草惊风，将军夜引弓。
平明寻白羽，没在石棱中。

月黑雁飞高，单于夜遁逃。
欲将轻骑逐，大雪满弓刀。

且说会写诗的中唐五窦

　　唐五代有两组以文学知名的窦氏五兄弟，后一组更有名。五代澶州司马窦禹钧的五子仪、俨、侃、偁、僖，皆擢进士第，名相冯道有诗表彰："燕山窦十郎，教子有义方。灵椿一株老，丹桂五枝芳。"《三字经》中"窦燕山，有义方，教五子，名俱扬"一段，就是据冯诗改写。不过，这五位存诗太少，没有可以展开的话题。多年前从足本《诗话总龟》卷二七辑出窦仪祝李昉任学士的一首诗："厩马牵来哠哠嘶，马蹄随步蹑云梯。新街锦帐连三字，旧制星垣放五题。视草健毫从帝选，受降恩诏待公批。仙才已在神仙地，逢见刘晨为指迷。"就不作分析了。

　　前一组五窦，知名度虽不及后五窦，但在他们身后不久，有一位热心者褚藏言，自称西江逸民，选取五兄弟诗各二十首，附收相关唱和诗，编为《窦氏联珠集》一卷。因五兄弟皆得备为郎官，郎官又称星郎，乃取五星联珠之意命集。很幸运的是，此集之传钞本流传有叙，南宋人王崧据以

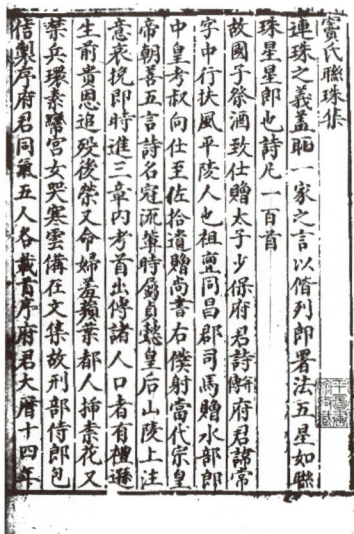

（唐）褚藏言《窦氏联珠集》
中国国家图书馆藏
图为明代抄本。有赖于褚藏言编次整理，经过历代传抄翻刻，五窦之作品得以流传至今。

刊刻，宋本留存至今。目前最为通行的，则是《唐人选唐诗新编》（中华书局，2014）中笔者的整理本。

一　父亲窦叔向

窦叔向神道碑，诗人羊士谔撰文，清代中期以前出土，立于他的诸子既贵以后，但残泐难以卒读。从残文分析，其中说到窦家从汉代以来的光荣，更说到"代祖绍左武卫大将军，改封茌平公"。这里涉及窦氏先世的疑问。虽然两汉的窦家为外戚，屡干国柄，但隋唐以来占主流的窦家主要来自鲜卑的纥豆陵氏，唐代著名的外戚之家，窦绍也是其中一分子。因此，五窦这一支来自汉化的鲜卑后裔，应该没有什么问题。

窦叔向（？—约779），字遗直，排行十九，京兆金城（今陕西兴平）人，同昌郡司马窦胤之子。代宗大历初登进士第，累历国子博士、转运使判官、江阴令。十二年（777），入为左拾遗。十四年，因论事得罪，贬溧水令。寻卒。有诗名，尤善五言诗。叔向有文集七卷，刑部侍郎包佶作序，可惜没有传世。《全唐诗》卷二七一存叔向诗九首又二句，卷八八三补一首。此外，旧收张继名下的《酬张二十员外前国子博士窦叔向》，应该也是叔向所作，诗题仅作《酬张二十员外》，是与张继的酬和诗。

叔向官位不高，政事亦乏善可陈，成就还在诗歌。他当时最有名的诗，是《贞懿皇后挽歌三首》。贞懿皇后即代宗贵妃独孤氏，最得代宗宠爱。大历十年卒，殡于内殿，三年后方落葬。窦诗是应诏而作。据说写的人很多，代宗认可而首出者，就是叔向的三首。挽歌虽说是场面上的文字，但涉及君主的所爱与情感，写好很不容易。

就叔向存诗来说，则有与当时名家李嘉祐、张继、包佶等来往的记录，可以看到他文学交往的层级。

李嘉祐有《送窦拾遗赴朝因寄中书十七弟》，十七弟指李纾，当时与包佶齐名。诗作于大历十二年叔向入朝之际，文士梁肃为序，称叔向自华阴令除拾遗，诏下，"士大夫相见而喜曰：'遗直举矣，直道其行乎'"。可见他当时的名声。李诗云："自叹未沾黄纸诏，那堪远送赤墀人。老为侨客偏相恋，素是诗家倍益亲。妻儿共载无羁思，鸳鸯同行不负身。凭尔将书通令弟，唯论华发愧头巾。"这时嘉祐任袁州刺史，认为黄诏亲颁是极大的荣誉，自己就没有得到机会。表达祝贺，更希望叔向不负皇命，努力建言。最后两句则间接向在朝的叔向弟窦舒致意。叔向有诗回答：

> 少年轻会复轻离，老大关心总是悲。
> 强说前程聊自慰，未知携手定何时？
> 公才屈指登黄阁，匪服胡颜上赤墀。
> 想到长安诵佳句，满朝谁不念琼枝？

叔向大约与嘉祐认识很早，虽得前程，但年岁渐增，悲喜自知。后四句，恭维嘉祐有宰辅之才，只是没有得到机缘，但长安屡闻嘉祐好诗，更希望他有机缘入朝。这里有应酬，但很得体，就诗句的灵动来说，不逊于原作。

张继后世以《枫桥夜泊》诗而享大名，当时则诗名与官位皆有可称。《文苑英华》卷二七二收张继《送窦十九判官使江南》："游宦淹星纪，裁诗炼土风。今看乘传去，那与问津同。南郡迎徐子，临川谒谢公。思归一惆怅，干越古亭中。"又收《酬张二十员外前国子博士窦叔向》："故交日零落，心赏寄何人？幸与冯唐遇，心同迹复亲。语言未终夕，离别又伤春。结念溢城下，闻猿诗兴新。"后一首诗不署名，旧以为亦张继作。近人岑仲勉、闻一多、李嘉言皆认为这是一组唱和诗，后一首原为附于张集的窦诗，"前国子博士窦叔向"为叔向的题衔，可为定论。诗大约作于大历四年或稍后，张继为江西转运使判官，掌财赋于洪州，叔向以国子博士出使。二诗颇可玩味。张继认为叔向虽官位不顺，但有机会出使，更是采土风、写好诗的难得机缘，他以徐孺与谢灵运来比况，希望出使顺遂。叔向的诗有些悲凉，感觉彼此年岁渐增，故交零落，与张继有知己之感，可惜又将分别，最后是希望张继在江西，诗境日新，对此抱有期待。

以上分析窦叔向与比他更有名的李嘉祐、张继的酬答诗，可见叔向并不落下风，在当时也足可称。虽未臻一流，已足名家。

二　长兄窦常

窦常（749—825），字中行，登大历十四年进士第。登第后有将近二十年不求出仕。父亲去世，遭逢家祸，他是长兄，承担照顾母亲与诸弟的责任，具体则是迁居扬州，耕读养家。直到贞元十四年（798），方应淮南节度使杜佑之辟，出为节度参谋。元和六年（811）自湖南判官入朝，后历任朗州、夔州、江州等州刺史，以国子祭酒致仕，卒年七十七岁，是五窦中享年最久者。窦常曾编选大历间诗人自韩翃至皎然共三十人诗三百六十首，为《南薰集》三卷，自序云："欲勒上中下，则近于褒贬；题一二三，则有等衰。故以西掖、南宫、外台为目，人各系名系赞。"（袁本《郡斋读书志》卷四下引）可知这是一部追拟《河岳英灵集》《中兴间气集》体例，专选大历一朝诗人的选本，且对入选的每位诗人都有评说。后世失传，非常可惜。

窦常诗存二十二首。有几首咏史诗可以一读。《谒诸葛武侯庙》："永安宫外有祠堂，鱼水恩深祚不长。角立一方初退舍，拟称三汉更图王。人同过隙无留影，石在穷沙尚启行。归蜀降吴竟何事？为陵为谷共苍苍。"这是他任夔州刺史时所作。永安宫是刘备去世的地方，建诸葛庙以为陪祀。杜甫在峡中作《咏怀古迹》，也是这个地方。杜甫的诗他应该读过，对于君臣道合、鱼水恩深，他不太赞成，更不歌颂。一句"鱼水恩深祚不长"，说明了他的态度：群雄逐鹿，哪能讲什么道义？诸葛亮过于纠缠先主知遇之恩，使蜀汉国祚不可能有所绵续。所谓三汉，指前汉、后汉与蜀汉，诸葛亮希望开创汉王朝的第二度中兴，即第三次传续，终难有所作为。诗的后半段，想到历史往事，而眼前寂寞荒凉，感慨尽在不言中。

《北固晚眺》作年不详："水国芒种后，梅天风雨凉。露蚕开晚簇，江燕绕危樯。山趾北来固，潮头西去长。年年此登眺，人事几销亡。"北固山在今镇江北长江边上，是南朝时期的北防要塞，也是后人登临怀古的打卡胜地。窦常此诗大约作于春夏之间，前四句写景，风物如画。"山趾北来固，潮头西去长"两句，写山势之走向，更揭其控扼江流之重要。最后感慨时事，有所寄怀。

比较特别的是《过宋氏五女旧居》(自注：宋氏女娣五人，贞元中同入宫)：

谢庭风韵婕好才，天纵斯文去不回。

一宅柳花今似雪，乡人拟筑望仙台。

所谓宋氏五女，指贝州儒士宋庭芬五女若莘、若昭、若伦、若宪、若荀，皆有文名，德宗贞元四年（788）俱召入宫，宫中呼为女学士。窦常以谢道蕴、班婕好比喻宋氏姊妹，认为如此才女皆被召入宫，是浪费斯文，使五女最终无法尽展所负。经过旧居，见柳花似雪，乡人尚怀企慕，未免有些感慨。宋若昭墓志已经出土，比窦常尚晚去世三年。以当时人咏当朝事，诗人是需要一些勇气的。

▶ （唐）宋若昭墓志

墓志中称宋若昭为"大唐内学士"，更赞宋氏姐妹五人"其发为词华，著于翰简，虽班谢之家，不能过也"。

窦常早年在扬州幕府，就与诗人刘禹锡熟悉。后来历经风雨，刘禹锡遭遇长贬朗州的处分，居留十年。窦常与他立场有异，但私交甚好，到元和七年，意外出任朗州刺史。他在赴任路上，就迫不及待地给刘禹锡写诗《之任武陵，寒食日途次松滋渡，先寄刘员外禹锡》：

> 杏花榆荚晓风前，云际离离上峡船。
> 江转数程淹驿骑，楚曾三户少人烟。
> 看春又过清明节，算老重经癸巳年。
> 幸得枉山当郡舍，在朝长咏《卜居》篇。

松滋在荆州附近，离武陵还很远，他就给老友报信。刘禹锡参与永贞改革失败，处境艰困，窦常的到来对刘禹锡来说是意外之喜。窦诗写得也很有分寸，"江转数程"说道路艰难，"少人烟"指地境荒凉，《卜居》指刘禹锡在贬所之诗，似乎已传到京城，枉山是朗州的地标。刘禹锡立即作诗响应，有"非是溢城鱼司马，水曹何事与新诗"之句。因为窦常从水部员外郎出守朗州，刘禹锡将他比为有何水部之称的南朝诗人何逊。何逊有诗《日夕望江山赠鱼司马》，刘诗用此典而自比。后人不解，将"鱼"字改为"白"，附会当时恰巧在江州司马任的白居易，是古诗妄改的有名例子。

窦常在朗州，与刘禹锡唱和诗甚多，刘诗多存，窦诗多佚，据刘诗可以考知始末。两人唱和保持很长时间。窦改任夔州后，有诗悼妓，刘则作《夔州窦员外使君见示悼妓诗顾余尝识之因命同作》《窦夔州见寄寒食日忆故姬小红吹笙，因和之》奉和，友谊而涉及私情，可知交谊不同一般。

三　老二窦牟

　　窦牟（749—822），字贻周，是窦叔向次子。从现有文献分析，他与长兄窦常为同一年出生，很可能有一人为妾所生，具体已难追究。他于贞元二年（786）登进士第，当年为东都留守巡官。三年后，入河阳节度幕府为从事，复移镇昭义。元和间，为洛阳令，其间与韩愈交往密切。《窦氏联珠集》存韩愈佚诗一首，就是其间的访人应和之作。此后窦牟历任都官郎中、泽州刺史，官终国子司业。卒后韩愈为他撰墓志，称许他"可谓笃厚文行君子"，且说他任郎官，"令守慎法，宽惠不刻"，为国子司业，"严以有礼，扶善遏过，益明上下之分，以躬先之，恂恂恺悌，得师之道"，又称赞他的文学，"名声词章，行于京师"，几近完美。更难得的是，此方墓志近年出土于河南偃师，与传世韩集的文本稍有差异，对窦牟研究有重大意义。

　　窦牟诗存二十首，即《窦氏联珠集》所收者。首先要提到他的《奉酬杨侍郎十兄见赠之作》：

　　翠羽雕虫日日新，翰林工部欲何神？
　　自悲由瑟无弹处，今作关西门下人。

此诗前收恭王傅杨凭《窦洛阳见简篇章偶赠绝句》："直用天才

众却瞋，应欺李杜久为尘。南荒不死中华老，别玉翻同西国人。"杨凭是古文家柳宗元的岳父，元和初遭遇意外贬官。此诗作于元和七年或稍后，杨凭为恭王傅，是归京后的闲职；窦牟为洛阳令，官位不高，但很重要。窦牟先赠诗与杨凭，杨凭赞美窦诗，认为天才俊发，但不为世重，反遭嗔怪，杨凭的反应是"应欺李杜久为尘"，当代没有李、杜这样伟大的诗人，难道就可以忽略好诗吗？后两句自述南窜不死，晚年能有新的知遇。窦牟和诗称杨凭为侍郎，用杨凭遭贬前的官称，是出于礼貌。窦诗说诗文日新，文学新变是必然的，李白、杜甫的成就当然足以封为永远的神，但他们不也是刻意求新而能有所成就吗？后二句用子路鼓瑟的往事，说常自悲世无知己，得杨凭赏识，愿意奔走门下。关西，用汉关西圣人杨震故事，指杨凭。杨凭本人是大历九年状元，与弟杨凝、杨凌皆负诗名，时称三杨。二诗是五窦与三杨的一次交集，且彼此的话题涉及伟大的前辈诗人李白与杜甫，特别有意义。

窦牟的好诗可以举《奉诚园闻笛》为例。诗云：

曾绝珠缨吐锦茵，欲披荒草访遗尘。
秋风忽洒西园泪，满目山阳笛里人。

题注："园，马侍中故宅。"马侍中即马燧，唐中兴名臣，家族园林曾盛极一时。到其子马畅不能保持，乃将此园献出。马家衰败，"诸子无室可居，以至冻馁"（《旧唐书·马畅传》），此园则成为京城名区。可能窦牟早年曾得幸参访马家园池，绝缨、吐茵皆用典，写以前的胡闹与失礼。现在残坏破败，引人无限感慨。所谓"山阳笛里人"，用西晋向秀重经竹林七贤同游之处，作《思旧赋》寄予无限伤感。窦牟此诗虽用典稍多，但意境雄浑悲凉，写往事之豪纵与眼前之凄凉，寄予深沉的感怀。

四　老三窦群

窦群（760—814），字丹列。贞元初隐居常州，随著名学者啖助门人卢庇习学《春秋》，又曾撰《史记名臣疏》三十四卷，其道德学行名重一时。贞元十八年（802），京兆尹韦夏卿荐为右拾遗。到元和三年（808），升擢至御史中丞。不久出为黔南观察使，独领节镇，距他出仕仅六年而已。他显然缺乏行政历练，很快就因政事烦苛贬开州刺史。八年，授容管经略使。次年还朝，卒于道途，年仅五十五岁。窦群在五窦中官位最显，但享寿最短，一生充满传奇色彩，政治作为也颇多争议。

窦群存世最早的一首诗，是贞元四年所作《同王晦伯朱遐景宿惠山寺》：

> 共访青山寺，曾隐南朝人。问古松桂老，开襟言笑新。
> 步移月亦出，水映石磷磷。予洗肠中酒，君濯缨上尘。
> 皓彩入幽抱，清气逼苍旻。信此澹忘归，淹留冰玉邻。

这一年他还不到三十岁，出仕更是十四年后的事。诗是古体，写与友人王武陵、朱宿同游无锡惠山寺，追访古迹，作出世之想，符合他早年求学思隐的追求。二十年后，他再游寺访古，看到当年题诗，友人或存或殁，引起无限感慨。他在题记中引诗人朱放诗云："岁月人间促，烟霞此地多。殷勤竹林寺，更得几回过？"这是朱放的感慨，也是窦群的感慨，更是历朝历代无数重访旧地者的感慨，值得仔细回味。

《旧唐书》本传说窦群"性狠戾，颇复恩仇，临事不顾生死"，可能有些言之过重。他有《题剑》诗云："丈夫得宝剑，束发曾书绅。吁嗟一朝遇，愿言千载邻。心许留冢树，辞直断佞臣。焉能为绕指，拂拭谢时人！"他读过许多书，古人感恩知报及直辞言事，是他所向往的，他不愿柔媚而作绕指柔，希望能忠佞分明，好恶无隐。但实际做来，又谈何容易。

他刚入仕，德宗用他为和蕃判官，那是辛苦而危险的出使，他以一番战国策士的游说，改变了初命。继而遇到永贞革新，他的立场与反对者武元衡、羊士谔更接近，方略却是去游说革新的核心人物王叔文。他劝叔文把握形势，警惕反对者，据说叔文"异其言，竟不之用"。革新失败后，窦群接替武元衡的御史中丞职位，成为朝中重臣。元和前期宰相，武元衡与李吉甫是关键人物，无论在朝为相及出镇扬、益，皆举足轻重。窦群存诗显示他与武元衡私交密切，史则称他曾伪构李吉甫阴事，事败几遭不测，复赖吉甫护佑免祸。其间多有不可究明之事实。大约窦群既怀理想，又勇于任事，干练与圆滑尚稍有欠缺，终至两边不讨好。

再读两首窦群的诗吧。《初入谏司喜家室至》："一旦悲欢见孟光，十年辛苦伴沧浪。不知笔砚缘封事，犹问佣书日几行。"入朝为官，也将老妻接到京城。十年隐居，辛苦的是老妻（孟光就是举案齐眉故事中的妻子）。老妻不知丈夫为官要写封事（即奏章），以为还是受佣书写的旧差事。诗中既有在京为官、家室团圆的喜悦，也有追怀往事愧对老妻的歉疚，更有立朝言事的得意，足可玩味。《春雨》："昨日偷闲看花了，今朝多雨奈人何！人间尽似逢花雨，莫爱芳菲湿绮罗。"春天花期短暂，又逢多雨，花雨让人两难，也如同人间万事一样，有得就有失，如何抉择，颇费周章。引申来说，就是仕与隐的矛盾，似乎也让诗人无从决断。

五　老四窦庠

窦庠（767—828），字胄卿。最初曾应进士试，据说有感于知己一言，乃弃而为商州从事。后来长期在地方任职，做过武昌、浙西、宣歙三镇的副使，也曾权知岳州，担任过泽、登、信、婺等州刺史。仕宦经历是丰富的，人生也没有太大的波澜，能说的只有他的诗。在五兄弟中，他的诗作从形式来说比较丰富，既有五言古体，也有七言律诗与绝句，还有两首歌行，显示写诗的多方面能力。他的诗可以解说的内容很多，涉及一些特殊的朋友。如《酬谢韦卿二十五兄俯赠辄敢书情》：

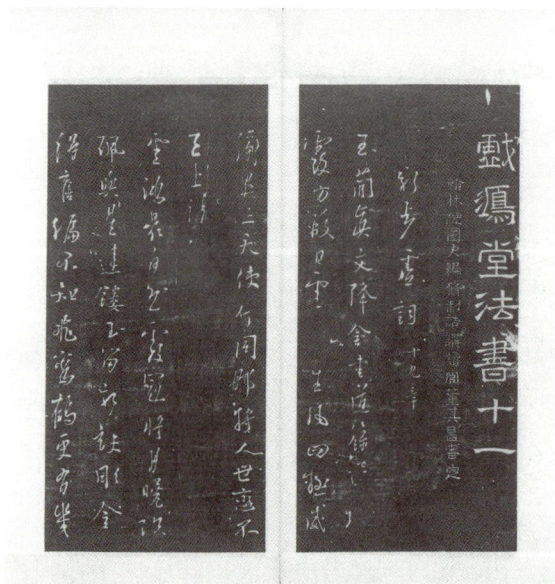

大贤持赠一明珰，蓬荜初惊满室光。
埋没剑中生紫气，尘埃瑟上动清商。
荆山璞在终应识，楚国人知不是狂。
莫恨伏辕身未老，会将筋力是王良。

这位韦卿是韦渠牟，早年曾向李白学诗，后来做过僧
人，也做过道士，所作《步虚词》有五代杨凝式的手书，赖
碑拓留存。晚年突然入仕，这时候的职务是太府卿，深受德
宗信任，一时声名鹊起，遭非议也很多。窦庠的诗透露，两
人曾有非常愉快的谈话，大约有称许，也有汲引，有知己之
感。此时韦应已颇年老，但仍精力充沛。韦诗也附《窦氏联
珠集》而存，可以对读。再如《醉中赠符载》：

白社会中尝共醉，青云路上未相逢。

时人莫小池中水，浅处无妨有卧龙。

这位符载也是中唐奇士，精于击剑，以王霸之佐自许。早年隐于青城山，又转隐庐山，时有山中四友之目。他曾入多处大镇，最特别的是在蜀中参与了刘辟的叛乱，刘败被追究，因得显宦为他辩白而脱祸。窦庠此诗不知作于何时，所谓醉中所赠，颇见玄机，即"青云路上未相逢"，是说彼此都不得意，"时人莫小池中水"，是说没有得到历练的机会。最后以卧龙（诸葛亮）来比况，认为王佐之才随时都可以有所作为。符载存诗不多，存文甚多，值得关注。再如《段都尉别业》：

曾识将军段匹磾，几场花下醉如泥。

春来欲问林园主，桃李无言鸟自啼。

这是对一位段姓将军的怀念。诗人早年曾与段将军认识，段匹磾是用晋代名将来代称，曾在段家别业多次饮醉酣眠。时光迁移，段早已仙逝，林园依旧，只是换了主人，令人有物是人非之感。"桃李无言鸟自啼"，将诗人的许多感伤传达出来，有此时无声胜有声的深意。

此外，《冬夜寓怀奉寄翰林王补阙》："满地霜芜叶下枝，几回吟断《四愁诗》。汉家若欲论封禅，须及相如未病时。"是贞元末写给翰林学士王涯的，似乎当时曾有封禅之议。《窦氏联珠集》结集时，王涯已因甘露事变被杀，且遭大逆之罪名。估计褚藏言未必知道王补阙是王涯。《酬韩愈侍御登岳阳楼见赠》写于永贞元年(805)韩愈因新皇登基而迁改江陵之际,诗颇长,对了解韩愈很重要,这里不作展开。

六　幺弟窦巩

窦巩(772–831),字友封。元和二年(807)登进士第,一生大部分时间都在节度使幕府中,仅敬宗时期曾入朝为官。他是窦向五子中才分最好的一个,善谈谑,但微有口吃,士友谈议之间,常吻动而言不出口,众或呼为"吃巩",或称"嗫嚅翁"。他尤善绝句,时称友封体,白居易在《与元九书》中曾称窦七、元八绝句可以与张籍古乐府和李绅新歌行并传不朽。褚藏言也称他"遇境必言诗,言之必破的,佳句不泯,传于人间",五代张昭也在《窦氏联珠集》附跋中称"巩嗫嚅,诗一何神妙"。

窦巩诗存三十九首,是五窦存诗最多的,虽然与前述他在中唐的诗名来说,还是少了一些,成不了重要诗人,但仔细阅读,可以发现存诗中确有许多好诗。

《赠阿史那都尉》:"校猎燕山经几春,雕弓白羽不离身。年来马上浑无力,望见飞鸿指似人。"诗写英雄迟暮,已经全身无力,不再能够控马,但看见飞鸿,想到一生豪情,仍忍不住指点告人。诗意与刘禹锡《始闻秋风》中"雕盼青云睡眼开"的意境相同。

《代邻叟》:"年来七十罢耕桑,就暖支羸强下床。满眼儿孙身外事，闲梳白发向残阳。"为儿孙操劳一生的老人，早已无力耕桑，下床都很吃力，但略事梳洗，独立斜阳，仍然表达对人生的留恋与美好的向往。

《寄南游兄弟》：

> 书来不报几时还，知在三湘五岭间。
> 独立衡门秋水阔，寒鸦飞去日衔山。

宋元间许多选本都选此诗，确实是境界开阔、感情真挚的好诗。兄弟南行，久候无信，只知道在三湘五岭的广阔天地间。他写自己独守陋庐，眼前是秋水浩渺，没有涯涘，举目远望，寒鸦独行，远山衔日，望极天涯，思绪难已。这样的画面传达出的思念之情，言有尽而意无穷。

《宫人斜》："离宫路远北原斜，生死恩深不到家。云雨今归何处去？黄鹂飞上野棠花。"宫人斜是唐代埋葬宫女的墓地，歌咏很多，窦巩此首很特别。宫女在宫中最为卑微，因曾服侍帝王，死后仍不能归葬旧家，官方的解释是君皇恩深。云雨典出宋玉《高唐赋》，写君主的雨露之情。诗说到恩深，马上急转，皇家的恩德还在吗？窦巩看到的墓地是一片荒凉，开满野棠花，宫人的生命与往事早已不被人省记。"黄鹂飞上野棠花"要展示的则是春回大地，新的生机又蓬勃昭回，既包含对往事的感慨，又包含对君王移情的无奈。以画面传达难以表达的情怀，这是诗人的高明之处。

《自京师将赴黔南》："风雨荆州二月天，问人初雇峡中船。西南一望云和水，犹道黔南有四千。"此诗作于将赴黔中探视其兄窦群之际。唐代往黔中，经荆、湘西行，路途极其遥远。窦巩曾到荆州，已经是极远的去处，此时风雨如晦，行路不便，即使如此，过荆州后仍有无尽云水，令人生畏。

《放鱼》：

> 金钱赎得见刀痕，闻道禽鱼亦感恩。
> 好去长江千万里，不须辛苦上龙门。

此诗作于武昌，那时他是节度使元稹的副使。可能当地有赎鱼放生的习俗，他所见者则曾经刀砧，身见伤痕，买鱼放生，是修行者的功德，当然会联想到鱼也会感恩。诗的后二句语气急转，说既归江河，就放心远去，江流万里，任鱼畅游，何必再去挣扎着赶跳龙门，辛苦憔悴，有什么必要呢？从放鱼联想到人生，可确定这是窦巩晚年所作，对奔走仕途的人生充满悔恨之意。

七 余说

唐代社会处于士庶过渡的转型时期，世家大族在文化与政治上仍有较特殊的地位，许多家族都曾编次家集，以显荣光。家族的文化传承也在文化发展过程中显示出明显的优势。绵历千年，这些家集大都失传，仅有局外人褚藏言所编的这部《窦氏联珠集》得到意外的编次和流传，让我们可以看到一个文化家族鼎盛时期的部分面貌。

五窦的成名首先应该感谢他们的父亲窦叔向。文献零落，很难完整钩稽窦叔向的文学经历。就存诗推测，虽然仕途说不上发达，但窦叔向与大历时期的一流诗人有较多的交往，自己也努力提升诗歌境界，相信这些都曾言传身教，传达于他的五个儿子，成就家族的辉煌。

本文为篇幅与体例所限，不能全面分析五窦完整的人生经历与存世作品，举例分析，可以看到五兄弟个性有很大不同，所作诗的致力方向与成就也略有差异。异中有同，即五兄弟彼此关系尚称良好，窦巩甚至曾不辞路途遥远到黔中省兄，互相唱和也很频繁。诗歌成就，以窦巩最好，诸兄所作也都有可称，相信彼此之间的交流激励是必不可少，且十分重要的。

家族文学是最近二三十年文史研究的热点，仅述此以助兴。

韩愈在汴州

　　韩愈以德宗贞元八年（792）登进士第。这一榜知举者为名臣陆贽，同榜者后来大多声名显赫，世称龙虎榜。这是后人的说法。韩愈接着连续三年参加制科考试，三年连续下第，不免有挫折感。挫折归挫折，他仍自诩不凡，只是在等待高人，等待机会。《应科目时与人书》认为，自己若得不到机会，"盖寻常尺寸之间耳"；如果得到机会，则"变化风雨，上下于天不难也"。这是何等不凡的胸怀。他也说到，官场有力者肯帮助自己，仅是"一举手一投足之劳"，多数有力者，对自己皆"熟视之若无睹也"。就在这期间，真有位大人物决定重用他，这个人是董晋，做过宰相，是新任命的宣武节度使，给韩愈的职位是推官，在大镇文职幕僚中可以排到五六位。对还没有任何历练的韩愈来说，不算委屈。干吗？干吧！

一 追随董晋进入兵乱后的宣武镇

宣武节度使的治所在汴州（今河南开封），是唐王朝在东都以东最重要的节镇之一。如同近代京广线开通前，开封地位高于郑州。唐代的宣武，不仅控扼运河自江南往两京的咽喉，且因其西望京洛，北接相卫、魏博，东连东平、淄青，是四战必据之地，说是唐王朝命脉之所在，也不为过。从贞元初名将刘玄佐帅汴，宣武镇就处于军将自立不受代的半割据状态。玄佐在镇八年，卒，朝廷任命外戚吴凑出镇，凑惧军中拒命，中道而回。朝廷只能任命玄佐子士宁为节度使。一年半后，军乱，军中拥立副使李万荣，朝廷再次接受。贞元十二年，李万荣病风将死，其子李迺煽动士兵作乱，为都

▶ 唐代汴州地理位置示意图
参考谭其骧主编《中国历史地图集》绘制。

虞候邓惟恭与监军俱文珍携手平定，送赴京师。邓惟恭认为自己有功，应该继掌节帅，这时朝廷宣布以旧相董晋为节度使。

董晋虽是文官出身，但内外履历完整，有过领军、领镇的经历，曾为宰相四年，有识见，有决断。危急时刻，朝廷起用在洛阳谪居的他任宣武节度使，是希望他能稳住此一方重镇。贞元十二年七月，董晋受命，几天内组成幕府班底，立即出发。韩愈的具体职务是观察推官，实际兼军事参谋兼掌书记，责任重大。

董晋携幕僚赴镇，也就十多人，不自带军兵，立即赴镇。韩愈在《董公行状》中述董晋赴镇之勇决果敢云：

> 公既受命，遂行。刘宗经、韦弘景、韩愈实从，不以兵卫。及郑州，逆者不至，郑州人为公惧，或劝公止以待。有自汴州出者言于公曰："不可入。"公不对，遂行，宿圃田。明日，食中牟。逆者至，宿八角。明日，惟恭与诸将至，遂逆以入郛，三军缘道欢声，庶人壮者呼，老者泣，妇人啼，遂入以告。

因为已经有过两次朝廷任命的节度使惧不敢入的先例，董晋遂慷慨成行。郑州是邻州，郑州人知道汴州军人跋扈，劝董晋暂且坐观进退，若董晋接受了劝告，即是知怯，绝不可能成功。从汴州出来的知情者，也警告不可入。其后三日，经圃田、中牟、八角，已经接近汴州城郭，城中诸军将方出而相迎。可以说两方相逢勇者胜。董晋一往无前的气势，吓退了城中军将的图谋，只能出而迎接。所述"三军缘道欢声，庶人壮者呼，老者涕，妇人啼"，虽然有所夸张，其实就是刘禹锡在闻听平定淮西以后，所写诗中"忽惊元和十二载，重见天宝承平时"(《平蔡州三首》其二)的意思。在经历十多年军府自立后，天子任命的节度使终于到任了。董晋此行，颇有乾坤一掷的气概，韩愈是同行者，他也在用生命赌明天。他的叙述，是亲历者的记录。

董晋在汴州任上，实际时间是两年半多一点点。史称四年，是就跨及四个年头而言。董晋在汴州的政绩，韩愈《董公行状》及《旧唐书》本传皆有叙述，最重要的记载则是张籍的《董公诗》。此诗作于董晋生前，曾被白居易称许"可诲贪暴臣"(《读张籍古乐府》)。诗很长，不能全录，述其要点。其一，"慈惠安群凶"，即以宽和的态度安抚屡次叛乱的军将："公谓其党言，汝材甚骁雄。为我帐下士，出入卫我躬。汝息为我子，汝亲我为翁。众皆相顾泣，无不和且恭。"你们在我属下为军将，你的家人就是我的家人，使军人们为之感泣。其二，本人节俭，理政也轻刑薄赋。"所忧在万人，人实我宁空"，为州人忧虑，不为自己着想。在他治下，"四郡三十城，不知岁饥凶"。其三，董公得政，天子放心。"天子临朝喜，元老置在东。今闻扬盛德，就安我大邦"，大邦安定，盛德广播海内外。张诗最后说："昔者此州人，但矜马与弓。今公施德礼，自然威武崇。公与其百年，受禄将无穷。"即汴人崇尚武力，由来已久，董晋以德为政，移风易俗，如果能长久以往，当然可以改变一切。董晋赴任时已经七十三岁，在唐代说来是很老了。百岁当然是人人的理想，可惜人命毕竟难敌金石，这仅是诗人的愿望，所见说不上深刻。

从具体措施来说，董晋剪除了军中的潜在威胁。《旧唐书》本传说都虞候邓惟恭"心常怏怏，竟以骄盈慢法，潜图不轨，配流岭南"，即削弱军头的势力。又说："朝廷恐晋柔懦，寻以汝州刺史陆长源为晋行军司马。"以陆为辅佐，有以强辅柔之意。陆这时也近七十岁了，大约在十二年夏秋间就任。如果说张籍认为董晋安定地方得法，其中也应包含陆长源的成就。

二　韩愈为宦官俱文珍作序、诗

今人谈韩愈在永贞革新期间的立场，常举他的这篇《送汴州监军俱文珍序并诗》为例，认为他求媚于宦官，反对变革。其实这篇序和诗，皆作于贞元十三年春，是应董晋要求而作，其时距离永贞内禅还有八年，韩愈不可能预先知道俱文珍入朝后成为宦官首领，及在朝政剧变时期发挥关键作用。同时，我们也必须理解唐代地方州军治理中，文武官任节帅，掌控军政，宦官代表皇帝，监督军政，节帅要有所作为，必须搞好与宦官的关系。对此，韩愈看得很明白。序中首先说到"今之天下之镇，陈留为大。屯兵十万，连地四州，左淮右河，抱负齐楚，浊流浩浩，舟车所同"，关涉天下安危，无论节帅与监军，天子皆选最信任者担任。韩愈是就董晋与俱文珍之任职而言，故意不提以往的多次叛乱。称赞俱文珍，则说："故我监军俱公辍侍从之荣，受腹心之寄，奋其武毅，张我皇威，遇变出奇，先事独运，偃息谈笑，危疑以平。天子无东顾之忧，方伯有同和之美。"就当时情况来说，这一评价不算过分。董晋到任前，俱文珍联合邓惟恭平定李洒之乱，使朝廷可以命重臣出镇。董晋到任后，能够贬逐邓惟恭，清除军队内乱的祸根，肯定也得到俱文珍的支持。俱文珍归朝，董晋命幕府群僚皆出钱行，自是人之常情。韩愈受嘱作诗，更是职务行为。诗云：

奉使羌池静，临戎汴水安。冲天鹏翅阔，报国剑铦寒。
晓日驱征骑，春风咏采兰。谁言臣子道，忠孝两全难。

其中首二句，肯定俱文珍在吐蕃平凉劫盟事件和汴州平乱中的贡献。然后称赞他的报国业绩，继而转入送别，以人臣难以忠孝两全为结。这是场面上的诗作，不必求之太深。

应该说明，此篇诗及序，见于《昌黎先生外集》，是宋人搜罗而得，韩愈本人似乎并未留稿，大约也估计到会引起后人之议论吧！

昌黎先生外集目録

第一卷
明水賦
芍藥歌
海水
贈崔立之
贈河陽李大夫
苦寒歌
請遷玄宗廟議

第二卷
上賈滑州書
上考功崔虞部書
與少室李拾遺書
答劉秀才論史書
與大顛師書

第三卷
送汴州監軍俱文珍序
送浮屠令縱西遊序

▼ **南宋廖氏世彩堂本《昌黎先生外集》目录书影**
中国国家图书馆藏

昌黎先生外集卷第三
送汴州監軍俱文珍序 并詩

今之天下之鎮陳留爲大，故曰陳留屯兵十萬連地四州，四州隸焉，左淮右河，抱負齊楚，濟濟浩浩，車所同故，自天寶已來，當藩垣屏翰之任，藏所有弓矢鐵鉞之權，皆以之元臣天子所，左右其監統，中貴必材雄德茂，榮耀寵光，能俯達人情，仰諭天意者，然後爲之，故我監軍俱公威遇變，出奇先事，獨運偓息，談笑尤疑，我皇威遇變，以平危疑，或天子無東顧之憂，方伯有同和，之美十三年春，將如京師，相國隴西公飲餞，之也，於青門之外，或青……字，謂功德皆可歌之也，命其屬咸作詩以鋪繹之，詩曰：奉使羌池，靜臨戎汴水安……冲天鵬翅……

▼ **（唐）韩愈《送汴州监军俱文珍序》书影**
选自《昌黎先生外集》，明代徐氏东雅堂翻刻南宋廖氏世彩堂本

三 诗人孟郊：旧友新谊，向李杜看齐

孟郊比韩愈年长十七岁，因韩愈登第在前，两人关系又极其腻密，一直视如兄弟。韩愈随董晋入汴，孟郊有《送韩愈从军》诗宠行，称赞他"坐作群书吟，行为孤剑咏"，从军而不改书生本色。最后几句说：

> 王师既不战，庙略在无竞。王粲有所依，元瑜初应命。
> 一章喻橄明，百万心气定。今朝旌鼓前，笑别丈夫盛。

引前代以书记从军的诗人王粲、阮瑀相期，祝他随董晋幕府，不战而屈人，能成就一番大事业。

孟郊于韩愈赴汴前不久，刚刚进士登第，对他这样久困科场，年逾四十六岁的诗人来说，高兴得一度失去理智，所谓"春风得意马蹄疾，一日看尽长安花"，就表述这种心情。不过冷静下来，才发现从登第到除官，还有很长的路要走。东归途中，他在汴州，作为比韩愈官高的宣武行军司马陆长源的客人，住过一段时间。他在几年前，曾到汝州看望过刺史陆长源，留下《汝州南潭陪陆中丞公燕》《汝州陆中丞席喜张从事至同赋十韵》等诗。他在汴州，称陆为主人，也有过几次唱和，今存陆诗即赖孟集附录而保存。

韩愈与孟郊相识已久，各怀高远的理想。首先是诗歌，他们共同确认前代诗人以李白与杜甫最为伟大，怀有追踪李

杜、开拓新境的理想。《醉留东野》：

> 昔年因读李白、杜甫诗，长恨二子不相从。吾与
> 东野生并世，如何复蹑二子踪。东野不得官，白首夸龙
> 钟。韩子稍奸黠，自惭青蒿倚长松。低头拜东野，愿得
> 终始如骅骝。东野不回头，有如寸莛撞巨钟。吾愿身为
> 云，东野变为龙。四方上下逐东野，虽有离别无由逢。

因为是醉后所言，不妨有些大言。这时距离杜甫去世还不
到三十年。韩愈说昔年曾读二人诗，至晚也是他贞元初到
长安应试时，这也是编年史上所见最早将李白、杜甫放在
一起议论的记录之一。"长恨二子不相从"，似乎有惜于二
人间来往太少。但若与韩愈后来所作《调张籍》放在一起
看，也很遗憾自己与李白、杜甫没有生活在同一时代。所
幸有孟郊，有孟郊也就够了。他的诗反复纠缠，说自己如
同"青蒿倚长松"，绝不会放过与孟郊共同努力的机会，即
便云龙变化，出入六合，也要常与孟郊在一起。这是醉话，
也是心声。

《答孟郊》也作于同时：

> 规模肯时利，文字觑天巧。人皆余酒肉，子独不能饱。
> 才春思已乱，始秋悲又搅。朝餐动及午，夜讽恒至卯。
> 名声暂膻腥，肠肚镇煎炒。古心虽自鞭，世路终难拗。
> 弱拒喜张臂，猛拏闲缩爪。见倒谁肯扶，从嗔我当咬。

这里用嬉笑怪嗔的笔法，写出孟郊的生存状态和诗风特点，因为关系好，譬喻怪奇偏激一些也没有问题。

这里当然还要讲韩、孟之间的唱和。两人共同癖好，是喜欢写联句诗。在汴州写有《远游联句》，其间李翱也有参与，不过仅写"取之讵灼灼，此去信悠悠"，就被两人甩开了，似乎还不太适应这种类似游戏的文学活动。诗因孟郊将要南行而作，故起句孟郊就说："别肠车轮转，一日一万周。"极尽夸张能事。韩愈接："离思春冰泮，澜漫不可收。"即景取喻，颇为奇妙。诗很长，也很难分析。最后，韩愈说："名声照四海，淑问无时休。归哉孟夫子，君归无夷犹。"是说孟郊名遍天下，仍不断给自己以关心。最后说到送别，你不必担心，放心地走吧。

事实证明，孟郊的担心是有根据的。汴州乱后，韩愈生死未明之际，他有诗《汴州离乱后忆韩愈李翱》：

> 会合一时哭，别离三断肠。残花不待风，春尽各飞扬。
> 欢去收不得，悲来难自防。孤门清馆夜，独卧明月床。
> 忠直血白刃，道路声苍黄。食恩三千士，一旦为豺狼。
> 海岛士皆直，夷门士非良。人心既不类，天道亦反常。
> 自杀与彼杀，未知何者臧。

这里，他想到分别时的情景，感慨以往的欢悦可能再也没有了，忠直之人死于叛乱，道路的议论则各说各的话。他说的"海岛士"指田横五百士，生死以之，不计得失；"夷门士"

从典故说是信陵门下士，这里已经顾不上用典，而是直斥汴州军将之无良，不知食德感恩，为此豺狼之行。孟郊的反应是激烈的，朋友的安危不能不萦系于怀。

四　诗人张籍：以道义相期的终生"迷弟"

孟郊是旧友，张籍则是韩愈在汴州认识的新友。张籍出生之年，至今难以明确，一般估计比韩愈小一两岁。张籍在韩愈卒后，作《祭退之》诗述二人之初识：

> 籍在江湖间，独以道自将。学诗为众体，久乃溢笈囊。
> 略无相知人，黯如雾中行。北游偶逢公，盛语相称明。
> 名因天下闻，传者入歌声。公领试士司，首荐到上京。
> 一来遂登科，不见苦贡场。观我性朴直，乃言及平生。
> 由兹类朋党，骨肉无以当。

张籍是苏州人而居于和州乌江（今安徽和县），自诩诗兼众体，苦于在朝无相知相识者。他北行到汴州，是贞元十三年，也不知什么原因，到第二年方与韩愈相识。恰好韩愈以节度推官的身份主持汴州的进士解送，特别欣赏张籍，置于首荐。这年秋张籍赴京试礼部，第二年就高中进士，也就是"一来遂登科"。是否韩愈的推荐就如此管用，还真无法判断，张籍终生记得韩愈的好，也是事实。

韩、张之间在汴州有诗来往。如张籍有《寄韩愈》，首云"野馆非我室，新居未能安。读书避尘杂，方觉此地闲"，估计是韩愈为他安排在远郊的所居，远离尘嚣，可以读书。他再说："出林望曾城，君子在其间。戎府草章记，阻我此游盘。"可惜韩愈忙于公务，没有时间相约同游，自己只能引颈遥望。韩愈有《病中赠张十八》诗赠张籍，有几句说到对张诗的评价："籍也处闾里，抱能未施邦。文章自娱戏，金石日击撞。龙文百斛鼎，笔力可独扛。谈舌久不掉，非君亮谁双。"这时张籍还仅是布衣，有能力而无助于国事。诗文嘛，写得再好也只能自娱自乐。韩愈看到了他的诗文的力量与追求，且认为当世与自己可以谈得来的，也只有张籍了。极尽推崇，可以仔细体味。

更重要的是两人之间两次往复的书信。

《五百家注韩昌黎集》卷一四有张籍《遗公第一书》，提出当今"世俗陵靡，不及古昔"，根本原因在于"圣人之道废弛之所为"。他认为自秦灭学后，"汉重以黄、老之术教人，使人浸惑"；汉末以来，"西域浮屠之法入于中国"。"天下之言善者，惟二者而已矣"，他建议韩愈能够继承孟轲、扬雄的学说，"盍为一书以兴存圣人之道，使时之人、后之人知其去绝异学之所为乎"，应该写书以明儒学正道。希望韩愈"绝博塞之好，弃无实之谈，弘广以接天下士，嗣孟轲、扬雄之作，辩杨、墨、老、释之说，使圣人之道复见于唐"。这里，是挚友以天下道义为期的殷切之谈。张籍认为自己的能力与影响都不及韩愈，希望韩愈起而挽回儒学之颓势。韩愈《答张籍书》首先感谢张籍的建议，并说自己关心于此已经多年：

> 仆自得圣人之道而诵之，排前二家有年矣。不知
> 者以仆为好辩也，然从而化之者亦有矣，闻而疑之者
> 又有倍焉。顽然不入者，亲以言谕之不入，则其观吾书
> 也，固将无所得矣。为此而止，吾岂有爱于力乎哉？然
> 有一说：化当世莫若口，传来世莫若书。又惧吾力之未
> 至也。三十而立，四十而不惑，吾于圣人，既过之犹惧
> 不及，矧今未至，固有所未至耳，请待五六十，然后为
> 之，冀其少过也。

这时韩愈刚过三十岁，认为自己入世还不深，已经做过许多
努力，从而化之者是愿意接受的人，更多是闻而疑之者，即
将信将疑的人，至于顽然不入者，你永远也别想改变他们，
这是社会的大多数人。韩愈希望到五六十再著书立说，见解
深刻，减少偏失，以传后世。张籍再致第二书，认为"士之
壮也，或从事于要剧，或旅游而不安宅，或偶时之丧乱，皆
不皇有所为，况有疾疚吉凶虞其间哉？是以君子汲汲于所欲
为，恐终无所显于后。若皆待五六十而后有所为，则或有遗
恨矣"。人生短暂，充满不确定因素，君子第一要义是显名
于后，一定要到五六十岁以后方有所论述，难免会有所遗
憾。韩愈作第二书回复，感谢张籍"意欲推而纳诸圣贤之
域，拂其邪心，增其所未高，谓愈之质有可以至于道者，浚
其源，导其所归，溉其根，将食其实"。朋友如此以圣贤、

道义相期于自己，心存感激。也说出为难之处：

> 二氏之所宗而事之者，下及公卿辅相，吾岂敢昌言
> 排之哉？择其可语者诲之，犹时与吾悖，其声嗷嗷。若
> 遂成其书，则见而怒之者必多矣，必且以我为狂为惑。

即举世迷惑于佛道二教，上自公卿，下及庶民，若公然反
对，必遭遇许多不虞之祸。又说二教盛行中国，"盖六百
年有余矣。其植根固，其流波漫"，非一朝一夕可以改变。
又说：

> 自文王没，武王、周公、成、康相与守之，礼乐
> 皆在。及至乎夫子，未久也；自夫子而至乎孟子，未久
> 也；自孟子而至乎扬雄，亦未久也。然犹其勤若此，其
> 困若此，而后能有所立，吾其可易而为之哉！

这里已经提到了道统流传之体系，更认为前代圣贤不仅勤于
弘道，更经历了常人难以想象的困境，方能有所成立。自己
有理想，也明白不会轻易地获得成功。彼此的交流，透露韩
愈倡导儒学、排诋佛老的心路历程。张籍的敏锐与鼓励，最
终造就韩愈成为思想史上的巨人。

　　一般人之印象，张籍仅仅是个诗人，算不上思想家。从
以上二信可以理解，虽然他那时只是一位赴考的进士，但心
怀改变世道人心的宏愿，并希望韩愈来有以完成。而韩愈最

▶ （明）文徵明《小楷韩柳文》（《原道》篇局部）
台北故宫博物院藏

著名的弘道宣言《原道》等文，今人都认为作于贞元后期，当与张籍的督促有关。从汴州相识，到韩愈去世，两人的友谊终身不变，不仅因为诗，更因为文章道义。还有一层，张籍脾气好，对韩愈绝对信任。韩愈是一个个性张扬的人，他的喜怒哀谑，一切都可以向张籍倾诉。对张籍来说，随便你怎么喷，我绝对不生气。有这样的朋友，是韩愈的幸运。

就在张籍欢庆进士登科，杏园欢会之时，汴州城中因董晋去世，发生血腥政变，韩愈经历了此生最惊心动魄的死里逃生。

五　董晋身后汴州兵变，韩愈偶然逃脱及其真相

贞元十五年二月初，董晋在任上去世，得年七十六。仅仅七天后，汴州兵变，杀留后陆长源、判官孟叔度等人。

汴军为什么叛乱？《旧唐书·董晋传》认为："(董)晋谦恭简俭，每事因循多可，故乱兵粗安。长源好更张云为，数请改易旧事，务从削刻。晋初皆然之，及案牍已成，晋乃命且罢。又委钱谷支计于判官孟叔度。叔度轻佻，好慢易，军人皆恶之。"是说陆、孟二人因为改易削刻、轻佻慢易而激起兵变，要负一定责任，被杀是咎由自取。从韩愈、孟郊、张籍等人的诗文来看，似乎并不是这么回事。

韩愈《董公行状》云经过董晋与其幕僚诸人之施治，汴州已经"职事修，人俗化，嘉禾生，白鹊集，苍乌来巢，嘉瓜同蒂联实。四方至者归以告其帅，小大威怀。有所疑，辄使来问；有交恶者，公与平之"，这是四方共同的观感。但在此同时，董晋"累请朝，不许。及有疾，又请之，且曰：'人心易动，军旅多虞，及臣之生，计不先定，至于他日，事或难期。'犹不许"，董晋已经看到军心不稳，自己在世还压得住，自己身后实在无法预料。韩愈进一步说："公之将薨也，命其子三日敛，既敛而行。于行之四日，汴州乱。故君子以公为知人。"即董晋临死前，已经料到兵乱不可避免，让其子以最快的速度处理后事，三日成敛后立即启行。是

他已知汴兵必叛之势，以他的余威，仅足维持数日之太平。韩愈因为偶然的原因，送董晋灵柩出城，逃过此劫，纯属幸运。

韩愈作《汴州乱二首》：

> 汴州城门朝不开，天狗堕地声如雷。
> 健儿争夸杀留后，连屋累栋烧成灰。
> 诸侯咫尺不能救，孤士何者自兴哀！
>
> 母从子走者为谁？大夫夫人留后儿。
> 昨日乘车骑大马，坐者起趋乘者下。
> 庙堂不肯用干戈，呜呼奈汝母子何！

这是乱后不久的诗作，大夫、留后皆指陆长源，昨日还风光无限，须臾间死于兵乱。房屋连栋被烧，留后及幕官阖家被杀，动乱规模很大。责任在哪里？韩愈一说是"诸侯咫尺不能救"，即邻镇坐见汴兵嚣张，无动于衷；二说是"庙堂不肯用干戈"，即朝廷长期与方镇苟且偷安，使汴军拒绝朝廷命帅，只有军中拥立，方能接受。

韩愈更有《此日足可惜一首赠张籍》，说明自己在兵乱之际的遭际，这是其中相关的一节：

> 闻子高第日，正从相公丧。哀情逢吉语，怊怅难为双。
> 暮宿偃师西，徒展转在床。夜闻汴州乱，绕壁行傍徨。

我时留妻子，仓卒不及将。相见不复期，零落甘所丁。
骄女未绝乳，念之不能忘。忽如在我所，耳若闻啼声。
中途安得返，一日不可更。俄有东来说，我家免罹殃。
乘船下汴水，东去趋彭城。从丧至洛阳，还走不及停。
假道经盟津，出入行涧冈。日西入军门，羸马颠且僵。
主人愿少留，延入陈壶觞。卑贱不敢辞，忽忽心如狂。

诗写给张籍，前面讲到许多往事。这里说他护董晋丧车西行，到达偃师以西，即距离洛阳还有一日行程时，先听闻张籍及第，悲喜交集。当晚汴州兵变消息传来，彻夜无法入眠。他离汴时，并没有带上家人。这时跟随他的家人有三十多人，最惦念的是妻与子，还有未断奶的幼女。他这时负有为董晋护丧的责任，一步也离不开，想到幼女的哭声，真是无从自己。所幸后续消息很快也传来，他的家人没有遭遇屠戮，已经脱祸离开汴梁，乘船沿汴水东下，先避地徐州。可以稍微放些心了，但仍魂不守舍，毕竟家人到徐州如何安顿，还得自己去张罗。诗里透露，韩愈送丧至洛阳，对董家有所交待后，立即假道盟津，入河阳军，然后转奔徐州。因为他与徐州节度使张建封还有一些交集，此后得以在徐州幕府暂栖。

孟郊有《吊国殇》：

徒言人最灵，白刃乱纵横。谁言当春死，不及群草生。
尧舜宰乾坤，器农不器兵。秦汉盗山岳，铸杀不铸耕。

> 天地莫生金，生金人起争。

这里用《唐文粹》卷一五下的文本，与孟集所载颇多不同。此诗应该是为陆长源而作，从"白刃乱纵横""谁言当春死"等句可以明白。孟郊与陆长源交谊最厚，对陆为国死难，身后还遭遇污名，似乎兵乱是因陆失政而引起，更感不满。他甚至骂到秦汉以来对暴力得胜者之歌颂，可见怨愤之深。

从韩愈诸诗文中，还可以读出汴乱的一些真相。他为董晋子董溪所撰墓志中说：

> 太师（董晋）之平汴州，年考益高，挈持维纲，锄削荒颣，纳之太和而已，其囊箧细碎，无所遗漏，繄公之功。上介尚书左仆射陆公长源，齿差太师，标望绝人，闻其所为，每称举以戒其子。杨凝、孟叔度以材德显名朝廷，及来佐幕府，诣门请交，屏弃所挟为。

颂赞董溪助父理政的同时，对遇害的陆、孟二人评价颇高，皆属助董治汴的关键人物。

韩愈《送湖南李正字归湖南序》云，李础之父曾与他同在汴幕，"以侍御史管汴之盐铁"。"军乱，军司马、从事皆死，侍御亦被谗，为民日南"，即汴幕被杀者外，李础父也得罪贬窜到今越南境内。是朝廷无力追究叛乱者的罪责，反让被害者与同幕者承担罪责。

韩愈《韩弘碑》载，汴州经过多次反复，"军中皆曰：'此军司徒所树，必择其骨肉为士卒所慕赖者付之，今见在人莫如韩甥，且其功最大，而材又俊'"，司徒指刘玄佐，曾领汴军八年，韩弘是玄佐妹之子，故称韩甥。即汴军只认刘家之宗人，不接受朝廷委派之军帅。汴乱之根本，也即在此。此后韩弘领镇二十一年，平安无事。

余说

从贞元十二年七月到十五年二月，韩愈在汴州度过了两年半时间。这是他进入仕途的第一份工作，走的也是中晚唐士人从幕府出发的习惯道路。在这两年半中，他经历了太多的事情，也理解了国家存在的严重问题与朝廷的苟且无为。当然，他也学到了许多，董晋之公忠体国、一往无前，以及处理政事时的柔软身姿，和对潜在危机的准确预判，他皆有切身体会。他接待了路过暂住的孟郊，增进了友谊，也表达了可以长期合作竞争的愿望。他认识了有才分也很有社会担当的诗人张籍，凭借自己的权力首荐张籍入礼部就试，张籍也很争气，一举高中，彼此友谊维持了一生。更惊心动魄的是，他在护送董晋灵柩归洛时听闻汴州兵变，昔日之同官全家惨遭屠戮，自己家人也几落贼手，更看到事后朝廷之不负责任。陆长源年纪也在七十左右，是旧相之孙，他在遇害当日被任命为节度使，当然是出自董晋的推荐。怎么可以说董晋有所施为，一切都好，陆长源仅接手几天，就铸成大错？

其实汴军积恶成习，利益熏心，毒蜂成窠，无视皇权，有重臣在还能维持，重臣一死就旧态复萌。朝廷知道平叛要依靠实力，国家偏偏不具备这个实力，最简单的办法就是让遇害者承担责任，让继任者尽量在叛军与朝廷间保持平衡。这些，韩愈都看到了，有愤懑也无从发声，只留下若干闪烁其词的片段。将这些现象梳理清楚，可以体会他在经历此番剧变后，对人生有了更深切的体悟。他在此后一系列论著中倡导恢复儒家道统，讲求夷夏之分，力求在根本上改变社会文化现状，汴州的这段经历是很重要的。

韩愈的最后时光

有生必有死，再伟大的人物都不可避免地要面对死亡。韩愈幼孤，靠兄嫂抚养长大。从家人到朋友，见到了太多的死亡，他恪尽后死之责，留下许多动人的文字。由于早失怙恃，南北奔走，他的身体一直不是太好，很早就觉得自己早衰。活到虚岁五十七岁，他已经很感到意外，他在生命最后时刻之从容镇定、守道不移，也都留下了可贵记录。

一　韩愈之多病与早衰

著名的《祭十二郎文》作于贞元十九年（803），先说到去年有书信给十二郎，说到自己之衰惫：

> 去年孟东野往，吾书与汝曰："吾年未四十，而视茫茫，而发苍苍，而齿牙动摇。念诸父与诸兄，皆康强而早世，如吾之衰者，其能久存乎！吾不可去，汝不肯

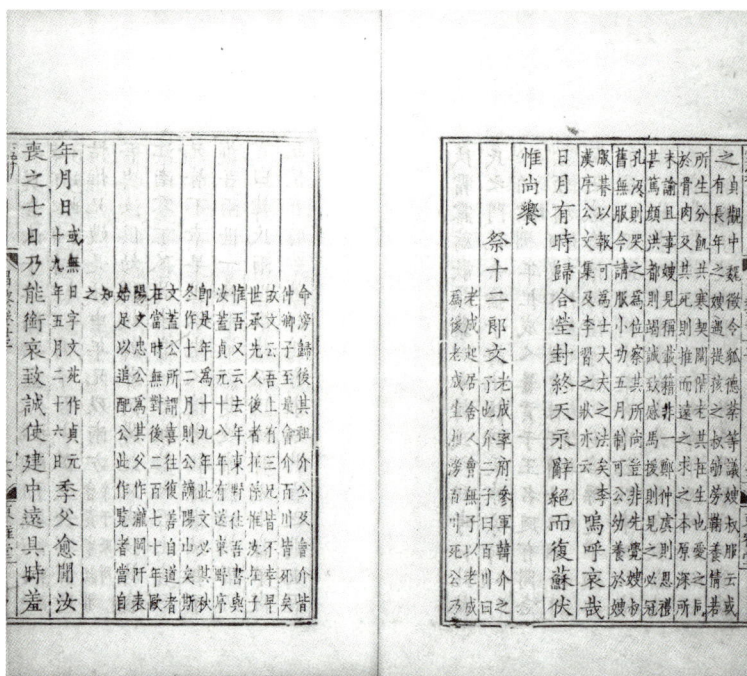

▶ （唐）韩愈《祭十二郎文》书影

选自《昌黎先生集》，明代徐氏东雅堂翻刻南宋廖氏世彩堂本。

来，恐旦暮死，而汝抱无涯之戚也。"孰谓少者殁而长者存，强者夭而病者全乎！

谈到因十二郎死而对家族前途的忧虞：

虽然，我自今年来，……几何不从汝而死也！死而有知，其几何离；其无知，悲不几时，而不悲者无穷期矣。汝之子始十岁，吾之子始五岁，少而强者不可保，如此孩提者，又可冀其成立邪？

这年，韩愈三十六岁。十二郎是他长兄韩会之子韩老成，与韩愈虽为叔侄，其实年龄差不多，因软脚病死于南方，年不足四十。韩愈前一年托孟郊赴任溧阳尉时带信给老成，"视茫茫"是说高度近视，"发苍苍"是说黑发渐白，"齿牙动摇"是说牙齿不好。到第二年，更说"苍苍者欲化而为白矣，动摇者欲脱而落矣，毛血日益衰，志气日益微"，即白发增多，牙齿脱落，气血更显衰微。这些，在他的诗里都有具体的记录。永贞元年（805）所作《赴江陵途中寄赠王二十补阙李十一拾遗李二十六员外翰林三学士》即云："自从齿牙缺，始慕舌为柔。因疾鼻又塞，渐能等薰莸。"似乎嗅觉也出了问题。四十五岁那年所作《赠刘师服》云：

> 羡君齿牙牢且洁，大肉硬饼如刀截。
> 我今呀豁落者多，所存十余皆兀臲。
> 匙抄烂饭稳送之，合口软嚼如牛呞。
> 妻儿恐我生怅望，盘中不饤栗与梨。

牙已掉了大半，平时饮食只能吃软烂之饭，一般水果都难以咀嚼。《东都遇春》云："尔来曾几时，白发忽满镜。"《寄崔二十六立之》云："我虽未耋老，发秃骨力羸。所余十九齿，飘飘尽浮危。玄花着两眼，视物剧隔缌（此句据《韩集举正》引唐令狐本）。燕席谢不诣，游鞍悬莫骑。"作年待考，总在其五十岁以内，无论看花观物，都是迷离恍惚，体弱加牙口不好，他谢绝友人之邀宴，更尽量少骑马。

元和十四年（819）初，韩愈因谏佛骨被贬潮州，临行有诗给韩湘，说"好收吾骨瘴江边"，自感难以北还。在《潮州刺史谢上表》中，他更自述：

> 臣少多病，年才五十，发白齿落，理不久长。加以罪犯至重，所处又极远恶，忧惶惭悸，死亡无日。单立一身，朝无亲党，居蛮夷之地，与魑魅为群。苟非陛下哀而念之，谁肯为臣言者？

虽然不免夸张，基本应属于实情。

侥幸生还北归，韩愈之写作激情及报国热情从未衰歇。特别是长庆二年（822）往镇州宣抚王庭凑，更见其舍生忘死之忠忱。

二　韩愈最后两年的工作热情与写作成就

韩愈从长庆二年九月自兵部侍郎改任吏部侍郎，负责官员铨选，为最繁剧之职务。到三年六月，改任京兆尹兼御史大夫，前者是京城的主官，后者虽有放台参之特例，但也居利害之地。同年罢二职，仍回任吏部侍郎。至四年入夏，因病请假，至八月仍不能就职，循例去职。至十二月二日辞世，按公元纪年法算，那一天是824年12月25日。

长庆三年初，韩愈有《早春呈水部张十八员外二首》："天街小雨润如酥，草色遥看近却无。最是一年春好处，绝胜花柳满皇都。""莫道官忙身老大，即无年少逐春心。凭君先到江头看，柳色如今深未深？"对冬去春来，充满欢欣之情，对春雨之滋润，草色之渐青，观察极其仔细。困于公务，难得闲暇，仍保持"年少逐春心"，要张籍将江头柳色观看后告诉他。这两首也是韩集中最清丽浅白的诗作。

这年他有名的诗，还有《送诸葛觉往随州读书》，首四句"邺侯家多书，插架三万轴。一一悬牙签，新若手未触"，是文献学史的珍贵记录。他为友人所撰碑志，也有两篇极其有名。一是《南阳樊绍述墓志铭》，铭辞云"惟古于词必己出，降而不能乃剽贼"，"既极乃通发绍述，文从字顺各识职"。是说樊，更是自述主张，即一切诗文都应"词必己出"，按照自己的表达做到"文从字顺"。二是为柳宗元写下以示纪念的第三篇文章《柳州罗池庙碑》。韩、柳二人虽然在各方面见解有差异，但友谊之深牢从柳临终托韩愈写墓志可知。《柳州罗池庙碑》更借州人来请的方式，直接为柳造神。其铭辞，被后世视为屈原以后最好的骚辞。

此年有一篇文字应该稍做讨论。《太学博士李君墓志铭》述李于：

> 以进士为鄂岳从事，遇方士柳泌，从授药法，服之，往往下血，比四年，病益急，乃死。其法以铅满一鼎，按中为孔，实以水银，盖封四际，烧为丹砂云。余不知服食说自何世起，杀人不可计，而世慕尚之益至，此其惑也！

即强烈反对服丹砂以求延年。近人多引韩愈《寄随州周员外》"陆、孟、丘、杨久作尘,同时存者更谁人?金丹别后知传得,乞取刀圭救病身",指责韩愈也曾服丹砂。今知此随州周员外为周君巢,韩诗则作于元和末从袁州返京途中。周既为老友,又工于此道,韩愈此时确实身体很差,顺便问些保健养身之道,也是人之常情,不必因此而认为韩愈言行不一。

进入长庆四年,韩愈仍写过几篇规模较大的文章。一是为王仲舒撰写墓志与碑文,王当时有直声,贞元间阳城疏论裴延龄诈妄时,挺身而出,传誉士林。二是为尚书左丞孔戣撰墓志。韩愈被贬潮州时,孔任岭南节度使,虽不能见面,但中路让人致送方物,照顾为多,其家人有请,重情的韩愈是不能推辞的。三是为幽州节度判官张彻写墓志。张彻(777—821)是韩愈多年的挚友,贞元间即结交,且从问学,韩愈更妻以族女。幽州叛乱中,他决不屈服,骂贼而遇害。于公于私,韩愈都尽到责任,这也是韩愈最后撰写的一篇碑志文。

三 韩愈最后诗风的变化

韩愈在世最后一年的诗歌,仅五首,不妨在此一并录出。《与张十八同效阮步兵一日复一夕》:

一日复一日,一朝复一朝。只见有不如,不见有所超。
食作前日味,事作前日调。不知久不死,悯悯尚谁要?

富贵自縶拘，贫贱亦煎焦。俯仰未得所，一世已解镳。
譬如笼中鹤，六翮无所摇。譬如兔得蹄，何用东西跳？
还看古人书，复举前人瓢。未知所究竟，且作新诗谣。

这首诗仿魏人阮籍《咏怀》诗中的以下一首："一日复一夕，一夕复一朝。颜色改平常，精神自损消。胸中怀汤火，变故更相招。万事无穷极，智谋苦不饶。但恐须臾间，魂气随风飘。终身履薄冰，谁知我心焦？"两相比读，可以知道阮诗是暮年所作，时间流逝，似乎颜色不改，精神则日见衰减。虽然还有愿望，还在心焦，更担心须臾之间魂气即随风飘散，生命就此结束。韩愈所作稍微积极一些，但也感觉到一日不如一日，重复的生活缺少乐趣。在大限到来以前，他抱持"还看古人书""且作新诗谣"的态度，乐观以对。

《南溪始泛三首》作于此年夏五月休假至八月回城期间，地点在韩愈的城南别业附近，张籍其间陪同韩愈两个月。

其一：

榜舟南山下，上上不得返。幽寻事随去，孰能量近远？
阴沉过连树，藏昂抵横坂。石粗肆磨砺，波恶厌牵挽。
或倚偏岸渔，竟就平洲饭。点点暮雨飘，梢梢新月偃。
余年懔无几，休日怆已晚。自是病使然，非由取高蹇。

在南山下泛舟，不计近远，随舟而行。舟是有人牵挽，可以停泊处，即随宜吃饭。暮雨飘零，新月偃仰，一切都那么美好。韩愈感慨自己已经来日无多，怆怀于归休已晚，也没有高尚的目标，只是抱病而已。

其二：

> 南溪亦清驶，而无楫与舟。山农惊见之，随我观不休。
> 不惟儿童辈，或有杖白头。馈我篱中瓜，劝我此淹留。
> 我云以病归，此已颇自由。幸有用余俸，置居在西畴。
> 囷仓米谷满，未有旦夕忧。上去无得得，下来亦悠悠。
> 但恐烦里闾，时有缓急投。愿为同社人，鸡豚燕春秋。

登岸见到山农，相随而行的既有儿童也有老叟，待客殷勤，邀约可以在此多多停留。后半是韩愈的回答，自己是因病归休，已经在附近置办乡居，且有官俸，可以衣食无忧。此后之上去、下来，既说是沿溪之行走，也借指在官场之进退，升官并无得色，退闲自得休闲。既然居处邻里，与山农即是邻居，今后事有缓急，少不了还要麻烦。最后两句，也就是孟浩然"待到重阳日，还来就菊花"的意思。

其三：

> 足弱不能步，自宜收朝迹。赢形可舆致，佳观安事掷。
> 即此南坂下，久闻有水石。拖舟入其间，溪流正清激。
> 随波吾未能，峻濑乍可刺。鹭起若导吾，前飞数十尺。
> 亭亭带柳沙，团团松冠壁。归时还尽夜，谁谓非事役？

"足弱""赢形"都是病状，虽然不便远行，但周围景致美好，恰可乘兴观览。沿途正有水石之盛，看到水流清澈，偶有峻濑，鹭鸶见船而惊起，似乎在引导诗人，沿途之柳树、松树，都有值得观赏之美好。回家已近夜色，稍微有些倦色，心情很愉悦。

韩愈的这组诗，南宋末廖莹中刊世彩堂韩集，题注云："鲁直（宋黄庭坚）最爱公此诗，以为有诗人句律之深意。"其语出《苕溪渔隐丛话前集》卷一八引《王直方诗话》，同书还引《蔡宽夫诗话》更云："《南溪始泛三篇》，乃末年所作，独为闲远，有渊明风气。"这些解读都很有意味。韩愈一生雄强桀骜，与世多乖违，故能引领风气，开创新局。本师朱东润先生曾领读韩愈之《调张籍》，以为虽极度礼赞李杜，其实不愿居李杜之下，因有另辟新径之独造。其实韩愈对前代各家诗，都有很深的体会。他病重归休，心境有了很大变化。诗风更接近阮籍与陶潜，一切随适而安。

《玩月喜张十八员外以王六秘书至》：

> 前夕虽十五，月长未满规。君来晤我时，风露渺无涯。
> 浮云散白石，天宇开青池。孤质不自惮，中天为君施。
> 玩玩夜遂久，亭亭曙将披。况当今夕圆，又以嘉客随。
> 惜无酒食乐，但用歌嘲为。

与下节引张籍《祭退之》所述韩愈邀他八月十六到府上赏月观乐的情境对看，此诗为韩愈当时所作，也是他平生最后一首诗。王六秘书即诗人王建，今与张籍齐名，与韩愈并不太熟悉。韩愈说十五月尚未圆，不及十六夜之月圆无缺，他更高兴此夜天色清朗、风露无边、天高云淡、皓月当空，再加上有两位嘉客相伴，可以久久观赏，不觉夜色已深。

四 张籍记录韩愈的最后时光

韩愈重友情，广结交，一生朋友很多。前期最密切的朋友当然是孟郊，孟郊死于元和九年，韩愈约集友人办理丧事，私谥贞曜先生。还有柳宗元，结识很早，可惜因从宦而各居南北，但友谊始终未变。韩愈生命最后时刻，一直陪伴着他的朋友，首推张籍。今人一般认为张籍是更靠近元、白的诗人，是从诗风而言，白居易确实也写诗夸过张籍。从来往的密切程度来说，张籍更靠近韩愈。张籍为人平实忠诚、笃于友情，有时可能也有些木讷，与韩愈亲密无猜，经常成为韩愈调侃的对象。如《醉赠张秘书》："张籍学古淡，轩鹤避鸡群。"《赠张籍》："留君住厅食，使立侍盘盏。薄暮归见君，迎我笑而莞。"还有著名的《调张籍》，自述追随李杜的壮怀，"顾语地上友，经营无太忙"。意思是张籍写诗才分不够，忙于张罗经营。因为关系太好，张籍当然不会生气。韩愈病重，张籍恰巧在京有新职，住处相邻，几乎每天都往探访。韩愈亡故后，他写下《祭退之》的长诗，留下许多可贵的细节。

《祭退之》一诗，宋刊张集不载，见于文说《详注》所收《韩文公志》，题作《祭诗》，《五百家注韩昌黎集》则题作《祭韩吏部诗》。篇幅很长，这里稍作分节解说。

> 呜呼吏部公，其道诚巍昂。生为大贤姿，天使光我唐。
> 德义动鬼神，鉴用不可详。独得雄直气，发为古文章。
> 学无不该贯，吏治得其方。三次论诤退，其志益刚强。
> 再使平山东，不言谋所臧。荐待皆寒羸，但取其才良。
> 亲朋有孤稚，婚姻有办营。如彼天有斗，人可为信常。
> 如彼岁有春，物宜得华昌。

这是对韩愈一生的总体评价，涉及德义感天动地，文章雄壮有直气，为学无不该贯通达，为官也操行有守，因谏诤而被贬，愈挫愈坚。"平山东"则言其出使河北事。亲朋间能照顾孤弱，直到其长大成婚。此下四句极度礼赞，如天有北斗，人有伦常，岁有四季，万物得宜，是当之无愧的完人。

> 哀哉未申施，中年遽殂丧。朝野良共哀，矧于知旧肠。
> 籍在江湖间，独以道自将。学诗为众体，久乃溢箧囊。
> 略无相知人，黯如雾中行。北游偶逢公，盛语相称明。
> 名因天下闻，传者入歌声。公领试士司，首荐到上京。
> 一来遂登科，不见苦贡场。观我性朴直，乃言及平生。
> 由兹类朋党，骨肉无以当。坐令其子拜，尝呼幼时名。
> 追招不隔日，继践公之堂。出则连辔驰，寝则对榻床。
> 搜穷今古书，事事相斟量。有花必同寻，有月必同望。

为文先见草，酿熟皆共觞。新果及异鲑，无不相待尝。

到今三十年，曾不少异更。公文为时帅，我亦有微声。

而后之学者，或号为韩张。我官麟台中，公为大司成。

念此委末秩，不能力自扬。特状为博士，始获升朝行。

未几享其资，遂忝南宫郎。是事赖拯扶，如屋有栋梁。

此节叙述两人从贞元中期认识以后，三十年间之交谊。张籍特别提到，他于贞元十三年 (797) 北游汴州，与在汴幕的韩愈相识。次年韩愈主持府试，张籍获解，入京应举。次年登进士第。宪宗元和初，他任太常寺太祝，十年不调，其间害眼疾三年，几至失明。元和十一年任国子助教，十五年迁秘书郎，穆宗长庆元年为国子博士，一路得到韩愈的荐引。韩愈任兵部侍郎，他迁水部员外郎，擢主客郎中，对此感铭在心。其间说到两人的密切关系，更肯定韩愈为"时帅"，即文学领袖，而自己也稍有成就，希望百年后与韩愈并称"韩张"。

去夏公请告，养疾城南庄。籍时官休罢，两月同游翔。

黄子陂岸曲，地旷气色清。新池四平涨，中有蒲荇香。

北台临稻畦，茂柳多阴凉。板亭坐垂钓，烦苦稍已平。

共爱池上佳，联句舒退情。偶有贾秀才，来兹亦间并。

移船入南溪，东西纵篙撑。划浪激船舷，前后飞鸥鸧。

回入潭濑下，网截鲤与鲂。踏沙掇水蔬，树下蒸新秔。

日来相与嬉，不知暑日长。柴翁携童儿，聚观于岸傍。

月中登高滩，星汉交垂芒。钓车掷长线，有获齐欢惊。
夜阑乘马归，衣上草露光。公为游溪诗，唱咏多慨慷。
自期此可老，结社于其乡。

诗作于韩愈亡后归葬之次年，因此将韩愈五月病休称为"去
夏"。张籍时为水部员外郎，得到两个月的休假，得以每日陪
韩愈休闲游息。贾秀才指贾岛，其间也来探访，并同游南溪。
韩愈诗已见前引，贾岛、张籍、白居易等也都有和诗。张籍
回忆这段经历，两人都很愉快，似乎可以就此作终老之想。

籍受新官诏，拜恩当入城。公因同归还，居处隔一坊。
中秋十六夜，魄圆天差晴。公既相邀留，坐语于阶楹。
乃出二侍女，合弹琵琶筝。临风听繁丝，忽遽闻再更。
顾我数来过，是夜凉难忘。

张籍所受新官，应该是主客郎中，受官要入朝谢恩，遂陪同
韩愈从南郊回城。韩愈居处在靖安里，二人居处仅隔一坊，
得以经常来往。这里特别说到八月中秋次日，韩愈特邀张籍
来家观月赏乐，且在室外坐了许久，超过两个时辰。"顾我"
两句，是说临别时希望张籍仍经常来访，"凉难忘"是否表
示因坐久受凉加剧了韩愈的病情，似乎可以有不同理解。最
引起后人讨论的是"乃出二侍女，合弹琵琶筝"，即韩愈家
中有乐妓，这是张籍之亲见，应该没有什么问题。这在唐代
士大夫中很普遍，不必大惊小怪。韩愈《镇州初归》云："别

来杨柳街头树，摆弄春风只欲飞。还有小园桃李在，留花不发待郎归。"《唐语林》卷六云韩有二姜，一曰绛桃，一曰柳枝，其时柳枝遁去，后专宠绛桃，自属附会。而袁文《瓮牖闲评》卷三因韩为"一代人杰"，而否定一切记载，认为皆属诬蔑，未免过于为尊者讳了。

> 公疾浸日加，孺人视药汤。来候不得宿，出门每回遑。
> 自是将重危，车马候纵横。门仆皆逆遣，独我到寝房。

从中秋到韩愈去世，还有三个半月。韩愈病情加剧，其妻亲侍汤药，照顾有加。"来候"两句，是张籍自述，因为关系密切，所以经常留宿韩家，这段时间特殊，无法留宿，每次离开时都心绪不宁。后四句说来探望韩愈的人员很多，大多没能进入韩愈的内室，就被门仆劝走，只有张籍特殊，可以进入内室，看望病危的人。张籍对韩愈以自己为知交，是很看重的。

> 公有旷达识，生死为一纲。及当临终晨，意色亦不荒。
> 赠我珍重言，傲然委衾裳。公比欲为书，遗约有修章。
> 令我署其末，以为后事程。

这里写到韩愈临终情景，所谓旷达是参透生死，更难得的是他临终时仍然很清醒，毫不慌张，不仅对张籍有郑重的留言，且留有遗书，交代公私之事，让门人与家属有所遵守。从"比欲"一词分析，当时韩愈已不能执笔，张籍说"令我署其末"，即担任遗嘱执行或监护人。在李翱撰《韩公行状》中，对此有更具体的说明：

> 及病，遂请告以罢。每与交友言，既终，以处妻子之语，且曰："某伯兄德行高，晓方药，食必视《本草》，年止于四十二。某疏愚，食不择禁忌，位为侍郎，年出伯兄十五岁矣。如又不足，于何而足？且获终于牖下，幸不至失大节。以下见先人，可谓荣矣。"

伯兄指韩会，有德行，通医方，特别注意饮食，得年仅四十二。韩愈觉得自己日常生活不太讲究，居然官至侍郎，得年超过长兄十五岁，平生大节无亏，可以告慰先人，一生已无遗憾。

> 家人号于前，其书不果成。子符奉其言，甚于亲使令。《鲁论》未讫注，手迹今微茫。新亭成未登，闭在庄西厢。书札与诗文，重叠我笥盈。顷息万事尽，肠情多摧伤。

这里说到"其书"，应即前所言"遗约"。"子符"即孤子韩昶，"奉其言"在皇甫湜《韩文公神道碑》中记载较详："遗命：'丧葬无不如礼。俗习夷狄，尽写浮屠，日以七数之，及拘阴阳，所谓吉凶，一无污我。'夫人高平郡君，孤前进士昶，谨以承命。"这里之"礼"指儒家之古礼，至于当时流行之佛家超度或功德一类事，阴阳家之风水吉凶，韩愈一概拒绝。作为遗言，其妻、其子皆遵行不违。韩愈与卢仝皆有意重新解读《论语》，张籍知其事，手稿则未见。"新亭"大约是退归后之休憩处，未临而已逝。"书札与诗文，重叠我笥盈"，指张籍处所存韩愈的书信与诗文，而非指韩愈全部的存稿。韩愈诗文后来由其婿李汉所编，包含与张籍有关之大量诗文，大约即张提供。

> 旧茔盟津北，野窆动鼓钲。柳车一出门，终天无回箱。
> 籍贫无赠赆，曷用申哀诚。衣器陈下帐，醪饵莫堂皇。
> 明灵庶鉴知，仿佛斯来飨。

这里讲到韩愈的归葬，其地在唐时河阳，即今河南孟州市，古盟津之地也。张籍似乎随车队送出城外，自觉家贫难以赠赗丧资，乃作此长诗，叙彼此之交谊，感韩愈之提携，述最后之所见，诉刻骨之伤痛。此诗倾诉衷怀，毫不掩饰，将两人间之情愫交代无遗。其间有自己的一些得意，也涉及韩愈的一些隐私。因其真实，所以珍贵。

五 余说

近人陈寅恪《论韩愈》，力陈韩愈在中国文化史上的地位，立六义云："建立道统，证明传授之渊源。""直指人伦，扫除章句之繁琐。""排斥佛老，匡救政俗之弊害。""呵诋释迦，申明夷夏之大防。""改进文体，广收宣传之效用。""奖掖后进，期望学说之流传。"今人或有不尽赞同者。本文仅述韩愈生命最后时日之所为，借其本人诗文与友人观感，特别是张籍长诗对韩愈归休以后细节的可贵记录，可以说明他坚持始终，大节无亏，坦然通达，临终不乱。陈氏所云六点，其间皆有包括，读者可仔细体会。

诗人张籍与白居易的交往始末

　　一般读过文学史的读者，都知道张籍、王建是元白新乐府运动的羽翼，似乎彼此有共同的文学主张与密切的交往。其实人与人之间的交往，都有特别的过程，就张籍来说，他一生交往最密切的是韩愈，可以说是道义相勉，生死不隔，白居易则认识很晚。就年纪说，白居易较他小好几岁；就科第说，他登进士第还比白居易早一年；但就元和初年的诗名和官位来说，在他盘桓下僚之际，白居易远远超越了他。不过张籍不是意气用事的人，白居易表彰他的诗，他也很受用。他们结交虽晚，但维持了二十多年的友谊，可一一叙来。

一　白居易《读张籍古乐府》解读

白居易作《读张籍古乐府》：

张君何为者？业文三十春。尤工乐府诗，举代少其伦。

为诗意如何？六义互铺陈。风雅比兴外，未尝著空文。
读君学仙诗，可讽放佚君。读君董公诗，可诲贪暴臣。
读君商女诗，可感悍妇仁。读君勤齐诗，可劝薄夫敦。
上可裨教化，舒之济万民。下可理情性，卷之善一身。
始从青衿岁，迨此白发新。日夜秉笔吟，心苦力亦勤。
时无采诗官，委弃如泥尘。恐君百岁后，灭没人不闻。
愿藏中秘书，百代不湮沦。愿播内乐府，时得闻至尊。
言者志之苗，行者文之根。所以读君诗，亦知君为人。
如何欲五十，官小身贱贫。病眼街西住，无人行到门。

今人徐礼节、余恕诚纂《张籍集系年校注》附《张籍谱略》，
定张籍生于代宗大历元年（766），较前人一般所见早三四年，
各细节尚无大的违格，不妨从之。此诗云"如何欲五十，官
小身贱贫"，即作于元和九年（814）白守母丧服阕，归京任太
子左赞善大夫时。估计白守服多暇，得以充分阅读张籍前此
所示的作品，并给以极高的评价。认为"举代少其伦"，其
实包含自己是张真正知己的意思。说"六义互铺陈。风雅
比兴外，未尝著空文"，赞誉张诗符合儒家入世精神，承续
了《诗经》以来风雅比兴的精神。他说张诗有益教化，可以
宽济万民，可是当代人并不特别重视，因此他强烈呼吁，应
该让张诗收入中秘，俾便万代流传，应该播奏管弦，让皇帝
可以听到。他为张籍的当代遭际感到强烈不满，似又无可
奈何。

　　白居易此诗的精神，与他在《新乐府序》《与元九书》

中的精神一致，各家文学史颇乐于引用。就他所举四篇诗而言，则与他与元稹、李绅倡导的"即事名篇"的新乐府差别很大，与今日为各家称道的张籍乐府诗似乎也有很大不同。他所称四首诗，二存二佚。其中《董公诗》作于贞元十四年（798），即张籍从江南至汴州求解进士，因韩愈而得知宣武节度使董晋之为政，作诗颂之。诗是五言古诗，较长，不能全录。他写董晋在汴州乱后挺身入城，称：

> 东方有艰难，公乃出临戎。单车入危城，慈惠安群凶。
> 公谓其党言，汝材甚骁雄。为我帐下士，出入卫我躬。
> 汝息为我子，汝亲我为翁。众皆相顾泣，无不和且恭。

所谓威惠并施，使乱军折服，写出董之干练果决。再写其自奉俭薄，宽仁待民：

> 公衣无文采，公食少肥浓。所忧在万人，人实我宁空。
> 轻刑宽其政，薄赋弛租庸。四郡三十城，不知岁饥凶。

白居易认为此诗"可诲贪暴臣"，是为循吏的典范。而《学仙诗》则讥讽那些以长寿升仙为目标的修道者：

> 药成既服食，计日乘鸾凰。虚空无灵应，终岁安所望。
> 勤劳不能成，疑虑积心肠。虚羸生疾疢，寿命多夭伤。
> 身殁惧人见，夜埋山谷傍。

心力财力殚尽，修道无成，反而加速了疾病与死亡。此诗不知作于何时，也不详具体所指，白居易认为"可讽放佚君"，似乎夸大了其具体所指。《商女诗》《勤齐诗》两篇不存，前者日本所存《白氏文集抄》作《高母诗》，姚合《赠张籍太祝》有"妙绝《江南曲》，凄凉《愍女诗》"句，疑"商女"当作"高女"，即李翱《高愍女碑》所述建中间（780—783）高彦昭以濮阳归朝廷，其妻女被杀之事。李翱说自己是在汴州听韩愈所说，张诗也当作于同时。无论"高女""高母""愍女"，所指为同一事。《勤齐诗》本事不详，白居易认为"可劝薄夫敦"，也为表彰节烈之诗。以上分析是欲说明，白居易所表彰的张籍古乐府，并非是他那些用旧题乐府反映现实的作品，而是他写重大社会问题的古体诗，近乎白的《秦中吟》。就此言，张、白皆致力乐府诗写作，精神相通，体式则大不相同。

二　白居易与张籍结交的初期阶段

白居易出生于大历七年（772），比张籍年轻许多。他的早年奔波，也颇多辛酸。他在贞元十六年（800）进士及第，也快三十岁了。张籍初入科场时已经三十四岁，在汴州获得韩愈的首荐，省试更得中书舍人高郢的青睐，一举登第，很属意外，比白居易还早一年。唐人一般礼部及第，是获得做官的资格，至于选派何官，还要经过吏部的铨选。白居易在贞元十八年试书判拔萃科及第，不久授秘书省校书郎。到宪宗元和元年（806），复举才识兼茂、明于体用科，得授盩厔尉。其间写出名篇《长恨歌》，才名耸动天下。二年，授翰林学士，更以《新乐府五十首》名重一时。相比起来，先一年登第的张籍的处境则曲折艰困得多。他登第当年返乡，不久就逢家丧，居守三年。服除后可能曾入泾州军幕，寻居长安郊外待选，又过了三四年。这时可能有东平帅李师道邀请他入幕，他也知李师道与朝廷多违逆，不去，据说作《节妇吟》以谢之。这是张籍最有名的作品，写作时间与背景都有许多讨论，很难下结论。直到元和元年初，他方得选为正九品上的太常寺太祝。其间韩愈一直以他为知己，但自己也经历了议事触祸、南贬阳山的曲折，有心吹嘘，无力帮忙。

张籍认识白居易，可能始于元和初。最早的记录，张籍有《寄白学士》："自掌天书见客稀，纵因休沐锁双扉。几回扶病欲相访，知向禁中归未归？"可能作于元和四年，即白居易入翰林院后不久。唐代翰林院在大明宫内禁，学士日夜轮值，平日也或留宿禁中。张籍似乎有过往访不遇的经历，因为诗相约，希望有机会见面，身体偶恙，更希望有准信见告。语气稍卑微，地位使之然也。白居易《答张籍因以代书》："怜君马瘦衣裘薄，许到街（宋本作"江"，据金泽本改）东访鄙夫。今日正闲天又暖，可能扶病暂来无？"是得信后立即回复，今天在家有闲，天气也和暖宜人，你身体不好，能暂来一叙否？他可怜张籍"马瘦衣裘薄"，生存状况不好，有同情，但仅表示欢迎你来，并无移驾往访的意思，可见相知尚浅。

次年秋，张籍作《病中寄白学士拾遗》：

秋亭病客眠，庭树满枝蝉。凉风绕砌起，斜影入床前。
梨晚渐红坠，菊寒无黄鲜。倦游寂寞日，感叹蹉跎年。
尘欢久消委，华念独迎延。自寓城阙下，识君弟事焉。
君为天子识，我方沉病缠。无因会同语，悄悄中怀煎。

诗写卧病期间庭院之景色，有人生寂寞、年华蹉跎之感慨。
其间"尘欢久消委，华念独迎延"是对上次往访白居易，受
到礼遇的追述。"自寓城阙下，识君弟事焉"两句，是说任
太祝居长安后，就对白居易以兄弟相期。现在荣衰悬隔，内
心充满煎熬，欲见面倾诉而无缘。这里，仍看到张籍对白的
期望，也含无聊欲诉之情怀。

白居易作《酬张太祝晚秋卧病见寄》：

高才淹礼寺，短羽翔禁林。西街居处远，北阙官曹深。
君病不来访，我忙难往寻。差池终日别，寥落经年心。
露湿绿芜地，月寒红树阴。况兹独愁夕，闻彼相思吟。
上叹言笑阻，下嗟时岁侵。容衰晓窗镜，思苦秋弦琴。
一章锦绣段，八韵琼瑶音。何以报珍重？惭无双南金。

（"差池"金泽本作"差跎"）

虽然仍含生分，各以官职相称，姿态已经有很大改变，即你
以高才沉沦下僚，我以弱羽得居禁林，虽然仍称居处较远，
官守职重而忙碌，难以往访，但表达了较珍重的关心。

以上两组唱和，是白居易任学士期间与张籍来往之作。

睡起晏坐

溪亭畫睡時忽起坐春景

慕新覺眼狂为甚里

心正住漠窅歸一性君

開遺萬孟了知此时

以萬物の磨喻本无

誓寄鄉二名不住寰

行禪興坐且同烟些

異游

玄白书情詩

董其昌

華唐人六祖達達述不

唐禅神如李嶠诸公以

言富贵萋莫珠華时

山以满日溪沾衣不見

此る烿的上峰写季秋

磨禿の為悟处寄

集

▼ [日]狩野山雪《长恨歌图卷》（局部）
爱尔兰切斯特·比替图书馆藏
此图卷为日本江户初期著名画师狩野山雪据白居易《长恨歌》所绘，图中为杨贵妃被赐死于马嵬坡的场景。

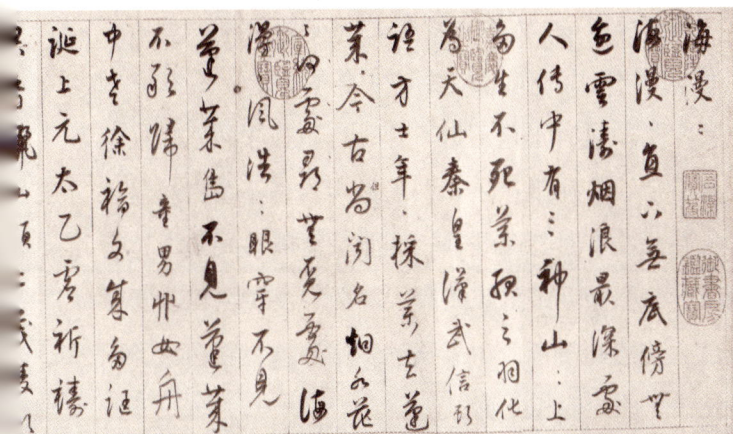

▼ （明）董其昌《白居易乐府》
台北故宫博物院藏
白居易《新乐府五十首》为讽喻之作，每篇各有主题。图为明代书画大家董其昌所书《海漫漫》篇，此篇为"戒求仙也"而作。

认识，但还没有成为挚友。

元和六年（811），白居易因居母忧而退居故里，至九年方出为太子左赞善大夫，职务从近臣变成了闲职。其间他与张籍的关系也有了根本改变。对张的称呼，也改为张十八，这是表示亲近。其间白居易存三首赠张诗。一首是《酬张十八访宿见赠》：

> 昔我为近臣，君常稀到门。今我官职冷，唯君来往频。
> 我受狷介性，立为顽拙身。平生虽寡合，合即无缁磷。
> 况君秉高义，富贵视如云。五侯三相家，眼冷不见君。
> 问其所与游，独言韩舍人。其次即及我，我愧非其伦。
> 胡为谬相爱，岁晚逾勤勤。落然颓檐下，一话夜达晨。
> 床单食味薄，亦不嫌我贫。日高上马去，相顾犹逡巡。
> 长安久无雨，日赤风昏昏。怜君将病眼，为我犯埃尘。
> 远从延康里，来访曲江滨。所重君子道，不独愧相亲。

所谓冷暖见交情，白居易体会到了。以前为学士，世所观瞻，白说你来得少，如前述，白对张有些冷落。现在守闲官，来往者少了，只有张籍不嫌不弃，也不在乎两家居处遥远，频繁来看望，且病眼严重，冒着风尘，怎不令白居易感动？白居易感慨高官时忽略张籍，问张籍有哪些朋友，这时韩愈知制诰，与张关系最好。张籍说与白居易关系仅次于韩愈，这让白有些感到羞惭。由于路远，张籍就宿在白家，因此而彻夜长谈，因此而相知更深。

《寄张十八》：

> 饥止一箪食，渴止一壶浆。出入止一马，寝兴止一床。
> 此外皆长物，于我有若亡。胡然不知足，名利心遑遑。
> 念兹弥懒放，积习遂为常。经旬不出门，竟日不下堂。
> 同病者张生，贫僻住延康。慵中每相忆，此意未能忘。
> 迢迢青槐街，相去八九坊。秋来未相见，应有新诗章。
> 早晚来同宿，天气转清凉。

此诗应作于前诗之后。前半段写自己，其实人生需求很简单，饥有食，渴饮水，出有马，卧有床，也就够了。其他都是长（zhàng）物，也就是身外之物，也反省自己以往名利之心太重了。所谓一冷一热见交态，他更感到张籍友谊的可贵。经常念及我，与我兴趣相投，一个懒放，一个贫病，那就带着你的新诗，到我家住几天。张籍当然乐于成行。

白居易还有一首《重到城七绝句·张十八》：

> 谏垣几见迁遗补，宪府频闻转殿监。
> 独有咏诗张太祝，十年不改旧官衔。

这是为张籍写的抗议书。朝中每天都有官员除授，从谏院迁官的有拾遗、补阙，御史也常转任殿中监，为什么写诗的张太祝，就十年不改官，凭什么这样欺负人啊！虽然帮不上忙，发点声音也是必须的。

就在这期间，白居易写下《读张籍古乐府》，大声鼓吹张籍诗得风雅正传，应该为君主所知，足可代表当代精神。张、白交谊，因此而登上新的台阶。

三　各自经历人生的悲欢荣退

就在白居易为张籍诗歌努力鼓吹之际，长安发生一件大事，叛镇派刺客入京，于元和十年六月三日凌晨，伏击杀死主张平叛的宰相武元衡，重伤御史中丞裴度。朝野大哗，白居易出于义愤，上书要求追查元凶，却遭到越职言事的指控，更被诬以对母不孝的罪名，出贬为江州司马。这是白居易人生的重大挫折，他的政治热情受到很大挫伤，也因此对立身方式加以重新思考。

不知为什么，视白居易为知己的张籍，其间并没有留下相关的诗歌。如果说张籍诗有缺失，但白居易存诗中也看不到应答之迹。白居易在江州作《与元九书》，说"张籍五十，未离一太祝"，看来也没有什么意外的事端。

五十岁还是九品太祝，张籍前途似乎很不乐观，但武元衡被刺后，裴度入相，裴度又最信任韩愈，这一意外也改变了张籍的仕途。

元和十一年（816），张籍终于转任从六品上的国子助教，其间白居易在远方，张籍仅与韩愈有较多来往。不久，又任正六品上的广文博士。在这期间，韩愈随裴度参与平定淮西之役，任行军司马，因功授刑部侍郎。白居易在江州三年，改任忠州刺史。韩愈经过南贬潮州，量移袁州，十五年（820）九月还朝任国子祭酒，十一月到京，立即推荐刚任秘书郎不久的张籍为正五品上的国子监博士。因为这一职位，张籍终于得缘参与朝会。其时白居易也得还朝，任主客郎中、知制诰。其间发生一件有趣的故事。以宰相出任河东节度使的裴度，听闻张籍升官，给他送来一匹名马，张籍作诗感谢，裴度酬和，一时诗人纷纷唱和，所有人都很欢快。详见拙文《危事经非一　浮荣得是空——一代名臣裴度的人生感悟与诗歌情怀》(《文史知识》2020年第8期)，可参看。

穆宗长庆元年（821），张籍与韩愈、白居易都在京城。张籍由延康坊迁居靖安坊，与韩愈为邻居。白居易也购入新昌坊新居，作《新昌新居书事四十韵因寄元郎中张博士》，将自己迁入新居的喜悦，与最好的朋友元稹、张籍分享。诗太长，仅录最后一节：

> 博士官犹冷，郎中病已痊。多同僻处住，久结静中缘。
> 缓步携筇杖，徐吟展蜀笺。老宜闲语话，闷忆好诗篇。
> 蛮榼来方泻，蒙茶到始煎。无辞数相见，鬓发各苍然。

这一年白居易五十岁，元稹四十三岁，张籍五十六岁，都不年轻了。元、白皆经历了长期贬外，张籍也终于摆脱穷困的处境，一切皆有所改善。白居易真诚相约，有便随时可以过来坐坐，好茶招待，更期待珍惜时光，谈诗论诗。最后两句值得玩味，头发都白了，彼此珍重，不必介意见面频繁。

不久，白居易迁中书舍人，张籍作《寄白二十二舍人》：

> 早知内诏过先辈，蹭蹬江南百事疏。
> 溢浦城中为上佐，炉峰寺后着幽居。
> 偏依仙法多求药，长共僧游不读书。
> 三省比来名望重，肯容君去乐樵渔。

唐代以翰林学士草内制，即起草以皇帝名义颁发的诏书；中书舍人掌外制，起草中书门下官职除授为主的制敕。白居易早在元和初已为学士，有足够的资历。中间"蹭蹬江南"，求药是说修道，僧游是说问禅，都作出世之想。张籍坦白相告，你在三省之中，名德素重，朝廷正要倚重于你，怎么会让你作闲适之想，与樵渔为伍？

其间白居易作《曲江独行招张十八》："曲江新岁后，冰与水相和。南岸犹残雪，东风未有波。偶游身犹自，相忆意如何。莫待春深去，花时鞍马多。"这是初春相招，觉得新年不久的曲江寒意未退，景色宜人，偶游有感，招张同游。张籍当然响应，作《酬白二十二舍人早春曲江见招》："曲江冰欲尽，风日已恬和。柳色看犹浅，泉声觉渐多。紫蒲生湿岸，青鸭戏新波。仙掖高情客，相招共一过。"同样写春初景色，是出于想象，感谢白居易的高情相招，至于去了没有，则不得而知。

不久，因韩愈推荐，张籍受任为水部员外郎，白居易适

逢草制,《张籍可水部员外郎制》极肆表彰:

> 文教兴则儒行显,王泽流则歌诗作。若上以张教
> 流泽为意,则服儒业诗者,宜稍进之。顷籍自校秘文而
> 训国胄,今又覆名揣称,以水曹郎处焉。前年以来,凡
> 历文雅之选三矣,然人皆以尔为宜。岂非笃于学,敏于
> 行,而贞退之道胜也?与之宠名者,可以奖夫不汲汲于
> 时者。

水部虽是尚书省中的闲曹,因南朝诗人何逊曾任此,水曹郎
就成了诗人的代称。白居易因张籍之授官而称颂此一时代之
文教兴而王泽流,如张籍之服膺儒学而业诗名世,且曾以贞
退、不汲汲而闻于世,几年间三度改官,也可见对儒者之尊
重。当然,这是职务作品,私下更应表达祝贺。《喜张十八
博士除水部员外郎》:"老何殁后吟声绝,虽有郎官不爱诗。
无复篇章传道路,空留风月在曹司。长嗟博士官犹屈,亦恐
骚人道渐衰。今日闻君除水部,喜于身得省郎时。"有些调
侃,但真心欢喜。"老何"即指何逊,何逊身后,官署还在,
但郎官皆不爱吟诗,空有传闻而已。现在名实相副,白居易
觉得比自己任职郎署还要高兴。

当然,张籍与韩愈关系更密切。前面白居易招张籍游曲
江,不久就有韩愈与张籍雨后同游曲江。韩愈有《同水部张
员外籍曲江春游寄白二十二舍人》:"漠漠轻阴晚自开,青天
白日映楼台。曲江水满花千树,有底忙时不肯来?"是张籍

先有作，已不存，韩再和，反问白居易：景色这么好，你有什么要事奔忙而不肯来呀？白的回答也很有趣。《酬韩侍郎张博士雨后游曲江见寄》："小园新种红樱树，闲绕花行便当游。何必更随鞍马队，冲泥蹋雨曲江头。"家中小园，景色也好，闲中观赏，已很满足，何必跟随大队人马，踩着雨后的烂泥去看景色呢？

白居易与韩愈，可以说是中唐文学的巨擘，原本来往并不太多，长庆间因张籍居介，有很多的交接，留下一些佳话。

四　张、白交往的最后八年

长庆二年（822）七月，白居易出为杭州刺史。其间因宣武军乱，取道商洛大道东下，意外在半途遇到出使的张籍。《逢张十八员外籍》："旅思正茫茫，相逢此道傍。晚岚林叶暗，秋露草花香。白发江城守，青衫水部郎。客亭同宿处，忽似夜归乡。"偶然相逢，地点不明，有些意外，更感珍惜，客亭同宿，对前途都有些迷茫。

白居易在杭州，仍与张籍保持密切联系。《江楼晚眺景物鲜奇吟玩成篇寄水部张员外》："澹烟疏雨间斜阳，江色鲜明海气凉。蜃散云收破楼阁，虹残水照断桥梁。风翻白浪花千片，雁点青天字一行。好著丹青图写取，题诗寄与水曹郎。"这首诗曾入选韩国七律选本《十抄诗》，是白居易七律名篇。前六句皆写杭州登楼所见之瑰丽景色。"风翻白浪花千片，雁点青天字一行"两句，尤见警拔卓荦、壮美清丽。张籍作《答白杭州郡楼登望画图见寄》，比白诗稍弱，在此不录。

长庆三年 (823) 秋，元稹出为浙东观察使，驻节越州，与杭州相邻，元、白杭越唱和，极一时之盛。张籍作《酬杭州白使君兼寄浙东元大夫》：

> 相印暂辞临远镇，掖垣出守复同时。
> 一行已作三年别，两处空传七字诗。
> 越地江山应共见，秦天风月不相知。
> 人间聚散真难料，莫叹平生信所之。

想到分别已经三年，更欣知元、白同居浙中，不断能读到二人的新诗。张籍有些悲哀，一是韩愈病重，二是年岁渐增，更有聚散难料的伤感。白居易作《张十八员外以新诗二十五首见寄郡楼月下吟玩通夕因题卷后封寄微之》：

> 秦城南省清秋夜，江郡东楼明月时。
> 去我三千六百里，得君二十五篇诗。
> 《阳春》曲调高难和，淡水交情老始知。
> 坐到天明吟未足，重封转寄与微之。

相隔遥远，但真心相知。张籍附上新作二十五首，白居易反复吟诵，既赞赏曲高难和，更体会张诗貌似平淡而饱含的深意。他说吟到天明，意犹未足，因而转致元稹。元稹读后，作《酬乐天吟张员外诗见寄因思上京每与乐天于居敬兄升平里咏张新诗》：

> 乐天书内重封到，居敬堂前共读时。
> 四友一为泉路客，三人两咏浙江诗。
> 别无远近皆难见，老减心情自各知。
> 杯酒与它年少隔，不相酬赠欲何之？

这里居敬指元宗简，卒于长庆二年春。白居易以张诗相示，元稹想到当年共居京城时，经常在元宗简的升平里居咏读张籍新诗。诗的重点不在张籍，而在怀念元宗简，透露出来的信息则是元、白、张、元四人关系之密切，特别是元、白对张诗的欣赏。

长庆四年夏秋间，张籍获任主客郎中。稍早些时候，白居易杭州任满，以太子左庶子分司东都。这是白居易首度分司居洛。宝历元年（825）三月，白居易出为苏州刺史，张籍作《寄苏州白二十二使君》遥寄：

> 三朝出入紫微臣，头白金章未在身。
> 登第早年同座主，题书今日异州人。
> 阊门柳色烟中远，茂苑莺声雨后新。
> 此处吟诗向山寺，知君忘却曲江春。

此诗也收入《十抄诗》，是张籍的名篇。诗说白居易经历宪、穆、敬三朝，皆得在朝廷任职务，足见资历深厚。两人登第仅隔一年，座主同为高郢。"题书今日异州人"，人即民，张籍早年曾居苏州，因此对白居易任乡邦刺史，感到格外荣幸。"阊门柳色烟中远，茂苑莺声雨后新"两句，写两人分居苏州与京城，两边都有美好景物，更引起对往事与各自现况的怀想。最后设想白在苏州游遍山寺，留下佳什，虽有些"忘却曲江春"的遗憾，更有彼此相知率意的表达。

文宗大和二年（828），张籍从主客郎中升任国子司业，是从四品下的高官了。而接替他任主客郎中者，居然是久负天下重名的诗人刘禹锡。张籍《赠主客刘郎中》：

> 忆昔君登南省日，老夫犹是褐衣身。
> 谁知二十余年后，来作客曹相替人。

刘禹锡成名很早，永贞间已任屯田员外郎，那时张籍还在艰难待选，其后更在太祝任上盘桓十年。经过二十三年，刘居然接任自己的旧职。诗中虽有一些沧桑感慨，但隐隐包含着人生无常，得失无意，这句话刘禹锡可以说，即"沉舟侧畔千帆过"之意，从张籍口中说来，总有些显得不太妥适。

张籍大约卒于大和四年春夏间，得年六十五岁。他生命中的最后两年，是在闲适中度过的，参与了裴度、白居易、刘禹锡为中心的大量唱和活动。他给白居易的最后一首诗，是《送白宾客分司东都》：

赫赫声名三十春，高情人独出埃尘。

病辞省闼归闲处，恩许官曹作上宾。

诗里难同相得伴，酒边多见自由身。

老人也拟休官去，便是君家池上人。

他赞许白居易得天下重名，但始终追求归闲。他自感年岁渐增，愿意随白休官，常做白家清客。白居易给张籍的最后一首诗是《雨中招张司业宿》：

过夏衣香润，迎秋簟色鲜。斜支花石枕，卧咏《蘂珠篇》。

泥泞非游日，阴沉好睡天。能来同宿否？听雨对床眠。

▶ （唐）白居易造石经幢
白居易洛阳宅院遗址中出土。
石经幢上可见"开国男白居易造"字样。白居易晚年笃信佛教，号香山居士，终老洛阳。

最后一句，意境很美，为宋代苏氏兄弟所继承。

　　张籍卒后，贾岛、无可有悼诗，白居易没有留下悼念文字，原因不明。

新见唐韩益《悼亡诗八首》发微

西晋潘岳悼念亡妻而作《悼亡诗三首》，后代"悼亡"即成悼念亡妻之专称，有关诗作历代都有，唐代则以韦应物与元稹所作最为著名。近日王庆卫博士告三秦出版社2022年2月出版刘文、杜镇合著《陕西新见唐朝墓志》，收墓志二百二十三种，其中152号李季推墓志，后半居然附刻有李氏夫君韩益所撰《悼亡诗八首》。墓志而附收悼亡诗，在唐墓志中尚属首见，十分难得。李氏夫君韩益墓志也已出土，见该书184号。疫情方殷，该书虽然出版，但流通尚罕。庆卫与作者熟悉，因请托将此二志拓本照片及录文见示，我据以复校一过。居家无聊，暂写为本文，无从查书，且该书全书未得通检，疏失难免，读者谅之。

李季推墓志原题《唐汴宋等州观察支使试太常寺协律郎韩益亡妻陇西李氏墓志铭并叙》，署"前魏博节度判官监察御史里行韩复撰"。韩复为韩益之兄，李氏为他弟媳，墓志题称"韩益亡妻"，未从韩复立场称呼，是可玩味。我以前

▶ （唐）李季推墓志

认为，唐墓志自称夫名，称呼"亡妻"，应是亡者之夫自撰墓志，看来不完全妥当。志文内容并不复杂，全录如下：

新妇讳季推，其先陇西人也。李氏系祖，派分四房，轩冕蝉联，代为令族。曾祖元懿，皇越州都督府户曹参军。祖晅，皇检校太子左谕德、岭南经略副使。父均，皇滑州韦城县令。咸以学行承家，清白贻训，风猷自远，位屈当年。新妇即韦城府君之第四女也。幼禀贤淑，闻于姻戚。年既笄，归于余季弟益。益三命试太常寺协律郎、汴宋观察支使。新妇能以恭俭约己，惠慈恤下。蒸尝备于蠲洁，宾客称其仪表。天命不祐，降此短龄，以长庆元年十月三日遘疾终于永崇里之私第，享年廿九。呜呼！古人有风烛之悲，蕣华之叹，仁者不寿，不其惑欤！粤以其年十一月一日葬于京兆府万年县之少陵原，祔于先茔，礼也。有子三人，长曰小牛，次曰三牛，幼曰王老，生才逾月，遽夺所恃。凡所亲戚，倍为悲伤。良人追思善言，永志幽壤。乃为铭曰：肇自洪源，派分鼎族。纷纶焜耀，传芳继躅。绍济清规，□□令淑。婉娩之性，柔和表则，宜家有裕，作嫔是式。光于二宗，用彰四德。如何不淑，哀彼良人。感深遗挂，情异鼓盆。奄归大梦，孰非穷尘。启新阡兮终岭傍，辞昭代兮厚夜长。何降年之不永，彼神理兮茫茫。

李氏出陇西房，穆宗长庆元年（821）卒，享年二十九，即生于德宗贞元九年（793）。按照唐代女性墓志一般惯例，所载子女，应为此女所生。李氏婚于韩益，至仅不足一年，不可能生有三子。志云"幼曰王老，生才逾月，遽夺所恃"，即李氏亡于产后月余。

墓志此下一行为："悼亡诗八首七言。益。大理评事韩解书志文。太原府参军韩孚书诗。"估计因志文内容较多，记录二位书者之文字，最终补刻于诗题之下。而益为作者对亡妻之自称。诗为韩益自作，应可确认。第六首前加题"五言"，与首题"七言"一样，是作者标示，可视为自注。在《悼亡诗八首》之总题下，所作为七律四首、七绝一首、五律一首、五古二首，在作者自题，则为七言五首、五言三首。其中律诗稍有不严谨处，为作者能力所限，无妨情感之表达。

在讨论此组诗以前，先根据题衔署为"兄朝议大夫守太府少卿上柱国复撰"之《唐故朗州员外司马同正员韩府君墓志铭并序》，介绍《悼亡诗八首》作者韩益之家世生平。墓志较长，不能全录，仅摘其要点。益字道裕，会昌三年七月卒，年五十六，用公元表达生卒年为788年至843年，长于李氏五岁，婚配年龄合适。韩益先世，"曾祖休，皇朝黄门侍郎、同中书门下平章事、太子少师，赠司空、文忠公"。韩休为玄宗时名相，两《唐书》皆有传，墓志也已出土，见《北京大学图书馆新藏金石拓本菁华续编》及《唐史论丛》第二十三辑。韩氏望出昌黎，但韩休这支已久居长安。"祖浑，皇朝襄阳郡长史，赠左散骑常侍"，《旧唐书》卷九八《韩休传》附载韩浑事迹，以兄洽卒，补官大理司直，后坐事配流，襄阳郡长史估计为天宝末任职。安史乱起，韩氏兄弟初陷贼，后欲奔行在，事败被杀，乱平，浑赠太常少卿。"父述，皇朝仓部都官二郎中、阆州刺史，赠兵部尚书"。代、德间，休诸子洄、滉、泆官显，故韩述亦得美仕。韩益为韩述第三子，弱冠被河东节度使王锷聘为支度巡官，其后累更使府，李氏去世时他任"汴宋等州观察支使试太常寺协律郎"，大约是第二任或第三任幕职，支使在使幕中的地位

▼（唐）韩滉《五牛图》
故宫博物院藏
韩滉为韩休子，曾任德宗朝宰相，《五牛图》为韩滉之代表作。

不算高。墓志没有具体说明他到过哪些幕府，在幕所挂朝衔
则五迁至侍御史内供奉，具体职掌则为"或职系货泉，或务
参戎幕"，皆是具体事务，未掌方面。入朝后，则历任大理
正、侍御史，参刑法、监察之职，进转金部员外郎，判度支
案计司，发挥他的理财所长，加上宰臣李石信任，得展抱
负。开成三年 (838) 李石罢相，韩益被劾"受纳财货"，受到
严厉惩处，长贬南方，两迁方得志题所载微官。可说晚年很
不幸。这次严贬且涉及他的子息及"连教授书生泊僮仆辈"，
因而在他去世时，仅有一子惕与三女，即李氏墓志所载三
子，至少二人已经先亡。墓志且言李氏"蕣华早凋，墓木已
拱"，韩益归葬时则"龟筮未叶，不克合祔"。从二墓发掘及
墓志出土情况看，葬地应相邻，估计韩益因未获平反，故未
行合祔之礼。

　　韩益与李氏之婚姻过程，在墓志与诸诗间有些乖违之
处，试略作分析。墓志云李氏"年既笄，归于余季弟益"。

古代女性十五岁曰笄，"未及笄时"指十五岁以前出嫁，但"既笄"则可能是及笄之次年，也可能晚许多年，并无绝对的定数。从韩益诗说，其二云："去年十月备婚仪，岂料今为断草时。"自注："去年十月十六日吉夜，今年十月十六日断草。"所谓"备婚仪""吉夜"，无疑指二人之大婚完成，同入洞房。就此句言，李氏成婚时已经二十八岁，在唐时是相当高龄成婚了。墓志云："有子三人，长曰小牛，次曰三牛，幼曰王老，生才逾月，遽夺所恃。"其中幼子王老为李氏所生，可得确证，且在时间上符合婚后成孕，产后病卒的结果。问题是小牛、三牛二子，是否李氏亲生，若为李氏亲生，则为婚前所得，当然也完全可能为韩益婚前纳妾所生，李氏入门虽晚，但她是主妇，可以对韩益前生诸子视同己出。这是美德，唐人多有称及。虽然就多数女性墓志来说，一般皆仅列其亲生诸子，且因非婚生子女在家庭中地位低下，未必有继嗣之资格。韩益墓志未述及他在李氏以前曾婚配他人，李氏是正娶之妻，不可能有先生子后成婚之可能，唐人也严禁以妾为妻，只能作如上推测。

在注重人伦道德的中国古代，夫妇之间生死不变的情感，一直受到广泛的赞誉与认同。《诗·大车》"谷则异室，死则同穴。谓予不信，有如皦日"的宣誓，就是上古士人的强烈表达。西晋潘岳《悼亡诗三首》反复叙述妻亡后之伤恸心情，从望庐（故居）、望月、临墓几方面展开铺叙，为此类型诗确定基本的格局。元稹《遣悲怀》是近体诗悼亡的典范之作，因为亡妻韦丛出身名门，自己则直至妻亡，始终没有得到充分发展，怀抱巨大愧疚，表述对亡妻的怀念之情。元稹《遣悲怀》作于元和四年（809）妻亡官显后，仅稍早于韩益之《悼亡诗八首》。韩诗中多处可见对元诗的模仿，可据以理解元诗影响之大。韩益不以诗名，但为妻办丧事，一下子写了八首诗，且特别刻于墓志之上，表达一往情深的怀念与死则同穴之决断，皆见他用情之深。虽然要突破潘岳、元稹已经建立起来的悼妻范式并不容易，但若仔细读韩诗，可说其间仍然颇多新意。

以下试逐首略作解说。

其一：

嫁来莫说事精丰，衣食区区尚不充。
终日焦心修法用，未曾得意稍开通。
亦知阮籍多疏懒，不耻黔娄乐困穷。
虚度一生今已矣，繐帷萧索起悲风。

先说家境贫贱,没有在妻嫁来后为她提供精丰的生活。衣食不充当然有所夸大,不算富足尚属可能。士族娶妻的一项主要职能是参与、准备家族的祭祀用品,且应保证雅洁。诗说李氏为准备"法用"（即礼器）而劳心焦虑,因为家境不宽裕而心情不畅,更谈不上得意。阮籍是魏末诗人,因时政险恶,自称疏懒而躲避朝事;黔娄则为战国稷下学者,穷而不改其志。韩诗为李氏设想,宽谅理解自己的疏懒,也不以夫穷为耻,乐在其中。最后说妻亡后眼前之悲凉,绲帷指床帐,曾是夫妻共同栖居之地,现在看到,更增加悲感。

其二:

> 去年十月备婚仪,岂料今为断草时。
> 非独恩情须洒血,假令闻见亦应悲。
> 人间有此千般恨,世路空传百岁期。
> 奉答平生相眷分,举钱斋奠愿君知。

（自注:去年十月十六日吉夜,今年十月十六日断草。）

此首回忆一年前婚仪吉夜之喜庆,叙述眼前之凄凉。"断草"即斩草,斩草为丧礼过程中的一种仪式,《葬经》以为以五色丝缠芦苇,然后斩之,破土营葬,可保吉祥。"人间有此千般恨,世路空传百岁期"两句,概括甚好,足传历来夫妻偏枯之痛。末二句,显然从元稹"今日俸钱过十万,与君营奠复营斋""唯将终夜长开眼,报答平生未展眉"二联中化出,韩益此时官位不高,对妻心怀感激,报答无计,所谓"举钱斋奠"是说自己借贷设奠，报答相眷恋之厚恩。

其三：

> 孤卧寒房夜已深，千思万想意难任。
> 殷勤奉为修营阙，将表终期同穴心。

四首七律中夹一首七绝，很可能因葬期仓促，作七律而未及完成，故有此变化。诗说夜深独卧，回想往日共居温暖，一片清冷，思绪万千，难以自己。后二句强调此次庄重为李氏操办后事，是要向世人与李氏表明自己身后与李氏同穴的决心。

其四：

> 容颜巧惠皆臻极，孝行谦柔尽出人。
> 天道固宜资五福，世间共美睦诸亲。
> 风流雅澹今何在？□议箴规事已陈。
> 分薄自惭君受屈，更悲凋落正芳春。

此首称赞李氏诸方面的美德，包括容颜姣好、灵巧仁惠，对尊长孝敬，待人谦和温柔，一切皆如此出众，几乎所有人都认为此为世间美事，应该天道酬福，但事实却恰好相反。这里之"风流雅澹"是指李氏之性情温雅，或略解诗文，而"□议箴规"则指在家庭或家族生活中能够提出合适的建议。"分薄"是说自己世福无缘，连累李氏遭殃，责己甚深。末句遗憾李氏遽逝于青春之时，芳春就人生言，不是指时令。此诗次句平仄未谐。

其五：

> 痛极何为但独行，绕阶千匝想平生。
> 忽思晓旦妆梳坐，又忆寻常笑语声。
> 扰扰人间谁达理？茫茫泉路更难名。
> 还将禅教开悲苦，不减肝肠万恨情。

这首更推进一层，说自己无从排解愁绪，只能围绕旧居无数遍之独行，往事历历，如在眼前。"忽思晓旦妆梳坐，又忆寻常笑语声"，写他记忆中李氏最平常的形象，早起晨妆，日常笑语，也是他失伴后最难忘却之景况。继而反问，纷扰人间，这样的结果说得通吗？谁能参透生死的道理。九泉路遥，更难申述。最后说自己很想以禅宗之悟达生死来寻求解脱，但千恨万痛，萦肠系怀，根本无从排遣。唐时墓志，一般皆秉持妻备于德而妾备于色之原则，对妻一般不作容颜、才艺方面的描述，元稹亦复如此。韩益前首称及容颜，此首述及晨妆，虽无显违，但能给人以具体生动的形象，确实很用真情。

其六：

> 昼夜不曾寐，思君笑语容。衣箱遗巧迹，文箧有书踪。
> 妆合华光尽，屏帷惨怆浓。无因话心曲，悲恨万千重。

此首五律，以自己在妻亡后在旧室中的思念展开。昼夜思念，不断因思及妻之笑语容颜而难以入眠，接着叙述在室中所见之遗物，衣箱、文箧、妆合、屏帷，都是女性之日常生活物品。衣箱所见巧迹，赞誉李氏善于缝纫剪裁衣物；文箧尚存书踪，是李氏颇通文墨，甚至可能稍工诗文，这当然是具备文学素养的士人理想的伴侣；"妆合华光尽"，写李氏逝后，佳人不复临镜，本来精美的妆合因此而失去光彩；屏帷是指室内之屏风与帷帐，是夫妻私密生活与外室隔开之障物，妻亡独在，不免凄怆伤怀。最后两句作结，将前次所有的悲痛提升到更强烈的境界，与妻之感情，是因为彼此知心，可以互通心曲，现在一切都失去了，能不悲从中涌，千愁万恨，何从排遣？情感之强烈和真实，皆可称赏。

其七：

> 暮羡归林鸟，群飞各有俦。寒房但寂寞，孤坐增悲愁。
> 旧爱如宿梦，新哀生白头。相看能几日？倏忽已千秋。
> 稚子未名字，痛心空泪流。还同潘岳恨，深自愧庄周。

仍写妻亡后的悲怀，末二句更明确说明此组诗是对潘岳诗的继承。末句说自己无法像庄子那样强作洒脱。庄子妻亡鼓盆而歌，以为终归大化，不必过于悲伤。诗中前几句，是前人悼亡诗的常见内容。旧爱、新哀，皆指李氏而言，并不涉及与他人之情感。"相看能几日？倏忽已千秋"二句，写尽欢爱短暂，忽已生死永隔，成为终生痛事。这时李氏所生子王老方诞满月，按照当时习惯，初有小名还未正式取名立字，妻亡而看到眼前的幼儿，自当更增悲痛。

其八：

> 初议姻亲日，余为职所縻。崎岖遂假往，又顾乏家资。
> 冒涉几泥雨，辛勤难具词。既切慕华族，焉能称倦疲。
> 及至新婚后，相将赴陇岐。虽当严冬月，不觉凝寒时。
> 止彼从事所，薄俸聊支持。柔和立家计，欢乐备妇仪。
> 忽尔仲春节，俄然暂索离。会逢随府主，朝谒到京师。
> 旋返自般辇，又缘军幕移。孟夏归穷巷，草木多华滋。
> 君早似有苦，人言初孕□。情神既抱疾，亲爱难追随。
> 万事候分诞，方期得展眉。医筮皆百计，□寿□自知。
> □天不佑善，冥寞何所之。往者难可谕，生者但怀悲。
> 伤心营葬具，痛恨抚婴儿。莫□□生意，神明当鉴斯。

长达四十句，是组诗里最长的一首，叙述自己与李氏议亲、迎娶到婚后辗转生活，直到产后妻亡的过程，其间有许多可以解读的细节。前八句，韩益说明与李氏订婚之过程，他曾亲赴李家议亲，且为此从军幕特意请假，经历道路崎岖艰难，方得成婚。其间说到自己家资之欠乏，更多是对李氏家族声华之倾慕，因此一切艰苦都在所不辞。从诗中所述长庆元年春随府主自陇岐入京，府主旋改任汴宋，即宣武军节度使，可以知道他所在为名将李愿之幕府，诗中所说与李氏同赴陇岐，具体是指凤翔节度使幕府。李愿，中兴名臣李晟长子，历守诸镇，时有重名，《旧唐书》卷一三三传附其父传后，且云其为长庆二年（822）二月改镇宣武。按《旧唐书·宪宗纪》载，李愿以元和十四年四月自刑部尚书为凤翔尹，充凤翔陇右节度使。同书《穆宗纪》载，长庆元年三月，愿自凤翔节度使授检校司空、汴州刺史，充宣武军节度使，与韩益夫妇墓志及诸诗所述可合符契，作二年事误。这样可以还原韩益在元和十五年至次年之活动轨迹，即他此前已在凤翔幕府，因迎娶李氏而请假东归，其间先到李家请婚，十月成婚，寻与李氏同赴凤翔幕府。经历冬寒，共同生活，备感温暖。到了仲春，因李愿入朝，韩益陪同，李氏留在幕府，夫妇短暂离别。到三月李愿改移汴宋发表，韩益复回凤翔安顿家室。至孟夏（即四月），韩益将李氏接回家中，其家居应即在李氏去世之长安永崇里，其地在丹凤门南，李愿父李晟之赐第也在此坊。这时二人成婚已近半年，李氏之病状开始显露，最初似乎仅认定为受孕后常见病症，没有特别地给以治疗。从诗中"君早似有苦""情神既抱疾"诸句分析，李氏病况已经很严重。从"万事候分诞，方期得展眉"，即家人认为病况是因孕而起，期待分娩后能有所改善。到十月三日病亡，时王老之诞方逾月，推测王老生于八月末或九月初，可以认为李氏不是死于产难，而是宿疾在产后更加严重，终于不起。这一期间，韩益与李氏应该有较长的分居，毕竟军幕事繁，未必能长期请假。诗的最后部分，因石刻漫漶，稍有缺文，意思应皆可理解，韩益感叹天不佑善，命运不公，只能以庄重营葬、抚育幼儿，来弥补自己对李氏之亏欠。

以夫妻二人墓志对读，可以知道韩益在娶李氏前已有二子，李氏亡后他又在世二十二年，卒时有一子三女，其中当有李氏亡后所得。但李氏亡后他没有再娶妻，也属于事实。这是唐代士人生活的一般面貌，即如古文家柳宗元于妻亡后，感叹南方无合适议婚者而不娶，但亡殁时留下二幼子，亦属如此。不必以今人观念要求古人。

韩益与李氏从成婚至李氏病亡，实际不到一年，二人共同生活的时间，估计仅半年左右。在李氏身亡后，他感忉万分，难以自已，写下这一组动人心魄的《悼亡诗》，确实堪称难得。唐代士人之婚姻，多求门当户对，多在意家族之荣誉与祭祀之尊崇，夫妻之间感受如何，可能各人之间差异很大。从韩益诗中可以读到，他与李氏是夫妻，更是知己，彼此的感情确实上升到近代以来所谓爱情的高度。八首诗中，时时处处都可以体会到他发自内心的伤痛。虽然他不是著名诗人，组诗延续潘岳的遗绪，也有对前人诗的模仿，但所写都是他的真实感受，就此而言，自有其特殊的价值。

诗人朱庆余
——人生道途上有幸有不幸

阅读唐诗文献，经常感慨诗人虽享生前重名，身后却至无只言片词保存，命运弄人，实在无可奈何；当然也有生前历经艰辛，偶然获一科第，仕宦并不得意，人生可称失败，但其诗集则历经艰难，居然得以传留至今。朱庆余就是这样的幸运儿。中国国家图书馆藏南宋书棚本《朱庆余诗集》一卷，存朱氏诗一百六十五首（误收张祜《题开元寺》《塞下曲》两首），附其友人李蹭诗二首。平生得意诗篇，大多存留至今，让我们可以充分了解他的坎坷科场道路，得晓他在人生奔波中的幸与不幸。阖卷思之，仍颇感慨。

一　越州才士朱庆余

朱庆余是越州（今浙江绍兴）人，有关记载很多，可无疑议。唯其家世如何，居家乡镇，皆无可考。从后文引他及第后友人之送行诗，知那时他父母还在，可称寿考。他行第为

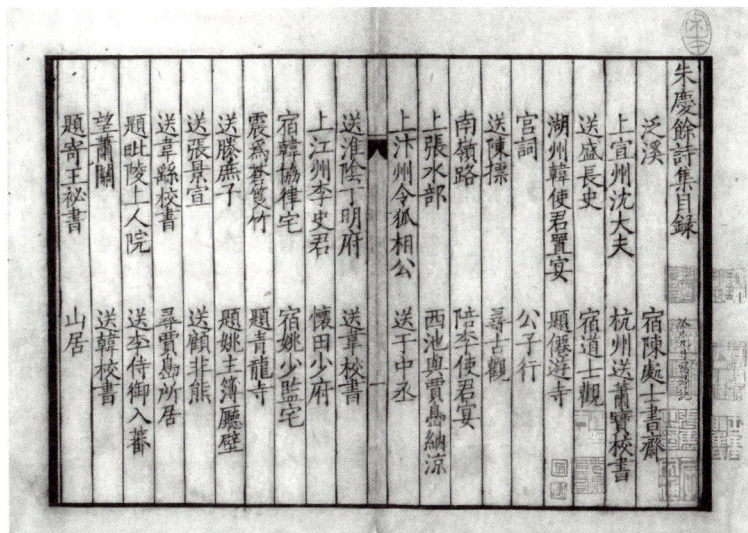

《朱庆余诗集》书影
中国国家图书馆藏
南宋临安府陈宅经籍铺刊本。

大，按唐人习惯，指同一曾祖下从兄弟之排序，他居最长。唐朝诗人别有朱可名，亦越州人，存《应举日寄兄弟》："废砚镜湖田，上书紫阁前。愁人久委地，诗道未闻天。不是烧金手，徒抛钓月船。多惭兄弟意，不敢问林泉。"武宗会昌中（841—846）登进士第，官终长安令。唐张为《诗人主客图》列可名为广大教化主白居易下之及门者。或以为即庆余之兄弟，虽无确证，当亦相去不远。庆余有《归故园》诗描述故里的生活："桑柘骈阗数亩间，门前五柳正堪攀。尊中美酒长须满，身外浮名总是闲。竹径有时风为扫，柴门无事日常关。于焉已是忘机地，何用将金别买山？"是江南富裕人家的日常闲适场景，如果不在意身外浮名，就此度过一生，也十分美满。

可是朱庆余不满足于此。他有才华，也希望成就一番事业，那就走出故里，到京城去发展。多数文士选择的道路，当然是在州郡取得乡贡进士的资格，到礼部参加进士科的考试。唐代中后期，每年集中到礼部的贡士几千人，录取者仅二三十人，比例很低。考试制度也不严格，录取与否取决于知贡举者之好恶。文士无奈，只好争相将自己的诗作投递给名家品读，称为"行卷"，据说促进了文学的繁荣。处于奔走挣扎中的文士，没有现代文学史家那么高的立意。在朱庆余，才华是有一些的。他最传诵的诗作，除后文要引到的"画眉深浅"一篇，还有一篇《宫词》：

> 寂寂花时闭院门，美人相并立琼轩。
> 含情欲说宫中事，鹦鹉前头不敢言。

想象宫中女子的生活，穿着华丽的衣服，站立琼楼华轩间，令人心生羡慕。女子的心情并不好，有所感触，因此动情，想与他人说宫中的感受，见到会学话的鹦鹉，想到它的传话可能带来祸难，于是将吐之辞，又收了回去。当时流行王建《宫词百首》，朱庆余仅这一首，曾经风行，殆因最得诗人之旨。

四处奔走，京城求仕，朱庆余内心感受孤独寂寞。《寄友人》："当代知音少，相思在此身。一分南北路，长问往来人。是处应为客，何门许扫尘？凭书正惆怅，蜀魄数声新。"知音，唐人指为官而对己有知遇之恩者。他向友人倾诉，南

▶（南宋）陈居中《王建宫词图》

台北故宫博物院藏

王建《宫词百首》风靡一时，图中宫娥群聚，争相付给扫地夫金钱，打听深宫之外的世界，正是"宫人早起笑相呼，不识阶前扫地夫。乞与金钱争借问，外头还似此间无"之情景。

北奔走，到处为客，见有达官显贵，自己完全无路可入，哪还谈什么知音？《长安春日野中》："青春思楚地，闲步出秦城。满眼是歧路，何年见弟兄？烟霞装媚景，霄汉指前程。尽日徘徊处，归鸿过玉京。"春天是发榜季节，自己则经历了又一次失败。人生多歧，阮籍曾感慨多歧迷方，痛哭而返。朱庆余强自安慰，步出京城，希望改换心情，但看到归鸿，想到兄弟，仍然难遣愁情。不过人生总要心存希望。《春日旅次》："林中莺又啭，为客恨因循。故里遥千里，青春过数春。弟兄来渐少，岁月去何频。早晚荣归计，中堂会所亲。"又一次失败，不觉已因循数年，时光过得真快，怎么办？他别无选择，只能坚持："早晚荣归计，中堂会所亲。"总有幸运的那天，载誉归乡，中堂拜见双亲。这种信念，让他一直没有放弃。

他经常写诗回忆故乡的美好。《过耶溪》："春溪缭绕出无穷，两岸桃花正好风。恰是扁舟堪入处，鸳鸯飞起碧流中。"春溪萦绕，桃花灿烂，扁舟独往，鸳鸯惊飞，人生如此，更复何求？羁旅中更增思念。《旅中过重阳》："一岁重阳至，羁游在异乡。登高思旧友，满目是穷荒。草际飞云片，天涯落雁行。故山篱畔菊，今日为谁黄？"旅途中遇到重阳，是亲友团聚的节令，可眼前一片穷荒，无限凄凉，不能不怀疑人生：故山菊开，何必远行？《宿江馆》："江馆迢遥处，知音信渐赊。夜深乡梦觉，窗下月明斜。起雁看荒草，惊波尚白沙。那堪动乡思，故国在天涯。"寂寞夜深之际，梦见了故乡，感慨离家日远，远在天涯，可以梦见，但遥不可及。

二　进入科场的朱庆余

朱庆余约在穆宗长庆初年，客居江州。有《上江州李使君》：

起家声望重，自古更谁过。得在朝廷少，还因谏诤多。

经年愁瘴疠，几处遇恩波。入境无余事，唯闻父老歌。

这位使君是当时的大名士李渤，能诗，更好道，庐山白鹿洞书院就是他所初创。他在官场似乎不太适应，几度起落，当然名声也为之鹊起。朱庆余知道这些，写诗很贴切。所谓"起家声望重，自古更谁过"，是说朝廷听闻李渤名声，下诏征召，李渤就是不去，朝廷有事之际，又数次言事，切中要害。朝廷与友人再三恳求，他方出山，真有些传奇气味。以著作郎召，迁右补阙，他居然认真起来，不避权贵地将朝廷上下批评一遍。名声更大，也不见他有错，于是客气地请他出外当刺史，独当一面。"得在朝廷少，还因谏诤多。"你在朝廷话多，因此立朝时短，也都属于实情。最后说李渤无为而治，入境就听闻父老赞美之歌。李渤是名士，名士的好处是不在意得失，别人也就奈何他不得了。朱庆余理解李渤，名士也很受用。碰到重阳，李渤留朱庆余赏花参宴，朱有诗《陪江州李使君重阳宴百花亭》："闲携九日酒，共到百花亭。醉里求诗境，回看岛屿青。"诗是一般的应酬，没有特别的寄意。

朱庆余从江州入京，经过鄂州，意外遇到著名诗人白居易，作《鄂渚送白舍人赴杭州》："岂知鹦鹉洲边路，得见凤凰池上人。从此不同诸客礼，故乡西与郡城邻。"说不上深交，只是偶然遇到，他仅说很意外在鹦鹉洲边，遇到曾任翰林学士的白舍人。白赴任杭州刺史，杭州与自己的故乡越州相邻，从此关系与以往不同了。诗中并无太多深意。

朱庆余是否及识韩愈，没有留下记录。他有《送韩校书赴江西幕》："从军五湖外，终是称诗人。酒后愁将别，途中过却春。山桥槲叶暗，水馆燕巢新。驿舫迎应远，京书寄自频。野情随到处，公务日关身。久共趋名利，龙钟独滞秦。"这位韩校书，就是韩愈侄孙韩湘，后世八仙之一，在长庆三年（823）登第后，入江西幕府。诗是一般送别之意，最后说曾同求功名，你终于胜出，我虽已龙钟衰惫，但还须继续挣扎。

朱庆余何时进入科场，史籍没有明确记载。按照唐代通例，参加礼部贡举，首先要获得州郡的推荐。从以下罗列的记载看，朱庆余大约在宪宗元和前期已经进入科场。

朱庆余有《上翰林蒋防舍人》：

清重可过知内制，从前礼绝外庭人。
看花在处多随驾，召宴无时不及旬。
马自赐来骑觉稳，诗缘得后意长新。
应怜独在文场久，十有余年浪过春。

称翰林学士蒋防为舍人，是其已得到知制诰的责任。傅璇琮《唐翰林学士传论》认为此诗写于长庆三年三月至次年二月前，大约可信。前六句恭维蒋防，担任学士，可以随驾看花，参与皇家召宴，都很光彩。内制是说在内庭为皇帝起草文书，是文人的最高理想。最后方说到自己，久困科场十多年，一切美好时光都轻易浪费了。没有乞求，请蒋给以汲引的意思也非常明确。蒋防的诗文都有时名，曾作小说《霍小玉传》，对下层文士艰难求进有很仔细的描述。他是否关心援引过朱庆余，正反的证据都没有，仅据此可以推知他的始贡文场，至此已经十多年，约始于宪宗前期。

就在写前诗的同时，朱庆余有诗《上翰林李舍人》给另一学士李绅：

> 记得早年曾拜识，便怜孤进赏文章。
> 免令汩没惭时辈，与作声名彻举场。
> 一自凤池承密旨，今因世路接余光。
> 云泥虽隔思长在，纵使无成也不忘。

李绅早年诗名极盛，《悯农二首》盛传人口，为元稹的风流往事写过《莺莺本事歌》，发起新乐府，与元白交密。当时为翰林学士承旨，位次高于蒋防。庆余说早年曾晋谒，承李绅赏识文章。李绅早年失身浙西李锜幕府，得释后漫游吴越，朱庆余与他的初识约在此时。不过自己实在没有什么进益，有负李绅当年对自己的期待。从初识至今，彼此地位日益悬殊，真如云泥之隔，不过你的关心一直不忘，即便不能成功，也都可以理解。有所请求，语意含蓄，这里看到庆余的分寸拿捏与善于表达。李绅是否给以援手，仍不得知。

三　朱庆余与张籍的知音佳话

朱庆余广泛交结，四处投诗，实际效果如何，很难究诘。这一时期真正给他以关心与提携的，是时任水部员外郎的诗人张籍，且留下一则广为传诵的佳话，见唐范摅《云溪友议》卷下《闺妇歌》：

> 朱庆余校书既遇水部郎中张籍知音，遍索庆余新旧篇什数通，吟改后只留二十六章，水部置于怀抱而推赞钦！清列以张公重名，无不缮录而讽咏之，遂登科第。朱君尚为谦退，作《闺意》一篇以献张公。张公明其进退，寻亦和焉。诗曰："洞房昨夜停红烛，待晓堂前拜舅姑。妆罢低声问夫婿，画眉深浅入时无？"张籍郎中酬曰："越女新妆出镜心，自知明艳更沉吟。齐纨未足人间贵，一曲菱歌抵万金。"朱公才学，因张公一诗，名流于海内矣。

《云溪友议》是范摅乾符间（874—879）的著作，所述多得自传闻。上述故事之真相如何，仍当参考文献加以考镜。

书棚本《朱庆余诗集》所收朱诗，题作《近试上张弘水部》，"弘"字是衍文，可据席本和《万首唐人绝句》卷八、《唐诗品汇》卷五二删，《全唐诗》卷五一五张字下补"籍"字，则属蛇足，给尊者献诗，一般不会直呼其名。诗以新嫁娘自喻，天明即将拜见舅姑（今习称公婆），有些胆怯，只能询问夫婿，妆容深浅，是否入时？这里，看到朱庆余对自己的才华还缺乏信心，希望著名诗人给自己把把关。张籍和诗更见精彩。因为庆余是越地人，且以新嫁娘自喻，顺此理路，即以越女比喻朱庆余，称赞她天生丽姿，明艳自然，不用华丽服饰，清唱一曲，即可打动人心。这对将入考场，忐忑不安的诗人来说，是极大的宽慰。

　　根据朱诗诗题，知是在张籍任水部员外郎时投献，时在长庆二年。张籍虽在贞元十五年（799）一举及第，但一直坎壈仕途，身体也不好，时有"穷瞎张太祝"之目。直到他的好友韩愈任兵部侍郎，为张籍简任水部员外郎。朱庆余得讯，有《贺张水部员外拜命》以贺：

> 省中官最美，无似水曹郎。前代佳名逊，当时重姓张。
> 白须吟丽句，红叶吐朝阳。徒有归山意，君恩未可忘。

尚书省二十四司，水部管水利漕渠，乃清冷衙门。《太平广记》卷二五〇引《两京新记》云：

> 　　尚书郎自两汉已后，妙选其人。唐武德、贞观已来，尤重其职。吏、兵部为前行，最为要剧。自后行改入，皆为美选。考功员外专掌试贡举人，员外郎之最望者。司门、都门、屯田、虞、水、膳部、主客皆在后行，闲简无事。时人语曰："司门水部，入省不数。"

也就是说管人事贡举或铨选者为美差，掌城门、水利者则算不上什么。朱庆余对此不容不知，但既然是贺官，总要找最美好的比喻。张籍是有名诗人，南朝诗人何逊也曾任职水部，世称何水部，诗人任此职，似乎具有别样意义。朱诗说水部是郎官中最美的官守，最合乎诗人的身份。张籍此时已经五十多岁，不年轻了，"白须吟丽句，红叶吐朝阳"二句，写张籍之吟诗状态，比喻生动而写实。最后二句，稍存艾怨："徒有归山意，君恩未可忘。"说自己屡试不第，早就有归山寻隐之意，只是想到张籍对自己的恩德，不愿轻易放弃。

庆余《上张水部》：

> 出入门阑久，儿童亦有情。不忘将姓字，常说向公卿。
> 每许连床坐，仍容并马行。恩深转无语，怀抱甚分明。

以此诗与《云溪友议》所载相比较，称张籍为水部郎中容有出入，然说张籍得诗后广搜朱诗，反复吟诵，选定二十六首后广为传誉，符合张籍为人风范。张籍出身南方，早年孤寒北上，在汴州偶遇韩愈，韩愈给以首荐，张籍一举登第，入官场二十多年，一直低徊不顺。读庆余此诗，可知与张籍来往已经许久，连两家的孩子也有些熟悉。他感谢张籍对自己的称赞延誉，公卿聚会时，经常称名，赞许自己的诗作，每有出行，也不在意彼此地位悬隔，平等对待，处处礼敬。所谓"连床坐"，床指唐人之座椅，"并马行"则指二人出游时骑马同行。这些虽是细节，朱庆余处处感到张籍对自己的关心，说不知如何感谢，铭记在心，不能忘怀。

据此可以推知，朱、张赠答时间应在长庆二年或三年秋，这两年知贡举者皆为礼部侍郎王起。王起虽称出身世家，其实他那一支最称孤寒，他的兄弟王播早年寄食扬州寺院，为寺僧所厌而有"饭后钟"之故事。王起在长庆、会昌间曾四度知贡举，知举次数为有唐第一。李德裕南贬时，科场进士有"三百孤寒齐下泪"之说，表达孤寒士人的痛惜。这一政策的执行者就是王起。很不巧，朱庆余在这两年的应举皆遭黜落，只能说是运气不好，怨不得主司。

长庆四年（824），朱庆余仍然没有放弃。此年知贡举者为中书舍人李宗闵，虽是牛党大佬，与韩愈关系也好，朱庆余仍遭黜落。这年所试为《震为苍筤竹》，朱集中保存了这首诗，是他认为值得传世。

直到敬宗宝历二年（826），庆余方得登进士第，主考官为礼部侍郎杨嗣复，也是牛党的魁首。这一年所试赋为《齐鲁会于夹谷赋》，诗为《省试晦日与同志昆明池泛舟》。这首诗见于《朱庆余诗集》，不妨抄录于下：

> 故人同泛处，远色望中明。静见沙痕露，微思月魄生。
> 周回余雪在，浩渺暮云平。戏鸟随兰棹，空波荡石鲸。
> 劫灰难问理，岛树偶知名。自省曾追赏，无如此日情。

这是一首限定韵脚的六韵诗，题目倒没用僻涩的典故，只是一首特定节令、特定友人泛舟游昆明池的记游诗，难度是这几项内容都要照顾到。朱庆余从容写来，省试诗如同记游诗般地周到明快，有景有情。其中以"故人""曾追赏"，说明是同心之旧友，以"月魄""余雪"交待晦日，即旧历每月之最后一天。昆明池为长安的风景名区，汉武帝曾在此练习水战，池中雕有石鲸。朱庆余写游池所见，既有开阔的池景，特定节令的物候，以"劫灰"寄托古今兴衰之感慨，最后说到此日游感，胜于往日。确实是一首优秀而合格的应试诗，得入考官法眼，千年后仍能体会他的诗才。

朱庆余及第后，归越省亲，张籍仍作诗为别："东南归路远，几日到乡中？有寺山皆遍，无家水不通。湖声莲叶雨，野色稻花风。州县知名久，争邀与客同。"（《送朱庆余及第归越》）张籍也是南方人，知道东南归途遥远，以几日行程方能归越起问，很亲切。此下写南方景物美好，有山有寺，水道连接每户人家。"湖声莲叶雨，野色稻花风"二句，写江南风物如画。近年日本学者说张籍诗开晚唐体之先声，此首足为代表。最后说朱庆余杏坛折桂，远近知名，想象州县争邀之盛况。张籍此时已迁任主客郎中。《云溪友议》称张郎中不错，唯细节有些疏忽。

四　进士登第后的朱庆余

其实，朱庆余及第后，有多位知名诗人作诗为他宠行。贾岛作《送朱可久归越中》："石头城下泊，北固暝钟初。汀鹭潮冲起，船窗月过虚。吴山侵越众，隋柳入唐疏。日欲躬调膳，辟来何府书？"姚合作《送朱庆余及第后归越》："劝君缓上车，乡里有吾庐。未得同归去，空令相见疏。山晴栖鹤起，天晓落潮初。此庆将谁比，献亲冬集书。"贾诗想象他归途经过金陵、京口后入越，沿途景物如画，最后说归家可以躬自为双亲调膳，也不久可以收到幕府的辟书。姚诗则说故乡有旧庐，行程不必匆迫。故人称父母在为有庆，归家可以献上冬集礼部所作之书，即及第的作品。

这时的越州主政者，是浙东观察使元稹，罢相出守，名重一时。不知为什么，元、朱之间看不到来往的痕迹。元稹幕下的判官周元范，有《贺朱庆余及第》诗，仅存二句："莫怪西陵风景别，镜湖花草为先春。"西陵是自杭抵越的孔道，镜湖则为越中名胜，最简单解释就是朱庆余的及第，使故乡景物为之增辉。但也可以理解为，朱庆余是有留居越幕的打算，但没有成功。朱庆余也有《送浙东周判官》：

久闻从事沧江外，谁谓无官已白头。
来备戎装嘶数骑，去持丹诏入孤舟。
蝉鸣远驿残阳树，鹭起湖田片雨秋。
到日重陪丞相宴，镜湖新月在城楼。

玩味诗意，是在京城送周元范入浙东幕。早就听闻周在江外任职，年龄不小，官则无取，现在总算有了名分，戎装丹诏，是奉命入浙东幕。丞相正指元稹，末两句是设想之辞。周听闻朱及第，驰诗以贺，也属正常人情。

其间，朱庆余曾到湖州，有《湖州韩使君置宴》："老大成名仍足病，纵听丝竹也无欢。高情太守容闲坐，借与青山尽日看。"韩使君是韩泰，永贞革新后被贬八司马之一，大和元年（827）自睦州刺史改任湖州刺史，知此时朱庆余仍在越中停留。韩泰为他开宴，当然是敬重他的诗名，他则诉说虽然及第，年纪已经偏长，且久患足病，很可能就是脚气病，在南方很普遍，重者可致命。韩泰很客气，有音乐，有酒筵，有青山，可他就是高兴不起来。他当然感谢韩泰的高情，但也不愿掩饰自己内心的不悦。

不久，他北上扬州，见到在淮南幕中任职的好友李敞。《朱庆余诗集》附有李敞诗二首，可见关系密切。李敞是长庆元年（821）进士，较朱庆余早五年。二人之交往，可能始于元和间科场中。李敞此时职务是"淮南节度掌书记、监察御史里行"，是幕府核心成员，且因淮南为大镇，今后前途光明。朱庆余在扬州幕府住了十天，就匆忙赴京。朱庆余以《别李侍御后亭夜坐却寄》告别："已作亭下别，未忘灯下情。吟多欲就枕，更漏转分明。"说虽然道别，此情难忘，将就枕仍诗情澎湃，一夜更漏，点滴分明。李敞答以《寄酬朱大后庭夜坐留别》："十夜郡城宿，苦吟身未闲。那堪西郭别，雪路问青山。"留住十天，每日皆在吟诗，大雪封路，仍挡不住他北上的决心。既然难以忘怀，李敞似乎即陪同启程。他有《天长路别朱大山路却寄》："驿骑难随伴，寻山半忆君。苍崖残月路，犹数过溪云。"天长在今滁州境，是李敞远送至此为别。朱庆余作《酬李敞侍御》："此去非关兴，君行不当游。无因两处马，共饮一溪流。"是说我远行非因兴趣，你更不必劳驾远游。

朱庆余更有《将之上京留别淮南书记李侍御》:"半似无名位,门当静处开。人心皆向德,物色不供才。酒兴春边过,军谋意外来。取名荣相府,却虑诏书催。""军谋意外来"一句透露,他可能因某使相之推荐,获得参加军谋宏达科的制科考试资格。所谓军谋宏达科所考,其实是就历代经史所载战事,结合现实发表一些见解。朱庆余是否具备军事材干,我们无从判断。他的诗集中有《长城》:"秦帝防胡虏,关心倍可嗟。一人如有德,四海尽为家。往事乾坤在,荒基草木遮。至今徒者骨,犹自哭风沙。"是说国事安危,在君主有德,民受其福,天下安好,四海皆可为家。至于筑长城以备胡,乃不得已之举,往事历历,可为龟鉴。即他认为防虏不如立德。又有《塞下感怀》:"塞下闲为客,乡心岂易安。程途过万里,身事尚孤寒。竟日风沙急,临秋草木残。何年方致主,时拂剑尘看。"是他曾到过边塞,体验到塞下为客的艰辛,但他也有为国从戎的决心,末句颇有英雄气。可能他平时也喜欢谈兵,因而获得推荐。这一年的军谋宏达科仅录取郑冠、李拭二人,朱庆余落第。

其后,朱庆余在京城居留一段时间。大和三年四月,东阳人滕珦以右庶子致仕还乡,朱庆余作《送滕庶子致仕归江南》,时在京城。同年九月,睦州刺史陆亘改任浙东观察使,接替元稹,朱庆余作《送浙东陆中丞》:"坐将文教镇藩维,化满东南圣主知。公务肯容私暂入,丰年长与德相随。无贤不是朱门客,有子皆如玉树枝。自爱此身居乐土,咏歌林下日忘疲。"作此诗时，似乎已南归，但不在越州境内。他赞赏陆亘以文教化育地方，声满东南，最后两句说自己为越人而身居乐土，为陆之盛德颂歌而不知疲倦。

大和四年（830）九月，江西观察使沈传师改任宣歙观察使。朱庆余寻往游宣城，作《上宣州沈大夫》："科名继世古来稀，高步何年下紫微？帝命几曾移重镇，时清犹望领春闱。登朝旧友常思见，开幕贤人并望归。今日得游风化地，却回沧海有光辉。"朱庆余的身份只是游人，他称赞沈之数领大镇，更希望他出任礼部侍郎，主知贡举，这是有才学声望者方可担任的职位。这时沈幕最知名者为诗人杜牧。可惜未有交往。

据今人景凯旋《朱庆余生平考索》（收入《唐代文学考论》，南京大学出版社，2012）所考，朱庆余存诗最后有年代可考者，一是《和处州韦使君新开南溪》，韦使君为韦纾，大和五年自驾部员外郎出为处州刺史；二为《台州郑员外郡斋双鹤》，《嘉定赤城志》卷八载，郑仁弼大和六年为台州刺史。

《宝真斋法书赞》卷六收许浑自书乌丝栏诗真迹，有《再游越中伤朱庆余协律（蜀本、书棚本、元本许集二字作"先辈"）好直上人》："昔年湖上客，留访雪山翁。王氏船犹在，萧家寺已空。月高花有露，烟合水无风。处处多遗韵，何情入剡中？"虽难以确定作于何年，但可知朱、许二人早年曾有交往，再到时朱已亡殁，"协律"是协律郎的简称，其实仅是太常寺的闲官，没有什么特别的地方。他很可能即卒于越中，时间约在大和五六年后不久。从进士登第到去世，仅六七年，没有留下什么宦迹，更谈不上什么政绩。

在他身后六七年，颍王李瀍即位，是为武宗。他的好友李躔因避讳改名李回，会昌五年拜相。这些都已与他没有任何关系了。

余话

朱庆余是诗人，没有达到时代的一流水平，更没有转变风气。他仅写自己的经历，经营人际关系，表述感谢和寂寞，记录怅惘和失落，如此而已。他的大半生都在为科名奔忙，侥幸及第，未在官场上有所作为。他有幸遇到张籍，留下一段佳话；他有幸有诗集一卷传世，让千年后的人们可以体会他的心情。幸欤，不幸欤，其实都不在他自己的掌控之下。相比而言，他笔下所述早逝的诗人胡遇，未有诗作存世；他的友人李躔，改名李回，官至宰相，正史有传，但仅传三诗，二首还是靠朱庆余保存而得传。那么说来，朱庆余还算幸运。

诗人黄滔

——历经曲折终得成名的闽南文宗

南方人王、黄二姓读音容易相混，从全国来说，王姓人数远超黄姓，但在闽粤一带，黄姓人数远超王姓。多年前曾在澳门一旅馆闲来无聊，翻当地的黄页电话簿，惊讶地发现黄姓居然是王姓的五倍。闽中黄姓文学之祖，首推唐末黄滔。滔字文江，先世为福州侯官人，迁居泉州莆田。他曾编选《泉山秀句集》三十卷，《新唐书·艺文志》谓其编录自武德至天祐末闽中诗人诗，从书名说，更可能是泉州一郡之诗。

一　连天风雨一行人

黄滔家世不可考。其集中有《寄从兄璞》诗："纵征终不起，相与避烟尘。待到中兴日，同看上国春。新诗说人尽，旧宅落花频。移觅深山住，啼猿作四邻。"黄璞撰有《闽川名士传》三卷，记唐中宗神龙后至昭宗大顺间（707—891）福建

▶《黃御史集》書影

中國國家圖書館藏

明崇禎刻本。黃御史即黃滔，早年屢不第，後為閩中文宗。

文人五十四人事迹，其中登進士第者四十三人。書久逸，今人陳慶元有輯本（參《文獻》2003年第2期）。明崇禎本《黃御史集》卷四有黃蟾《和從兄御史延福里居》，蟾是璞、滔從弟，所和滔詩原題是《延福里居和林寬何紹余酬寄》。黃滔集中雖多有懷鄉之作，提到自己養親的責任，《旅懷》也有"故園魂斷弟兼兄"的記載，但他的直系親人沒有記錄，令人感到遺憾。

黃滔生年，今人彭萬隆撰《黃滔行年考》（收入《唐五代詩考論》，浙江大學出版社，2006）斷在文宗開成五年（840），可以確認。《穎川陈先生集序》中说："顷随计之岁，先生下世，后二十五年而忝登甲第。"倒推知他最初参加科考在懿宗咸通十二年（871）。次年春首度入京，参加礼部考试，试题是《禹拜昌言赋》，第一场就被刷下。他当时有《下第》诗：

> 昨夜孤灯下，阑干泣数行。辞家从早岁，落第在初场。
> 青草湖田改，单车客路忙。何人立功业，新命到封王？

为了科名，辞家从学许多年，做了充分准备，哪料到败得如此凄惨？"青草湖田改，单车客路忙"两句，说尽时光流逝、奔波道途的悲哀。最后两句，则感慨于懿宗三子封王，他们对国家有过贡献吗？确实没有，仅因为是皇帝的儿子，就得以封王，黄滔内心稍有些不平。

闽中僻居南方，且群山阻隔，开发最晚。唐中期方获得进士荐解的机会，贞元后陆续有闽中进士登第，但能进入朝廷中枢的机会则很少。宣宗后牛党执政，科场成功与否，更关键的在于有没有权势人物推荐。有才华而没有强硬后台者，不免吃亏。黄滔有些失落，但路还得走下去。他南游了一圈，秋天再回到长安，其间曾给国子博士侯圭致启："在他处则早逾一纪，来上国则已逮二年。"国子博士负责国子监生的教育，官场层级很低，当然也帮不了忙。

不行再找新路。再次落第后，黄滔南下岭南，托南海幕府中朋友帮忙，也顺便参访罗浮山，体会出世之境。他有《广州试越台怀古》：

南越千年事，兴怀一旦来。歌钟非旧俗，烟月有层台。
北望人何在？东流水不回。吹窗风杂瘴，沾槛雨经梅。
壮气曾难揖，空名信可哀。不堪登览处，花落与花开。

这里是汉南越国的故地，州府解试的诗题很切地方特色，诗
也写得清畅而寄意遥深。他也有《南海幕和段先辈送韦侍御
赴阙》：

树色川光入暮秋，使车西发不胜愁。
璧连标格惊分散，雪课篇章互唱酬。
魏阙别当飞羽翼，燕台独且占风流。
满园歌管凉宵月，此后相思几上楼。

是秋暮在南海幕府送人，段、韦皆为幕府中官员，黄滔最多
只是游幕者。不久他遇到新自吏部侍郎外任岭南东道节度使
兼任礼部尚书的韦荷，他有《南海韦尚书启》，篇幅很长，
其中说到自己的遭际：

至如生于草泽，来自沟塍，或能中甲乙求，登殊尤
选。盖止于同人延誉，先达吹嘘。未尝有圣日名侯，大
朝重德，面开金口，首借丹梯。

是说自己出身卑微，前次曾给以表彰的人层级有限，未受到
朝廷足够重视。韦荷到任不久，就亲自过问荐解之事："今

者遽持幽贱，获觐旌幢。兢营方忝于拂尘，奖遇旋叨于荐赋。""宁期尚书亲回严重，庭赐褒称。"前引南海所试诗，就是这时所作。岭南是大镇，韦荷又从京中最具实权的吏部外任，得到这样的奖掖，黄滔感到希望大增。

二　十年飘泊在京华

获得岭南荐解的黄滔，对于朝中人事之复杂，取得科名必须依靠强援的道理，有了更深入的了解。韦荷为他取得进试礼部的机会，朝中谁说了算，还真不好说。从广州北上，经过邓州，他得以结识同为闽人，也以文学知名，曾任国子司业，时为邓州刺史的郑诚。郑诚也擅文名，黄滔曾说郑早年在举场，时有"滋赋诚文，中外相奖"的传闻（《黄御史集》卷四《翁文尧以美疹暂滞令公大王益得异礼观今日宠待之盛辄成一章》）。滋指林滋，也是闽中前辈。闽人相亲，郑诚留黄滔在身边，更为他介绍朝中举足轻重的人物。黄滔有《绛州郑尚书》：

> 旌旗日日展东风，云稼连山雪刃空。
> 剖竹已知垂凤食，摘珠何必到龙宫。
> 谏垣虚位期飞步，翰苑含毫待纪公。
> 谁谓唐城诸父老，今时得见蜀文翁。

郑尚书是郑畋，与郑诚是会昌二年（842）的同榜进士，私交密切。懿宗末年遭贬黜，僖宗即位后内徙，传将大用。事实上在黄滔入京赴礼部试的同时，郑畋即于乾符元年（874）十月连续迁官，晋任宰相。郑畋任相后，迁郑诚为金部郎中。黄滔到绛州见郑畋，显然出于郑诚的介绍。

然而，朝中人事有不可预测的变化。乾符二年知贡举者乃中书舍人崔沆，有自己特定的利益与口味。他特别欣赏同姓进士崔瀣，因此留下"座主门生，沆瀣一气"的俗语，后者更成为狼狈为奸的同义成语。要他秉公办事，甚至听取有识者的建议，似乎都很难。这一年所考诗赋，诗题为《一一吹竿》，黄滔所作为：

> 齐竿今历试，真伪不难知。欲使声声别，须令个个吹。
> 后先无错杂，能否立参差。次第教单进，宫商乃异宜。
> 凡音皆窜迹，至艺始呈奇。以此论文学，终凭一一窥。

赋题为《王者之道如龙首赋》。黄滔所作，均自存稿，后者还特别加注："乾符二年下第。"即他认为所作值得保存，不取下第是考官之无识。就所试诗来说，典出《韩非子·内储说上》："齐宣王使人吹竿，必三百人。南郭处士请为王吹竿，宣王说之，廪食以数百人。宣王死，湣王立，好一一听之，处士逃。"滥竿充数的故事出处即此。考官变化出题，规定五言六韵，押韵也有具体要求。仅凭一诗，即可见考生对经史典籍是否熟悉，能否就试题作妥当的发挥。黄滔所作中规中矩，认为三百人吹竿，无法区分各人水平高下，湣王一一历试，本不难区分真伪。吹竿要区分乐曲宫商，凡音与至艺，只有让乐师逐一演示，才能分别高下。最后两句说以此论文学，也是同样道理，必须一篇一篇地审读。题目当然可以引升到朝廷用人失察的大道理，黄滔深知这是应试，必须始终保持忠厚之气，只从乐师谈到文学，分寸把握得很好。考官不欣赏，只能再次铩羽而归。

次年即乾符三年，考官还是崔沆，官职转为礼部侍郎，所试诗题为《奉诏涨曲江池》。诗人郑谷也参加了此年考试，同样未取。两相比较，郑诗略优于黄诗，这里不展开。

乾符四年，主考官换成中书舍人高湘，黄滔仍然落榜。这时崔沆改任尚书右丞，黄滔离京时，崔沆为他写了推荐文字，黄滔作《崔右丞启》二篇致谢，其中说到"矧当杏苑烟晴，柳沟风暖，陌上而群英得意，尘中而衰发伤离"，当然落寞，情绪还在分寸间。再说："频年忝极荐之书，词逾一鹗；累榜以未亨之数，愧积迁莺。"落第只是自己水平欠缺，运气不偶，怪不得考官，场面上的话都很得体。对熟悉的知己郑诚，他的表述要直率得多。《下第东归留辞刑部郑郎中诚》：

去违知己住违亲，欲发羸蹄进退频。
万里家山归养志，数年门馆受恩身。
莺声历历秦城晓，柳色依依灞水春。
明日蓝田关外路，连天风雨一行人。

唐人所说知己，指官场上对自己了解亲近的人。郑诚对他照顾很多，他很长时间甚至住在郑家，也替郑诚处理一些来往公文。离开，辜负知己的厚意；留下，则家中亲人久不谋面，有违孝道。从"万里家山归养志"一句看，他在累试不第后是有过归家侍亲，不再应试的念头，但在郑诚门馆受恩数年，实在不应轻言放弃。颈联两句，写他对帝城景物的无限留恋，用以与末句作衬托：明天将在满天风雨中孤独东归，充满不舍与失落。

此年春夏间，郑诚受命为安州刺史，其地即今湖北安陆。八月，叛乱的王仙芝大军攻陷安州，郑诚因此而获罪削职。郑谷有诗题《从叔郎中诚辍自秋曹，分符安陆。属群盗狂炽，流毒江壖，竟以援兵不来，城池失守，例削今任，却叙省衔，退居荆汉之间，颇得琴尊之趣，因有寄献》。王仙芝军势浩大，郑诚独木难支，朝廷的处分仅仅削职，以郎衔退居江汉间。黄滔不知改变了行程，随郑南下，还是还乡后听到郑诚的遭遇，赶往江汉。他后来作《与杨状头书》云："故安州郑郎中、江陵蒋校书谓所业赋偶公道，必为宗师之荐，宗伯之求。某佩斯言十有五年矣。""江陵蒋校书"是蒋德山，他有两启给蒋，可知这时他从江陵府寻求解送礼部，郑、蒋都给以庄重推荐。

三　损生莫若攀丹桂

黄滔做足准备，于广明元年（880）冬再入京城时，国家发生了惊天动地的大事：黄巢军席卷南北，此年冬攻入长安，僖宗君臣避地成都，更谈不上礼部抢才了。明人曾传说黄滔乾符末居乡时，黄巢军"以为儒者之家，灭炬过之"（吴源《莆阳名公事述》），仅属传说，不可确信。黄滔《别友人》：

> 已喜相逢又怨嗟，十年飘泊在京华。
> 大朝多事还停举，故国经荒未有家。
> 鸟带夕阳投远树，人冲腊雪往边沙。
> 梦魂空系潇湘岸，烟水茫茫芦苇花。

从咸通十二年随计应试，至此恰好十年，漂泊京华，一事无成，再来则科举已停，进退失据。其中"故国经荒"，似指他的故乡也饱受蹂躏，难以安居。最后两句，更感到前途迷茫，难以抉择。《寓题》不知作于何时：

> 纷纷墨敕除官日，处处红旗打贼时。
> 竿底得璜犹未用，梦中吞鸟拟何为？
> 损生莫若攀丹桂，免俗无过咏紫芝。
> 两岸芦花一江水，依前且把钓鱼丝。

纷纷除官的是他人，"处处红旗打贼时"是说全国各方镇都以讨贼之名，起兵割据。"竿底得璜""梦中吞鸟"两句，说自己徒有文学异禀，在此乱世，根本不受重视。"攀丹桂"是继续奔走科场，但实在伤生有害，他考虑过出家修道，也愿意退隐江湖。

奔走各地，屡受挫折，心态平和温厚的黄滔也不免多有牢骚，写到当时社会的一些严酷现实。

《落花》："落花辞高树，最是愁人处。一一旋成泥，日暮有风雨。不如沙上蓬，根断随长风。飘然与道俱，无情任西东。"所写是落花，在日暮风雨中飘零成泥，寄寓的是下层卑微文士无法把握自己命运的痛苦。

《秋夕贫居》："听歌桂席阑，下马槐烟里。豪门腐粱肉，穷巷思糠秕。孤灯照独吟，半壁秋花死。迟明亦如晦，鸡唱徒为尔。"写秋凉之际的贫居生活。有机会到豪门听歌观舞，回到居处则一片凄凉。在孤灯下吟诗，残壁可避风雨，但人生恰如秋花般即将枯死。寒夜难熬，天亮了还不是风雨如晦，日夜都是凄楚，鸡唱报晓对他也没有什么特别的意义。"豪门腐粱肉，穷巷思糠秕"两句，当然是对杜甫"朱门酒肉臭，路有冻死骨"的模仿，也确实是他的亲见亲闻。

《书怀》："退耕逢歉岁，逐贡愧行朝。道在愁虽浅，吟劳鬓欲凋。破村虹入井，孤馆客投魈。谁怕秋风起，听蝉度渭桥？"这里是他个人之无奈。退耕是说放弃科举归隐，但碰到歉收也难以为生。相信天道常在，稍可安慰。多次的历试不第，使他听到蝉声，经过渭桥，秋风吹过，都本能地感到怯怕：难道又是一次失败的起点吗？

《晚春关中》："忍历通庄出，东风舞酒旗。百花无看处，三月到残时。游塞闻兵起，还吴值岁饥。定唯荒寺里，坐与噪蝉期。"春初发榜，到春暮了，他还不知道何去何从。出塞，那边在打仗；南归，恰好碰到岁饥，都很艰难。东风、百花，与自己的失落是如此不协调。无奈，在荒寺中再待些时候，准备下次的秋试。

四　仙榜标名出曙霞

广明、中和间，天下大乱，唐廷在风雨飘摇中勉强得以维持。僖宗在蜀中四年，也曾开科招士。黄滔赶到蜀中，并没有得到机会。光启、大顺、景福到乾宁初，黄滔至少有六七次落第，难以一一表述。

到乾宁二年（895），刑部尚书崔凝知贡举，试题为诗《内出白鹿宣示百官》，黄滔所作云：

> 上瑞何曾乏，毛群表色难。推于五灵少，宣示百僚观。
> 形夺场驹洁，光交月兔寒。已驯瑶草别，孤立雪花团。
> 戴豸惭端士，抽毫跃史官。贵臣歌咏日，皆作白麟看。

这几乎是时事题。赋题为《人文化天下赋》，出自《易传·贲》"观乎人文，以化成天下"，是儒家经典中最著名的论述。黄滔所作皆得以保存。崔凝出身博陵崔氏，是唐代排名第一的世家大族。据说他也有意多录取世家子弟，希望有真才实学的贫寒士人来稍作妆点。可能黄滔在科场委曲太久，才名已显，也或许所作确实优于他人，作为妆点的两位寒士，居然轮到了他，确实喜出望外。考试在正月，二月二日发榜，黄滔当天有《放榜日》：

> 吾唐取士最堪夸，仙榜标名出曙霞。

▶ （唐）李昭道《曲
  江图》
台北故宫博物院藏
唐代的曲江既是皇家
园林，又是长安的地
标之一，有芙蓉园、杏
园、大慈恩寺等诸多景
观。新科进士曲江饮
宴、杏园赏花、雁塔题
名，被传为佳话。

白马嘶风三十辔，朱门秉烛一千家。

郄诜联臂升天路，宣圣飞章奏日华。

岁岁人人来不得，曲江烟水杏园花。

（自注：其年当日奏试）

虽然屡试不第，一旦自己入选，将以往的晦气一扫而光，为
吾唐选士制度之善高唱凯歌。其中"白马嘶风三十辔，朱门

秉烛一千家"两句，是说登第者二十五人，举成数作三十人，共沾喜气的多达千家。曲江题名，杏园赏花，是唐代新进士的标配活动，以往只能远看他人欢庆，现在自己终于也可以参加了。

按照以往惯例，礼部发榜就是结果，不会改变，可是偏偏这时出了意外。

可能是孤寒之士落榜者太多，不平之声居然传到了昭宗皇帝耳中。唐人记载，昭宗英伟特达，希望能重振大唐雄风，无奈诸侯割据局面已经形成，他夹在军阀、宦官与群臣的纷争中，施展才能的机会很有限。重整朝纲虽然不行，但听取民意，纠正考官的偏失，他还有这个能力。发榜后的第六日，昭宗亲自下诏，次日重新考试，由皇帝出题，于武德殿东廊内设分隔的二十五个考席，重新考试新及第进士张贻宪等。其中卢赡称疾不至，皇帝命令舁入考场。"内出四题：《曲直不相入赋》，取曲、直二字为韵；《良弓献问赋》，以太宗所问工人木心不正、脉理皆邪为理道，取五声字轮次，各双用为韵；《询于刍荛》诗，回文正以刍字，倒以荛字为韵；《品物咸熙》诗，七言八韵成。"又限定午后一刻交卷，难度确实有些大。十日，让翰林学士承旨陆扆，秘书监冯渥考定优劣。至十二日，下诏，二十五人中，"赵观文、程晏、崔赏、崔仁宝等四人，才藻优赡，义理昭宣，深穷体物之能，曲尽缘情之妙，所试诗赋，辞艺精通，皆合本意"，只给了四个优秀。黄滔等十一人"义理精通"，稍有微瑕，仍给予及第。落下九人，五人允来年再考，另四人太差，禁止再考。不久，更将主考官崔凝贬为合州刺史。

这是中国科举史上首次御试，开了宋以后以皇帝名义殿试的先河。黄滔虽然经历了考验，顺利出线，相信也吓得不轻。他作《御试二首》：

> 已表隋珠各自携，更从琼殿立丹梯。
> 九华灯作三条烛，万乘君悬四首题。
> 灵凤敢期翻雪羽，洞箫应或讽金闺。
> 明朝莫惜场场醉，青桂新香有紫泥。
> 六曹三省列簪裾，丹诏宣来试士初。
> 不是玉皇疑羽客，要教金榜带天书。
> 词臣假寐题黄绢，宫女敲铜奏《子虚》。
> 御目四篇酬九百，敢从灯下略踌躇。

这是过关后的颂词，因为皇帝出题，更增荣幸与兴奋。后代进士称天子门生，其实是同样的意思。

五　闽江似镜正堪恋

春间及第后，黄滔到七月方还乡，临行既有诗别同年，更作诗谢知举崔凝提携之恩："一从门馆遍投文，旋忝恩知骤出群。不道鹤鸡殊羽翼，许依龙虎借风云。命奇未便乘东律，言重终期雪北军。欲逐飘蓬向歧路，数宵垂泪恋清芬。"

《出京别崔学士》诗中表达的情感是复杂的，既感荷崔凝的恩知，自己终于可以成为出群卓越的人物，更感慨崔凝受到的处分，自己向东南，崔凝则贬官西南，此生可能再无见面机会，不免数夜垂泪，依恋不舍。

此后，黄滔曾入京候选，不久复归闽，初依王审知。时王审知已拥有全闽，安定地方，对黄滔有意延揽，但黄滔仍在等待朝廷的授官。在得授四门博士后，他告别王审知入京，作《辞府相·时蒙堂帖追赴阙》：

> 从汉至唐分五州，谁为将相作诸侯？
> 闽江似镜正堪恋，秦客如蓬难久留。
> 匹马忍辞藩屏去，小才宁副庙堂求。
> 今朝拜别幡幢下，双泪如珠滴不休。

王审知这时是使相，即以"将相作诸侯"，对他很赏识。闽中是故乡，域内已经平安，但朝廷见招，他也不愿轻弃，因而有泪滴不舍之感。

黄滔在朝大约仅一年，至天复元年（901），以监察御史里行充为威武军节度推官，这是威武军节度使王审知努力的结果，所任推官是幕府文人之重要职务。这里看到王审知对他的倚重。不久，他作为闽使出访吴越，在杭州与诗人罗隐有一段过从。他在闽中度过生命中最后的十来年，其间最重要的是受邀写了大量碑志。其中如《大唐福州报恩定光多宝塔碑记》《莆山灵岩寺碑铭》《灵山塑北方毗沙门天王碑》《泉州开元寺佛殿碑记》，都堪称大碑。更重要的是以下二碑。

一是开平元年（907）撰《丈六金身碑》。时中原战乱加剧，诸文士纷纷南奔。黄滔久居京华，广交天下英杰，既得闽主王审知信任，因此努力招揽诸文士避居闽中。此年王审知举办"无遮大会"，广约名士参会，黄滔受命作碑，列举在座文士：

> 客有右省常侍陇西李公洵、翰林承旨制诰兵部侍郎昌黎韩公偓、中书舍人琅琊王公涤、右补阙博陵崔征君道融、大司农琅琊王公标、吏部郎中谯国夏侯公淑、司勋员外郎王公拯、刑部员外郎弘农杨公承休、弘文馆直学士弘农杨公赞图、弘文馆直学士琅琊王公倜、集贤殿校理吴郡归公传懿，皆以文学之奥比偓商，侍从之声齐褒向，甲乙升第，岩廊韫望，东浮荆襄，南游吴楚，谓安莫安于闽越，诚莫诚于我公。

特别值得注意的是，此处所列十一人，皆曾进士登第，在朝为显宦，所列皆在中朝之职衔，历乱南奔避难，曾先后经过襄阳、荆州、吴越、湖南，最后落脚闽中。一是当时闽中动荡已经平息，王审知掌控下社会安定；二是王审知待客真诚，照顾周到；三则如《莆阳志》所云，中州诸人"避地于闽，悉主于滔"，即黄滔既是闽人，又深得王审知信任，他将可以联络到的文友朝贤，延揽入闽，实在是福建文化史上的大事。五代时期，闽中文化之盛，可以比肩前蜀、吴越、南唐，黄滔是有贡献的。

二是开平二年撰《真觉大师碑铭》。真觉大师法名义存，唐末在福州雪峰山建院授徒，门下得人甚众，声华及于闽浙及海东，其后开云门、法眼二宗，著名的《祖堂集》所载即以雪峰一系为中心。义存殁而请黄滔撰碑，也可见他在闽中僧俗中的文声。

开平三年，闽人翁承赞受后梁委派，以户部员外郎为册王审知为闽王之副使，表示中原王朝对王审知割据闽中的承认。黄滔与翁本为旧识，这时更参与接待，彼此唱和频繁。翁完成使命后不久，亦归闽任职。

乾化元年（911），割据岭南的南平王刘隐去世，黄滔代王审知作《祭南海南平王》。这是黄滔诗文可以考知的最后记录。他可能即卒于当年或其后不久，得年约七十二岁。

六　何似吾家一脉通

《新唐书·艺文志》著录黄滔集十五卷，不存。南宋时，其裔孙黄汝嘉得五卷本于东平吕夏卿家，存诗一百五十九首，另得诗三十一首于《东家编略》（《莆阳比事》卷三著录作十卷），黄处权得十五篇诗于翁承赞后裔翁亢家所藏墨本，合赋、文编为《莆阳黄御史集》二卷。今有清光绪王懿荣校刊《天壤阁丛书》本（有《丛书集成初编》影印本），尚存南宋结集时之面貌。该集所附黄滔资料，也极其丰富。本文所述乾宁二年登第过程之曲折，即依据该本所存之《唐昭宗实录》佚文。通行的《四部丛刊》影印明万历曹学佺刊本《黄御史集》十卷，则已经明人重新编次。

《新唐书·艺文志》另著录黄滔《泉山秀句集》三十卷，编录自武德至天祐末闽中诗人诗。此集规模很大，很可能并非选本，而是就所知编录之泉州一郡人诗集。宋以后未见人称引，很可惜。

南宋学者洪迈为黄集作序云："其文赡蔚有典则，策扶教化。其诗清淳丰润，若与人对语，和气郁郁，有贞元、长庆风概。"在唐末乱世，臻此谈何容易。入宋而福建文学蔚为时代主流，可以说黄滔已肇其先声。

诗人杜荀鹤的乱世书写与末路荣毁

杜荀鹤是晚唐重要诗人。他生处乱世，行走人间，在仕与隐的困境中苦苦挣扎，有机会看到动乱中社会下层的种种苦难，如实记录，留下唐诗最后的辉煌。他的诗集在登第后不久即编成，其后他还有十多年身处幕府，最后依托朱全忠做到翰林学士，仅五日就去世了。这最后的荣显在他就不免显得有些滑稽，不知是幸还是不幸。还原他的真实人生，读懂他在诗歌中记录的时代痛苦与人生彷徨，仍有特殊意义。

一　杜荀鹤之家世与亲人

南宋计有功《唐诗纪事》卷六五、严有翼《艺苑雌黄》（《苕溪渔隐丛话后集》卷一五引）、周必大《二老堂诗话》引《池阳集》皆云诗人杜牧为池州刺史时，妾程氏有孕，再嫁杜筠而生荀鹤。杜牧于会昌四年（844）任池州刺史，六年秋改刺睦州，而

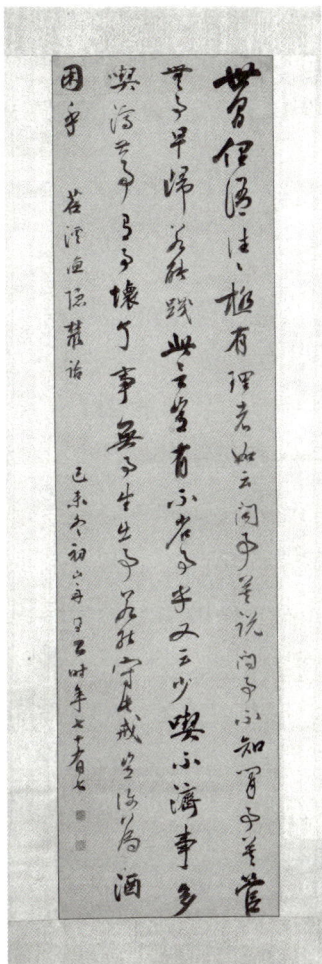

▶（清）梁同书《苕溪渔隐丛话轴》
故宫博物院藏

杜荀鹤之出生，《唐诗纪事》说他大顺二年（891）及第，时年四十六，《南部新书》卷辛更说发榜那一天恰好是他生日，逆推知他出生于会昌六年正月十日，时间恰与杜牧刺池州相合。但反证也不难寻觅。荀鹤有《投从叔补阙》："吾宗不谒谒诗宗，常仰门风继国风。空有篇章传海内，更无亲族在朝中。其来虽愧源流浅，所得须怜雅颂同。三十年吟到今日，不妨私荐亦成公。"陶敏《全唐诗人名汇考》谓从叔补阙指杜牧子杜晦辞，则荀鹤非牧私生子明甚，至少荀鹤没有任何与此相关之认识。他称晦辞为从叔，仅因同姓而已，自认更低一辈，"诗宗"明确是指杜牧。牧祖杜佑相德、顺、宪三朝，为"门风继国风"之所本。"空有"两句说自己稍有成就，因朝中无人，缺乏强援，难以晋身。希望晦辞给以关照，只能说是私荐，不涉其他，与杜牧绝无瓜葛。

荀鹤是池州石埭人，其父杜筠据说是长林乡正，在当地或称富有。从他的存诗，可以知道他的亲兄弟人数颇多，大多在家乡耕读，其中亦有能诗者。《行次荥阳却寄诸弟》："难把归书说远情，奉亲多阙拙为兄。早知寸禄荣家晚，悔不深山共汝耕。枕上算程关月落，帽前搜景岳云生。如今已作长安计，只得辛勤取一名。"知他是家中长子，追求功名，将照顾父母的责任托付诸弟，感到不安。求禄道路如此艰辛，很后悔没有留在旧山共事耕读，现在已经无法回头，再难也得走下去。最后所说"辛勤取一名"，不是要争取第一名，是以金榜得题名为幸。

荀鹤诗中多次提到"舍弟"，不仅有送别，且有与"舍弟"唱和之诗，知"舍弟"亦能诗，唯名字不传。如《和舍弟题书堂》："兄弟将知大自强，乱时同葺读书堂。岩泉遇雨多还闹，溪竹唯风少即凉。藉草醉吟花片落，傍山闲步药苗香。团圆便是家肥事，何必盈仓与满箱。"是"舍弟"先有作，荀鹤奉和，诗中见兄弟情深，逢乱仍葺修读书堂，虽简陋，但风物可恋，感慨家人团圆即是富足。《和友人送弟》："君说无家只弟兄，此中言别若为情？干戈闹日分头去，山水寒时信路行。月下断猿空有影，雪中孤雁却无声。我今骨肉虽饥冻，幸喜团圆过乱兵。"君是友人，在兵乱之际，各自都很艰难，池州也曾被兵，所幸没有大的残毁。荀鹤说自家骨肉也不免忍饥受冻，能得团圆，差可庆喜了。

二　艰难的求仕道路

今人考证荀鹤求仕，最初开始于咸通中期，即他二十岁左右。他有《春日行次钱塘却寄台州姚中丞》：

> 岂谓无心求上第，难安帝里为家贫。
> 江南江北闲为客，潮去潮来老却人。
> 两岸雨收莺语柳，一楼风满角吹春。
> 花前不独垂乡泪，曾是朱门寄食身。

又有《寄临海姚中丞》：

> 夏辞旌旆已秋深，永夕思量泪满襟。
> 风月易斑搜句鬓，星霜难改感恩心。
> 寻花洞里连春醉，望海楼中彻晓吟。
> 虽有梦魂知处所，去来多被角声侵。

姚中丞即诗人姚鹄，会昌三年登第后到咸通十三年（872）肯定在台州刺史任上。这时荀鹤漫游吴越，当然更希望得到州郡推荐，获得进京科考的机会。姚鹄本人出身孤寒，那年因为诗人王起拔擢寒门才士，得以晋身。荀鹤可以说找对了人。他对姚鹄抱有感恩之心，得姚接纳并为他提供了机会。他那时还不到三十岁，已经感到了衰老，从"岂谓无心求上第，难安帝里为家贫"两句看，虽然获解得贡，在长安生计困难，家贫无力承担，也难以安心求取功名。所谓"花前不独垂乡泪，曾是朱门寄食身"，知作于春榜后不久，又下第了，不仅思乡，更念及姚鹄曾给自己"朱门寄食"之照顾。

不觉就到了而立之年，荀鹤更感到了失落和悲哀。《离家》："丈夫三十身如此，瘦马离乡懒着鞭。槐柳路长愁杀我，一枝蝉到一枝蝉。"这是三十岁离家再赴科举的诗。三十无功名，一事无成，瘦马上路，慵懒无聊，路旁槐柳成荫，无边无际，每棵树上都有凄厉的蝉声，增加自己的愁苦。孟郊及第诗说"春风得意马蹄疾"，此诗恰恰相反。《感春》："无况青云有限身，眼前花似梦中春。浮生七十今三十，已是人间半世人。"此诗伤春，更感慨人生过半，一切如梦。对于科场士子来说，春天是悲喜交集的季节，喜者少而悲者多，诗人日益感到人生的无奈，但无奈也得继续。《辞郑员外入关赴举》：

> 男儿三十尚蹉跎，未遂青云一桂科。
> 在客易为销岁月，到家难住似经过。
> 帆飞楚国风涛阔，马渡蓝关雨雪多。
> 长把行藏信天道，不知天道竟如何？

似乎为离开故乡时所作。所谓"青云一桂科"，因唐人称进士登第为折桂，为青云得路，不及第就只能继续蹉跎下去。作客无聊，时间过得快，到家也难以久住，毕竟人生如过客，在外无成，回家也无聊，那就只能再出发吧！诗人当然理解，成功与否，需要自己的努力，古人不是有天道酬勤的说法吗，然而天道对自己究竟意味着什么，会有成功的机缘吗？诗人不能不抱有疑问。

三 南北奔走中所见世乱民困、官虐兵残

据胡嗣坤、罗琴《杜荀鹤年谱系诗》（参《杜荀鹤及其〈唐风集〉研究》, 巴蜀书社, 2005）所考，荀鹤咸通末初游湖湘，乾符三年（876）再游，次年经安陆遇兵乱，广明间居乡也险遭兵掠。中和间在扬州，曾暂入高骈幕府访友。寻到宣州，再值乱事。光启末，再游越中，与诗人罗隐有交集。大顺元年再度赴京应举，次年初得以进士登第，时年四十六。归乡途经夷门，初谒宣武节度使朱全忠。归乡不久，将历年所作诗结集为《杜荀鹤文集》三卷，存五、七言近体诗三百首，请友人顾云作

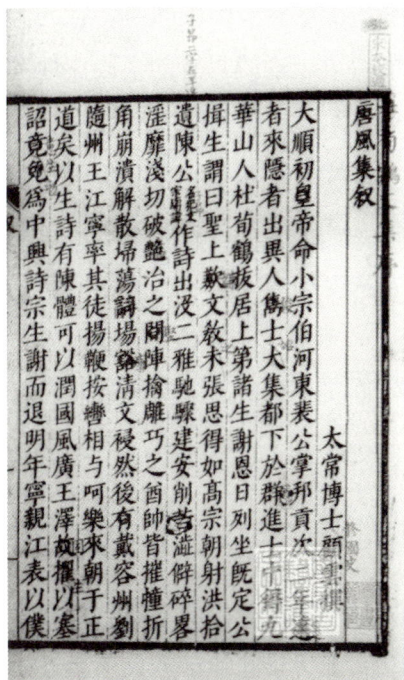

▼ （唐）杜荀鹤《唐风集》
中国国家图书馆藏
毛氏汲古阁刻本。

序以行。今存杜集以宋蜀刻《杜荀鹤文集》三卷和汲古阁刻《唐风集》三卷为通行，编次不同，内容近似，其实都源自顾云所序、荀鹤自定的文集。也就是说，荀鹤基本存诗皆作于景福元年（892）以前，多为他进士及第前的所经所感。

荀鹤初从贡举到进士及第，有二十多年，日益衰弱的唐王朝经历了剧烈的世变与惨烈的兵乱。先是咸通九年桂林戍卒之乱，历时一年多，从桂林北行占领徐州，肇唐末大乱之先声。继而乾符初王仙芝、黄巢先后领导起义军，兵锋席卷南北，至广明元年（880）占领长安，唐僖宗被迫出狩。唐廷广檄诸道勤王，历时四年平定黄巢之变，各地勤王之师很快演变为割据称王之战，兵火遍及全国，历时二十年方有大体的胜负。这些残酷的战争，杜荀鹤几乎从开始看到了尾声，可惜留下记录的只有前半段。他同时的诗人，皮日休被裹挟入黄巢军，可惜诗皆不存，韦庄、罗隐等留下许多记载，他们各自找到了归宿，在乱世中得到局部的安宁。杜荀鹤是旁观者，且在战乱间他的身份只是一位乡贡进士，并无官位，得以从容行走民间，感受并记录世变中民生之艰难。

不少记录皆他所亲见。《将入关安陆遇兵寇》应该作于乾符间，是亲历王仙芝略地荆湘时的感受：

　　家贫无计早离家，离得家来塞滞多。
　　已是数程行雨雪，更堪中路阻兵戈。
　　几州户口看成血，一旦天心却许和。
　　四面烟尘少无处，不知吾土自如何？

安陆离池州不远，是从池州西行遭遇兵燹，他写居家之贫困，道途之艰难，不仅雨雪兼作，更意外遇到兵戈。兵事所经，伤残已甚，更意外得知朝廷居然同意招降纳叛，不能不为故乡的安全感到担心。《旅泊遇郡中叛乱示同志》："握手相看谁敢言？军家刀剑在腰边。遍搜宝货无藏处，乱杀平人不怕天。古寺拆为修寨木，荒坟开作甃城砖。郡侯逐出浑闲事，正是銮舆幸蜀年。"应该作于广明元年后不久，地点不详。所说郡中叛乱，是驻军谋乱、驱逐刺史的事件。乱世中，有武力者有天下，一旦皇权削弱，各地拥兵者无不乘乱而起。诗中写到许多细节，包括杀人越货，拆寺挖坟，一切都在军备的名义下进行，如此肆无忌惮。

荀鹤曾经历升平的时期。他写《题田翁家》云："田翁真快活，婚嫁不离村。州县供输罢，追随鼓笛喧。盘飧同老少，家计共田园。自说身无事，应官有子孙。"田翁世守家园，供输有程，不难完纳，这样的乡农，是诗人希望看到的。另一首《田翁》直接表达民间的呼声："白发星星筋力衰，种田犹自伴孙儿。官苗若不平平纳，任是丰年也受饥。"终身务农，至老不歇，唯一愿望是希望平纳官苗，不要穷征暴敛。后两句寓意深刻，即无论丰灾，民间其实要求很低，能够不挨饿就行，官员若不加体恤，丰年也不免谷贱伤农。

世乱一切都变了。《伤硖石县病叟》："无子无孙一病翁，将何筋力事耕农？官家不管蓬蒿地，须勒王租出此中。"硖石，唐时属陕州，在今河南孟津西，为京、洛间之地。这位重病的老翁，没有子孙，孤鳏一人，已经没有从事农业生产的能力。他所有的土地上，已经没有庄稼，只有野草，即便如此，官家仍没有放过他，仍然要他按时缴纳王租——这是臣民对皇上必须承担的责任。

《再经胡城县》："去岁曾经此县城，县民无口不冤声。今来县宰加朱绂，便是生灵血染成。"胡城有二说，一说为梁置县，其地在今安徽阜阳西北；二说在石埭邻县铜陵境内，未必即县名。诗人写到两次经过的感受。第一次路过，听到的是县民普遍的怨恨之声。次年再经过，这样的酷吏居然官加朱绂，即朝廷给以特殊的表彰。结句可谓一字千金：县官的朱绂，名义是朝廷所赠，实质是无数无告的生命血泪所染红。诗人应该知道，朝廷设州县吏而临民，两大责任是完税与理讼，治世之时，民自无从逃责，但世乱而民生艰难，自活尚难，何从完税？然而乱世，朝廷更要养兵平叛，费用只能来自民间，只有完税的官员方能考课合格，至于百姓生死，也就忽略不计了。荀鹤这句"便是生灵血染成"，与同时诗人曹松的"一将功成万骨枯"，可以说是对国家无视军民生死的最透彻的揭发，足为千古名句。

《乱后书事示同志》："九土如今尽用兵，短戈长戟困书生。思量在世头俱白，画度归山计未成。皇泽正沾新将士，侯门不是旧公卿。到头书卷须藏却，各向渔樵混姓名。"此诗作年不详，应该是中和以后的诗作。所谓"同志"指志同道合者。"九土"就是天下，满世界都在打仗，困蹙其间的书生哪还有生存发展的空间。诗人感觉年岁渐增，进退失据，最终不免放弃书卷，混迹渔樵，在乱世中了却残生。诗中"皇泽正沾新将士，侯门不是旧公卿"，与杜甫《秋兴八首》"王侯第宅皆新主，文武衣冠异昔时"二句一样，具有诗史的意义，殆自广明乱后，"天街踏尽公卿骨"，旧之世家贵族惨遭屠戮，参与平叛的诸军，以实力坐大，因军功而邀赏，成为新起的军功贵族，进而形成天下的重新割据，对此荀鹤的感受特别强烈。

《哭贝韬》是用反语写朋友的挽歌："交朋来哭我来歌，喜傍山家葬荔萝。四海十年人杀尽，似君埋少不埋多。"人死了，朋友都来哭吊，诗人偏说可以欣慰，因为死者毕竟还有葬身之处。"四海十年人杀尽"，是对时代的控诉，天下人都快死绝了，多数人死后甚至得不到掩埋，就此而言，还不该为死者感到高兴吗？

四　杜荀鹤进士登第之秘辛

杜荀鹤在咸通、乾符间多次应举，皆无成而归。此后天下大乱，有十三年未曾入京。直到昭宗大顺元年秩序稍见恢复，方再度入京赴试。有《乱后出山逢高员外》：

自从乱后别京关，一入烟萝十五年。
重出故山生白发，却装新卷谒清贤。
窗回旅梦城头角，柳结乡愁雨后蝉。
名姓暗投心暗祝，永期收拾向门前。

烟萝即指退隐江湖，十五年则举约数。这时他已经四十五岁，确实不年轻了。他此次做了充分准备，所谓"却装新卷谒清贤"，说准备了新的行卷，高员外显然也是知己者之一。虽然仍不敢说有把握，诗里明显增加了许多信心。

《近试投所知》："白发随梳落，吟怀说向谁？敢辞成事晚，自是出山迟。拟动如浮海，凡言似课诗。终身事知己，此外复何为？"唐人称科场中主考而对自己特别了解、特别关照者为知己。这里所投的"所知"，就是这样的人物。估计乱后荀鹤诗声越来越大，朝廷中也颇有推举他的官员。荀鹤说年老了，不敢埋怨出身太晚，只因自己出山太迟。最后更宣言，所知提携自己，自己也会终身服侍知己，绝无别念。这年的知举者为礼部侍郎裴贽。顾云《杜荀鹤文集序》载，发榜以后，荀鹤高中，谢恩日，裴贽对诸新进士说：

> 圣上嫌文教之未张，思得如高宗朝射洪拾遗陈公子昂，作诗出没二雅，驰骤建安，削苦涩僻碎，略淫靡浅切，破艳冶之坚阵，擒雕巧之酋帅，皆摧幢折角，崩溃解散，扫荡词场，廓清文褉，然后戴容州、刘随州、王江宁率其徒扬鞭按辔，相与阿御来朝于正道矣。以生诗有陈体，可以润国风，广王泽，固擢生以塞诏意，勉为中兴词宗。

这一大段话经顾云叙述，不完全符合裴之口气，但据上下文分析，皆出裴口，且更多体现昭宗皇帝的意志。这一年是昭宗即位后第三年，虽然天下已乱，军政不一，要选择录取能够"润国风，广王泽"的文士，希望其诗能如前代陈子昂、戴叔伦、刘长卿、王昌龄一般地继承风雅传统，成为中兴词宗。昭宗提出建议，裴贽再加以具体落实，这样方有杜荀鹤之登第。昭宗本人也能诗词，身材俊伟，颇有抱负，荀鹤之擢第很是幸运。

荀鹤登第后参加关试，有《关试后筵上别同人》："日午离筵到夕阳，明朝秦地与吴乡。同年多是长安客，不信行人空断肠。"可知他已经决意还乡。又有诗告别座主裴贽："一饭尚怀感，况攀高桂枝。此恩无报处，故国远归时。只恐兵戈隔，再趋门馆迟。茅堂拜亲后，特地泪双垂。"（《辞座主侍郎》）诗含感恩之意，也担心兵戈阻隔，后会难期。从"茅堂拜亲"句分析，这时他的父母尚在世，故不能不归去。

这次归乡，荀鹤将所编文集交给挚友顾云，顾云为其集作序，认为荀鹤所作，"其壮语大言，则决起逸发，可以左揽工部袂，右拍翰林肩，吞贾、喻八九于胸中"。也就是说，顾云认为荀鹤的成就已经可以比肩李白、杜甫，接近贾岛、喻凫了。这里可以看到当时的评价，与今人认识有很大不同。贾岛是晚唐体之宗祖，当时声名正盛，喻凫今存诗一卷，不见太高明。

幸亏有这次结集，荀鹤的诗得以存世三百多首，让今人可以了解他的主要成就。

五　晚境依附朱全忠乃至清誉尽失

荀鹤何时初见后来的梁太祖朱全忠，五代宋初的史书与笔记记载很混乱。清辑《旧五代史》卷二四本传引石文德《唐新纂》说是"进士及第东归过夷门"而献诗，孙光宪《北梦琐言》卷六则说游梁献诗而得厚遇，何光远《鉴诫录》卷九则说在入梁后，以上三家皆五代时所说。宋初张齐贤《洛阳缙绅旧闻记》卷一云在梁祖初兼四镇时，即天复元年（901）。此书迹近小说，过于夸张，很难尽信。荀鹤可确认卒于天祐元年（904），未及见梁篡夺，故事在入梁也可以否定。

大体可以推定，荀鹤得见遇于梁祖朱全忠，在大顺间东归途中或其后几年，具体过程，则以何光远《鉴诫录》卷九所载较可信："献朱太祖《时世行》十首，欲令太祖省徭役，薄赋敛。是时方当征伐，不洽上意，遂不见遇。旅寄寺中，敬相公翔谓杜曰：'希先辈稍削古风，即可进身，不然者，虚老矣。'杜遂课《颂德诗》三十章，以悦太祖。议者以杜虽有玉堂之拜，顿移教化之词，壮志清名，中道而废。"这段记载值得重视。

何光远曾得见《时世行》十首，且录出其中二首：

夫因兵死守蓬茅，麻苎裙衫鬓发焦。
桑柘废来犹纳税，田园荒尽尚征苗。
时挑野菜和根煮，旋斫生柴带叶烧。

任是深山更深处，也应无计避征徭。

八十老翁住破村，村中牢落不堪论。
因供寨木无桑柘，为点乡兵绝子孙。
还似平宁征赋税，未曾州县略安存。
至今鸡犬皆星散，日落西山哭倚门。

荀鹤两种传世文集中，前一首题作《山中寡妇》，后一首题作《乱后逢村叟》，文字均颇多不同。很可能二诗本为旧作，在投献时增改为十首一组的组诗，希望引起更广泛的注意。十首中其余八首，是否仍存于其集中，目前无法确定。就上引两诗来说，确实是反映世乱最真实生动的名篇。前一首写山间寡妇的命运，容色憔悴，生存艰难，赖以生存的蚕桑、田园，全部已荒废，只能以野菜充饥，即便如此，仍然不能逃避官府之徭役横征。后一首写乱后村中的八十老翁，除了征赋依旧，其他什么都没有了。为了建寨（即御敌之坞堡），将村中树木全部砍光，不断征兵从役，老人之子孙也已全部死亡。以往人烟旺盛、鸡犬相闻的村子，已经死寂一片。二诗所写战后民生之艰困绝望，确实是空前的。

　　杜荀鹤希望朱全忠在控驭国柄后，能够"省徭役，薄赋敛"，与民休息，但朱全忠要征服中原各大小军阀，用兵正酣，哪里听得进这样的劝谏？朱的亲信敬翔为杜荀鹤指点迷津，即朱所要的是颂美，不要劝谏，不然就无机会晋身了。荀鹤有《别敬侍郎》，就是写给敬翔的：

交道有寒暑，在人无古今。与君中夜话，尽我一生心。

所向未得志，岂惟空解吟。何当重相见？旧隐白云深。

此诗与前诗未必为同时之作，可见荀鹤与敬翔曾中夜长谈，极其知心，虽然没有因此而得志（即获得高位），好在还有相见之期。敬翔是梁祖朱全忠最主要的谋士，被推为腹心，他给荀鹤以指点，应该是有可能的。

荀鹤献给梁祖的《颂德诗》三十章，何光远曾经见到，并发议论说荀鹤虽然因此而获拜翰林学士，但一世的"壮志清名"，也因此"中道而废"，即他几十年始终坚持写世乱中人民之苦难，但为了谋取晋身的官位，不惜写诗无耻地吹捧大乱的祸首之一朱全忠，以往的好名声扫地而尽。《颂德诗》不存，很可能前引《唐新纂》所引荀鹤过夷门献朱诗"四海九州空第一，不同诸镇府封王"就是《颂德诗》之孑残。

此外，前引《洛阳缙绅旧闻记》与宋初钱易《洞微志》（《诗话总龟》卷三引）所载《无云雨》诗："同是乾坤事不同，雨丝飞洒日轮中。若教阴朗都相似，争表梁王造化功？"据说因陪坐时忽然无云而雨，梁祖问："无云而雨，谓之天泣，不知何祥？"古代多说天泣大不祥，甚至认为是世间屠戮过多所致，荀鹤写了许多为民发声的诗作，对此不容不知。如要实说，必有杀身之祸。他因此而用近乎肉麻的口气来歌颂梁王（即朱全忠）的巍巍功德，也就有些不顾廉耻了。当然，二书所说都是传闻，不能全信。看到《颂德诗》三十章的何光远因此而认为荀鹤清名尽毁，不能说是全无根据的吧。

天祐元年，朱全忠劫持昭宗迁洛，随即将其杀害，另立哀帝，朝政完全为其所控。就在这时，荀鹤迎合而得拜翰林学士，仅在位五天就去世了。真要说一句，何苦来哉！

六　杜荀鹤诗歌的追求与造诣

前引裴赞期待荀鹤为中兴词宗，顾云称许荀鹤可以比肩李杜，在荀鹤本人诗中也看到类似期许。他曾凭吊李白，作《经谢公青山吊李翰林》："何为先生死，先生道日新。青山明月夜，千古一诗人。天地空销骨，声名不傍身。谁移耒阳冢，来此作吟邻？"他感伤李白身后凄凉，更称许李白享千古诗人之盛名，为道日新，后继有人。末说希望移杜甫坟于此，有些轻滑，也可见李杜在他心目中的崇高地位。荀鹤《哭陈陶》云："耒阳山下伤工部，采石江边吊翰林。两地荒坟各三尺，却成开解哭君心。"诗是哀悼陈陶，说到李杜也仅留下荒坟三尺，身后凄凉如此，诗名足可不朽，说因此也可以开解陈陶去世之伤感，意思是你的诗名已经可以随李杜而不朽，可以得到某种慰解吧。

昭宗努力的中兴最终没有实现，荀鹤处于比杜甫更为不幸的乱世，他晚投朱全忠只能说是承认现状之寻求机会。客观地说，荀鹤对现实之关心远远超过他的同时代诗人，前文已经讲得很多。从存诗中更不难发现，荀鹤也是一位很有情韵的诗人，在此举两例。《溪兴》写渔父之随兴生活：

山雨溪风卷钓丝，瓦瓯蓬底独斟时。

醉来睡着无人唤，流下前滩也不知。

宋以后对这样的诗颇为称赞。《春宫怨》写后宫失意女子之哀怨：

早被婵娟误，欲妆临镜慵。承恩不在貌，教妾若为容？

风暖鸟声碎，日高花影重。年年越溪女，相忆采芙蓉。

诗是拟乐府，包含多层意思。说女子自叹美貌，误入宫廷，但君王宠爱并不以貌择人，让自己无所适从。最后两句，想及入宫前越女采芙蓉之愉悦，有昨是今非之感。"风暖鸟声碎，日高花影重"两句，欧阳修《六一诗话》击节赞赏，唯误记杜荀鹤诗为周朴诗。仔细回味，二句写春末夏初之景，日高风暄，春日不再，鸟声零乱，花影重叠，既是写实景，也衬托女子因失意而慵懒，韶华轻逝，人生失落，堪称神来之笔。诗要传达的更深一层意思，是朝廷以文学取士，但文学优长者却年年铩羽而归，不正是"承恩不在貌"的现实写照吗？

长期沦落中，荀鹤时时处在进退失据的彷徨中，也正因为此，他常思归隐，广交禅僧，禅悟甚深，其诗也常流播于禅师口中。《赠僧》云："利门名路两何凭？百岁风前短焰灯。只恐为僧僧不了，为僧得了尽输僧。"写人生短暂，名利难弃，即便为僧，也难脱世俗牵挂，可谓透彻。其诗与僧人交往者特多，多具别解，深得禅机，如《赠质上人》："逢人不说人间事，便是人间无事人。"《夏日题悟空上人院》：
"安禅不必须山水，灭得心中火自凉。"《赠题兜率寺闲上人
院》："百岁有涯头上雪，万般无染耳边风。"《题道林寺》："万
般不及僧无事，共水将山过一生。"《赠休禅和》："多生觉悟
非关衲，一点分明不在灯。"颇具憬悟，在禅林曾广为传诵。
有些与僧禅并无关系的诗，高僧也自有别解。如《闻子规》：

> 楚天空阔月成轮，蜀魄声声似告人。
> 啼得血流无用处，不如缄口过残生。

子规，俗称杜鹃，据说其叫声哀怨，近于"不如归去"。荀
鹤则说你的所有哀怨，没有人能够理解，即便你啼血到尽，
也无人同情，不如闭口缄默，了过残生吧。这是借子规写自
己之不为世知。《景德传灯录》卷一一载赵州法嗣慧觉禅师，
"领众出，见露柱。师合掌曰：'不审世尊。'一僧曰：'和尚，
是露柱。'师曰：'啼得血流无用处，不如缄口过残春。'"这
是禅僧借杜诗训门人之不通禅解。

荀鹤喜欢采当时口语或俗语入诗，有时别成境界。如
《感遇》：

> 大海波涛浅，小人方寸深。
> 海枯终见底，人死不知心。

这样的认识，是在遭遇许多人生挫折后方有的解悟，后二句

陆游特别喜欢。

当然，无论才分与时代，荀鹤都已难以企望李杜。他也难脱流行的苦吟风习，无缘跻身一流大家，虽不能苛责于他，但也不必过分拔高。

诗人冯道

——武夫政权与文人政府共治时代的农儒名相

冯道（882—954）能诗，诗名为政声所掩。他出身清寒，持生廉俭，历仕四朝，三入中书，居相位二十余年，肯定者赞其以持重镇俗为己任，是乱世中难得的名臣，因其享年七十三，恰巧与孔子同，当时有引为比较者。进入宋代，学术文化氛围改变，他被斥责为无耻之尤者。一女嫁一夫，一臣事一君，皆应守节忠诚，他居然跨越五代，任相四朝，服事过的皇帝居然有十二位，臣节何在？廉耻何在？起冯道于地下，似乎他也无从辩白，中国历代的道德审判集矢于他，至今似仍难宽恕。然而，如果理解冯道所处的时代，则能读懂他的内心与追求，他当然无法超越他的时代，在时代允许的条件下，他为国家民族克尽了自己的责任。

一　农儒出身的冯道的乱世人生守则

冯道字可道，姓字取自《老子》第一章，意思明白。据

長樂老馮道

道瀛州人經歷四姓事十二君授安藝百姓免其鋒鏑之苦富是時天下大帝民含睬倒興道乃自號長樂老著書數百言叙階勳官弱以高華名曰四姓恩榮

▼ **清人绘冯道画像**
选自（清）金古良《无双谱》。
绘者选取自汉至宋之间的四十位名人，编绘成谱，因所选人物皆有举世无双的事迹，故名《无双谱》。冯道（号长乐老）位列其中，足见其对后世的影响。

说曾有后生当着他的面读"道可道"这一节，也知道为尊者讳的道理，于是读成"说不得，可说不得，非常说不得"，是当时人编的段子。

冯道是瀛州景城（属今河北）人，其地属幽州所管。冯道出生时天下已乱，到他弱冠时割据局面已经形成，他又没有家族背景，耕读自强，二十多岁开始第一段经历，于唐哀帝天祐（904—907）中，为刘守光幽州参军。

刘守光凭借其父刘仁恭的势力，大乱中割据今河北、京津一带，暴虐而无远见，骤起而称帝，很快败亡。冯道因此改而依附击败刘守光的河东政权，也就是后来称为唐庄宗的晋王李存勖。李存勖是一位文人气味很重的君王，能攻守，善表演，每战则冲锋在前，灭梁更创造军事史上的奇迹。冯道在河东，得到庄宗赏识，军府文书皆交给他起草。时军务繁忙，冯道一力承担，且遇庄宗意气风发时，敢直言进谏，获得充分信用。同光元年（923）庄宗灭梁前后，以冯道为翰林学士、中书舍人、户部侍郎。这年冯道四十二岁，已经步入高层文官队列。

据说冯道七岁就能诗，曾作《治圃诗》，仅存两句："已落地花方遣扫，未经霜草莫教锄。"是说整治花圃，怜惜花草，不敢有任何伤害，只有掉落地下的残花，才让扫除，不到霜后，不锄杂草。宋人《陈辅之诗话》（《类说》卷五七引）认为其"仁厚天性，全生灵性命，已兆于此"。也就是说，他对花草如此，在他执政期间，尤其将保护生灵性命，作为自己的职责，也可从两句诗中见到。

然而很不幸，冯道偏偏生活在一个动荡的时代，他对此认识很清楚，更始终将尽自己最大努力拯救时代与民众当作自己的责任。宋人曾引录过他的两首咏怀之作，不清楚写于何时，但清晰明白地宣示他的人生态度。第一首是《偶作》：

莫为危时便怆神，前程往往有期因。
须知海岳归明主，未省乾坤陷吉人。
道德几时曾去世，舟车何处不通津？
但教方寸无诸恶，狼虎丛中也立身。

对自己生活的时代，冯道看到危机四伏，时事艰难，但他不主张因时事不可为而悲愤伤感，相信一切都是事在人为，前程在于各人的作为。他仅是一个文人，坚信天下剥久必复，早晚会出现救民于水火中的英明君主，更相信在任何时候，道德都没有远离时代，只要自己心中存有善念，即便身处虎狼群中，也可以全无畏惧。这里，看到他对自己生存环境险恶之认识，恶人环绕，虎狼争雄，不是理想社会。但他以吉人自比，相信自己心中（才）没有恶念，在虎狼群中也无所畏惧。

第二首是《天道》：

穷达皆由命，何劳发叹声？但知行好事，莫要问前程。
冬去冰须泮，春来草自生。请君观此理，天道甚分明。

与前诗立说完全一样。官场谋身，困穷与显达皆命中注定，何必老是唉声叹气，郁郁寡欢。坚信所做一切都是于国家民生有益的好事，个人之前途得失可以完全不加计较。天道轮回，自有其必然的道理，冬去春来，冰消草生，乾坤运转，万物常新，这就是天理。不要埋怨时代，不要埋怨命运，努力实践，多做好事，天道酬勤，天道酬善，一切都会应验不爽。

以上两诗，大约可以看到冯道的人生准则，他似乎对此坚守终生。

二 后唐为相：将民生艰难的真相告知君主

如果不算刘守光，唐庄宗是冯道服事的第一位君主。庄宗夺天下可称英雄豪杰，得天下后如何治理，显然有些仓皇失措。他喜欢表演，本来不是坏事，但治国而信任伶官，就出了大问题。他听闻蜀中君臣玩乐，举兵伐蜀，迅速获得的胜利，让他完全迷失，先后处死了权臣郭崇韬与名将朱友谦，激起河北起兵反叛，他也死于乱兵之中。冯道在庄宗时因父亲去世，归乡守丧，恰好遇到岁灾，他将所得俸余，全部散发乡里，自己所居仅草屋而已。大约也因为这样，他躲过了庄宗末年的动荡。

继任者是明宗李嗣源。他本是庄宗父亲李克用的义子，比庄宗年长甚多，军功尤著。庄宗怀疑功臣，李嗣源在河北拥有重兵，不自安而举兵向阙，接续庄宗称帝，是为明宗。明宗出生沙陀，文化不高，求理甚切，在位八年，是五代治理最安定富乐的时期。明宗即位之初，就询问："先帝时冯道郎中何在？"并称许："此人朕素谙悉，是好宰相。"这时冯道恰好服阕归朝，不久就入相，官称是中书侍郎、刑部尚书、平章事。这是冯道任宰相后服事的第一位皇帝。

明宗在位，屡遇丰年，天下富足。明宗上朝，经常向冯道询问民间之事。冯道与明宗的对谈，留下许多记录。如一次讲到国家安定更应"日慎一日"，即不可有丝毫懈怠，冯道举例说："臣每记在先皇霸府日，曾奉使中山，经井陉之险，忧马有蹶失，不敢怠于衔辔。及至平地，则无复持控，果为马所颠仆，几至于损。"以道途走马来作比方，山路险峻，因此而加倍小心地控驭马辔，但到平地，不免疏忽，反而出事了，以此告诫明宗，太平时节为政更要小心谨慎。

天成四年（929）八月某日，明宗问冯道："天下虽熟，百姓得济否？"农业丰收，百姓能过上好日子吗？冯道回答："谷贵饿农，谷贱伤农，此常理也。臣忆得近代有举子聂夷中《伤田家》诗云：'二月卖新丝，五月粜秋谷。医得眼下疮，剜却心头肉。我愿君王心，化作光明烛。不照绮罗筵，偏照逃亡屋。'"如果歉收，谷物价贵，百姓不免因此而挨饿，天下丰收，谷物价贱，农民也不免受到伤害。聂夷中是唐末一位不太有名的诗人，他的这首《伤田家》，却写出农家的艰辛。一般来说，每年蚕丝上市要到农历五月，秋谷成熟要到八月，可是农民为了借钱度过艰难的冬春之间，二月已经将蚕丝低价卖出，五月就将秋谷卖出，其生活之艰难可以想见。诗的后四句，诗人希望君主关心民生，不要老是追求奢华的生活，应该更多地关心流离失所的农民。白居易说："唯歌生民病，愿得天子知。"（《寄唐生》）冯道利用机会，告诉明宗下层生活的艰难，将白居易的愿望变成事实。据说明宗听后，很受感动，称赞"此诗甚好"，马上让侍臣录下，经常讽读，以为警诫。

长兴四年（933）明宗病重，没有处理好传接程序，导致长子秦王从荣异动被杀，次子宋王从厚继位，是为闵帝，相对暗弱。养子李从珂从岐下起兵，夺取帝位，是为末帝或废帝，闵帝败死。这期间，冯道一直在相位，也担任明宗的山陵使。末帝入京，冯道率在京百官迎其入立，历来最为人诟病。似乎他也不可能有别的选择，谁当皇帝毕竟取决于实力，不是文臣可以左右的。

三 后晋为相：坚守权力分际，为国不计荣辱

末帝时，冯道复归朝为司空，遭遇明宗女婿河东石敬瑭勾结契丹，举兵向阙，末帝败死，后唐亡。石敬瑭称帝，建立后晋，是为晋高祖。冯道再次送往迎来了一番，晋高祖也对他信任有加，他官居首相，职位是守司空，同中书门下平章事，加司徒兼侍中，够显赫的。

后晋之建立，以割让燕云十六州及向契丹称儿皇帝为代价。天福三年（938）九月，晋与契丹互加徽号，且确定以宰相为使。北方寒冷，生活艰苦，加上契丹不守信用，多有反复，宰相如赵莹、桑维翰皆不愿前往，兵部尚书王权也以老病辞。据说分厅堂吏征求诸宰相意见，冯道索纸书"道去"，是主动承担。史载高祖告冯道："此行非卿不可。"冯道没有推辞，且说："陛下受北朝恩，臣受陛下恩，何有不可！"立即准备起行。

据《旧五代史·晋高祖纪》记载，冯道使契丹，是九月出发，次年二月返回，前后接近半年，所到又是契丹的上京，在今内蒙古巴林左旗境内，恰是一年中最冷的时候。冯道为首相，名气很大，契丹主甚至想要亲自郊迎，为臣下所阻。契丹给冯道充分礼遇，让他与契丹国相同列，赏赐也极其优厚。冯道其间曾有诗谢契丹主："牛头偏得赐，象笏更容持。"这里"牛头"指契丹冬季渔猎所获的大鱼，"象笏"句则见契丹不拿他见外。上京的祁寒让他怎么也无法适应，将

▼ （五代十国）佚名《摹李赞华获鹿图》
美国大都会艺术博物馆藏

李赞华，即耶律倍，辽太祖耶律阿保机长子，亦是辽太宗耶律德光长兄。耶律阿保机去世后，耶律德光继位，耶律倍投奔后唐，后唐明宗李嗣源为其赐名李赞华。李赞华之《获鹿图》笔法细腻，图中人马劲健，可一观当时契丹画家对人物鞍马的印象与描绘。

所得赏赐，都换成了薪炭，用以取暖。自云："北地寒，老年不堪！"这一年他五十七岁。契丹主也赏赐锦袄、貂袄及羊、狐、貂裘各一。他每次入谒，将四件袄衣全部穿上。夜宿客馆，则覆三裘方能入眠。曾作诗云："朝披四袄专藏手，夜盖三裘怕露头。"契丹主想将他留在北朝，他没有拒绝，也没有同意，仅告："两朝皆臣，岂有分别？"一切随顺。

到次年春初，终于放他南归。这时后晋已经迁都汴州，冯道作诗五首，写北使感受，仅有一首保存下来：

去年今日奉皇华，只为朝廷不为家。

殿上一杯天子泣，门前双节国人嗟。

龙荒冬往时时雪，兔苑春归处处花。

上下一行如骨肉，几人身死掩风沙。

他将自己的奉使，看成为国不顾身家性命的壮烈之举。天子指晋高祖，临行前以酒送行，认为此行成功与否，关乎国家安危。双节则指此行分别册封契丹主及太后以徽号，担负两重使命。颈联两句，以北荒冬雪与汴梁春花作比，写北国生活之酷寒，和回归晋京的喜悦。兔苑用西汉梁王典，代指汴州。最后两句，说晋之使团一行，因此行而亲如骨肉，但也难免有人身死北国，掩骨荒沙，增加无限伤感。

今人一般认为晋高祖割地称臣，有辱国格，在当时实力对比之下，也属无可奈何之事。就冯道来说，将此行看作系国安危、生死以之的事情，完成使命令他释然。

晋高祖在位六年，以屈辱忍耐处理与契丹之关系，所幸相安无事。到天福七年（942）高祖去世，从子石重贵即位，是为少帝。少帝即位不久，听信谗言，将冯道罢相，出任同州节度使，是为外守。同州在长安以东，是关中重镇，后唐以洛阳为都城，同州的重要性不如唐时。冯道在同州时间不长，其间有一个小故事。《五代史补》卷三载，同州夫子庙经乱破败，有负责酒务的小吏愿以家财加以维修。冯道将此事交给判官办理，判官性滑稽，在冯道判后书一绝云："荆棘森森绕杏坛，儒官高贵尽偷安。若教酒务修夫子，觉我羞惭也大难。"杏坛是儒家讲学之所在，破败而长满荆棘，历任儒官就当没有这回事一样，不闻不问。酒务是收取酒税的小官，地位较低，当时视为俗吏。判官是冯道的助手，他觉得长官不问，让俗吏修庙，实在很丢面子，意思是冯道应对此负责。据说冯道读后，面有愧色，于是拿出自己的俸禄修庙。《唐宋分门名贤诗话》卷二说此为冯道出镇南阳时事。冯道在同州年余移镇南阳，不知二说何者为是。

四　经历变乱：救民于水火，也退享长乐

冯道守外期间，晋廷与契丹关系发生了急剧的变化。晋少帝不甘忍受契丹的逼迫，听信几位亲信的妄言，与契丹交恶，直至兵戎相见，导致契丹占据汴京，后晋灭亡。这时冯道方自南阳被召至汴。契丹主耶律德光问冯道："天下百姓，如何可救？"冯道说："此时百姓，佛再出救不得，唯皇帝救得。"此时德光已称帝，会同年号已发往各州使用，几乎要建立新的中原王朝。冯道无力改变于此，只能随顺，以他与契丹主之交好，尽力救护。次年春德光病重，裹挟晋臣北归，冯道也北行到常山，因偶然的变故得以逃脱。他南归汴梁，刘知远已经建立后汉政权，授冯道以太师。

后汉立国仅四年，是冯道悠闲而愉快的岁月。其间，他写了一篇自我表扬的长文《长乐老自叙》，叙述平生荣业。其中写道：

> 静思本末，庆及存亡，盖自国恩，尽从家法，承训诲之旨，关教化之源，在孝于家，在忠于国，口无不道之言，门无不义之货。所愿者下不欺于地，中不欺于人，上不欺于天，以三不欺为素。贱如是，贵如是，长如是，老如是，事亲、事君、事长、临人之道，旷蒙天

恕，累经难而获多福，曾陷蕃而归中华，非人之谋，是
天之祐。

　　他认为自己无论为人之表里如一，为家为国都尽到了责任，
虽然历经艰险，几蹈不测，两度陷蕃，所幸能始终为善，终
获天祐。这里，看到他世俗虚荣的一面，但人生有为，至老
有成，报国报家，得享高龄荣华，沾沾得意，当然也都可以
理解。

　　冯道晚年，备受尊崇，但也做了两件不太光彩的事情。

　　后汉隐帝刘承祐，感到大权旁落，诛杀权臣杨邠、史
弘肇，激起枢密使、天雄军节度使郭威的反抗，率军攻破汴
京，隐帝被杀。郭威希望冯道能推戴自己，但冯道就是没有
反应。郭威无奈，只好借太后的名义，议立刘知远侄子湘阴
公刘赟。其时刘赟在徐州，冯道被派往迎接，临行他问郭
威："公此举由衷否？"郭威指天为誓。冯道接到刘赟，返程
到达宋州，方知郭威玩了一次与后来陈桥兵变一样的游戏，
已经自立为帝，追杀刘赟的兵马早就等在宋州了。刘赟败
前，对冯道说："寡人此来，所恃者以公三十年旧相，是以不
疑。"冯道助暴为虐，只能默然以对。

　　周太祖时，冯道仍受尊崇。待周世宗即位，恰逢北汉刘
崇入侵，世宗拟亲征。冯道表示反对，原因是"陛下纂嗣之
初，先帝山陵有日，人心易摇，不宜轻举，命将御寇，深以
为便"。世宗说："刘崇幸我大丧，闻我新立，自谓良便，必
发狂谋，谓天下可取，谓神器可图，此际必来，断无疑耳！"

世宗看到北汉的阴谋，认为如不给以痛击，必然长无宁日。历来论政温和的冯道，此时突然变得激动而亢奋。世宗说："昔唐太宗之创业，靡不亲征，朕何惮焉？"是说唐太宗做得，我为何做不得？冯道说："陛下未可便学太宗。"太宗英明果决，你不要轻言模仿。世宗说："刘崇乌合之众，苟遇王师，必如山压卵耳。"冯道说："不知陛下作得山否？"言下之意，你比太宗差远了。引起世宗大怒："冯道，何相少也？"你不要以为年纪大，资格老，就可以轻视新立的皇帝。世宗是周太祖柴皇后的侄子，太祖无子而得继位，他的经历和身世显然都不被冯道看好，因此有这样一段争吵，这里看到冯道对世宗能力的忽视。冯道早年有诗"须知海岳归明主"，他一生都在盼着明主的出现。世宗虽最终没有完成统一大业，但他的能力与气象，司马光在《资治通鉴》中推许为最得理想君主的气象，可惜冯道没有看出来。

两个月后，冯道去世。

五　冯道的两极评价，是不是要考虑他的现实困境？

冯道在《长乐老自叙》中说所作文章篇咏编于家集，《宋史·艺文志》著录其集六卷、《河间集》五卷、《诗集》十卷，都不传。今存其诗完篇不足十首，有两篇颇为有名。一首是《赠窦十》："燕山窦十郎，教子有义方。灵椿一株老，丹桂五枝芳。"窦十是窦禹钧，其五子仪、俨、侃、偁、僖，皆擢进士第，后为名臣。冯道写诗祝贺，认为父亲教子有方，五子皆得成名。诗很简净而有精神，表彰窦禹钧之成就，也包含美好祝福。以后流传《三字经》中"窦燕山，有义方，教五子，名俱扬"，就据冯诗改写。但《册府元龟》卷七八三录此诗作"澶察窦中郎，于家有义方。灵椿一树老，仙桂五枝芳"。很可能是初稿。另外还有一首诗："口是祸之门，舌是斩身刀。闭口深藏舌，安身处处牢。"见于南宋以后记载，真伪无法判断。所谓祸从口出，闭口少言，自是官场名言，倒也符合冯道的人生体悟。

对冯道的评价，《广卓异记》卷五引《五代史》云："冯道三入相，四月十七日死，年七十三岁，所得之寿，所终之月，皆与孔子同，但先孔子一日。"与孔子相比，自属不伦。《册府元龟》卷三一〇云：

> 道历仕四朝，三入中书，在相位二十余年，以持重镇俗为己任。性廉俭，不受四方之赂，未尝以片简扰诸侯。私门之内，无累茵，无重味，不畜姬仆，不听丝竹。有寒素之士求见者，必引于中堂，语及平生，其待遇也，心无适莫。故虽朝代迁置，人无间言，屹若巨山，不可转也。议者以为厚德稽古，宏才伟量，盖汉胡广、晋谢安之徒与！

这是宋初几年所修《周世宗实录》附冯传的史臣赞，这里的冯道接近于政治与道德完人，是五代政治的中流砥柱。但宋太祖末修《旧五代史》时，已经提出了他的操守问题："道之履行，郁有古人之风；道之宇量，深得大臣之体。然而事四朝，相六帝，可得为忠乎？夫一女二夫，人之不幸，况于再三者哉？"可以看到宋人政局稳定以后，对于臣节问题之重视。百年以后，欧阳修私撰《新五代史》，更将其提到礼义廉耻所不能容忍的高度，加以显斥：

> 礼义，治人之大法；廉耻，立人之大节。盖不廉，则无所不取；不耻，则无所不为。人而如此，则祸乱败亡，亦无所不至，况为大臣而无所不取不为，则天下其有不乱，国家其有不亡者乎！予读冯道《长乐老叙》，见其自述以为荣，其可谓无廉耻者矣，则天下国家可从而知也。

这里看到欧阳修站在道德制高点上，对冯道的强烈不满，认为无论你做过什么，只要你对皇上不忠，就该一票否决，表达的是宋人在全盛时期的道德追求，至于冯道在他生活的那个时代能做什么，就完全不加考虑了。

俗说"一朝天子一朝臣"，天子为执政之有效贯彻，必然要选用自己信任的人，这是一般常识。冯道从入仕开始，事实上经历了六个时代（含刘守光称帝与契丹入汴），先后服事的君主多达十二人（刘守光，唐四帝，晋二帝，契丹主耶律德光，汉二帝，周二帝），具体事实均见前述。以女子从一而终的立场说，他应对哪位皇帝始终如一呢？就五代各朝的实际运作来看，朝政之运作与王朝之更迭，似乎都在不同步间运行。后唐灭梁，对梁的官员尚有处罚与甄别，政权稳定后，多数仍接纳留用。后唐以后各代，则君位的去留取决于谁更能掌控禁军，新君的核心成员多用幕府旧人，涉及军政人事的更迭与重大政治转向，都由君主与其核心幕僚决定。如庄宗之有郭崇韬，明宗之用安重诲，晋祖之重桑维翰，皆是。至于朝廷之日常运转，如朝会之礼仪，地方官员之选派，赋税之征集与分派，宫殿道路之营筑，则由宰相负责，六部随班，九卿尽职。后唐以后四朝，皇帝如走马灯般地轮换，政府则始终运转正常。重大变化发生，百官不过跟着宰相迎接一下新君而已，新朝仍须运转，各官仍安其位可也。可以看到，即便唐末帝与晋高祖之极端对立，新朝建立以后，对前朝的人事极少加以惩处，清泰朝的显官多数仍保留待遇，得以善终。军事决定君位，宰相运转朝政，明白晓事的宰相则很清楚知道自己的权限所在。《旧五代史·冯道传》中有一段记载很可说明一切：

> 晋祖曾以用兵事问道，道曰："陛下历试诸艰，创成大业，神武睿略，为天下所知，讨伐不庭，须从独断。臣本自书生，为陛下在中书，守历代成规，不敢有一毫之失也。臣在明宗朝，曾以戎事问臣，臣亦以斯言答之。"晋祖颇可其说。

天下是皇上打下来的，涉及军事进退，国家安危，仍请皇上决断。宰相仅在中书按规矩办事，中书有偏颇失职我负责，涉及军事问题则决不发言，一切皆听圣断。这里，很明显可以看到冯道对权力边界的清楚认识，决不越雷池半步。当然，王朝兴亡，皇帝负全职，无预宰相事，也可以体会。这是五代的特殊情况，不能用宋人忠于一朝一姓的立场来要求冯道。

曲子相公和凝
——文武兼资的断狱爱好者

　　本文拟介绍五代诗人和凝，题目拟得有些过于复杂，必须稍作解释。和凝（898—955），字成绩，郓州须昌（今山东东平）人。他是《花间集》所收十八位词人之一，后晋中期做过五年宰相，因此有"曲子相公"的时誉。他对此似乎不太喜欢，但也无可奈何。他能力挽强弓，年轻时曾在血战中射退追兵，救出主帅，主帅感动得立即选他为东床。他能诗文，文所存不足十篇，可说是乱世中的大手笔；诗存百余首，其中有百首《宫词》，可惜在存世三家宫词中以他为最差。他还是公案故事的热情收集者，存世有两卷已经为后人所增订的《疑狱集》。将这些罗列出来，可以看到他有多方面的成就，只是任何一方面皆未臻一流。他的诗文曾有时名，但似乎任何选本都不曾选及，词存二十多首，也不算太出色。我如果不是为写专栏文字，每月挖空心思地想题目，可能也不会写到他。

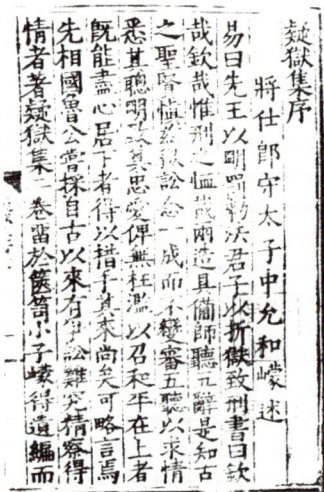

▶ （五代）和凝《疑狱集》
中国国家图书馆藏
明嘉靖刻本。集中收录多为案情
复杂难解，但最终得到了妥善处
理的公案，对之后编录公案的书
有很大影响。

一　和凝的早年经历

　　和凝之先世，据说九代祖和逢尧，唐睿宗时官御史中丞，曾奉使突厥，以功迁户部侍郎。因附会太平公主，玄宗初年贬朗州司马，官至柘州刺史。此后七八代人，近二百年，官皆不显。凝父矩、祖濡、曾祖敞皆不仕。他出生时，又逢天下大乱，不幸可知。其父虽不知书，但尊重士族，性嗜饮酒，不拘礼节，对读书人从不轻慢，别人有困难总是罄尽财力以相助。知为地方富豪之家，和凝也因为这一机缘，得以接触士人，从小好学知书，聪敏异常，成年后出落得姿状秀拔，相貌堂堂。年十七时，举明经到京师。这时唐朝已亡，朱梁王朝已进入第八年，他到的京师就是汴京，即今日之开封，距离他家不远。不知因何他做了个梦，决定改应进士试，居然在两年后（贞明二年，916）及第了，排名不高，第十三名。他觉得这是一个幸运的数字，一直牢记着。到后唐长兴四年（933）他主持贡举时，放进士二十四人，将最为欣赏的年轻才俊范质也取为第十三名，并再三关照说，这不是贬低，是欲范传自己之衣钵。此后七年，和凝入相。再晚十年，范质也任宰相，时和凝还在世，当然是一时盛事。士林传开，有门生献诗云："从此庙堂添故事，登庸衣钵亦相传。"成为后代流传的一段佳话。陈桥兵变时，范质是首辅，妥善处置了权力更迭，是大宋王朝的开国宰相，这些都已经是和凝身后事了。

和凝登第后，循一般途径入宣义节度使贺瑰幕府。宣义军镇滑州，是后梁与河东李氏政权军事对抗的前线。后梁政权建立，唯割据河东（即今山西、河北一带）的李存勖政权因世仇而不予承认，双方在今之晋、冀、豫、鲁一带血战二十多年。滑州是梁政权之前线，与河东之战事互有胜负。贺瑰是梁的猛将，得到梁廷的信任，胡柳陂血战中，梁军大败，贺瑰败逃，只有和凝生死相随。贺瑰说："子勿相随，当自努力。"意思是你是文官，不必逐胜战场。和凝回答："大丈夫受人知，有难不报，非素志也，但恨未有死所。"意思你对我有提携之恩，你遇难时正是我奋身图报之时，生死皆所不惜。两人交谈之际，有敌军来袭，和凝引弓而射，敌应声而毙，贺瑰得以脱险。事后，贺瑰对其诸子说："昨非和公，无以至此。和公文武全才而有志气，后必享重位，尔宜谨事之。"关键时刻看到一个人的素质，不仅以女妻和凝，且嘱咐诸子善事和凝，今后必多蒙其庇荫。

贺瓌卒于贞明五年（919），和凝其后从滑州幕府改归郓州幕府，即回归故土任职。其后还曾一度入邓州幕府，事迹皆无考。其间政事之重大变化，是同光元年（923）后唐庄宗奇兵长途奔袭汴梁，后梁意外灭亡。和凝此时地位不高，追随军幕改事后唐，改换门庭即可，未必有遭贬逐的经历。目前知道的情况是，他于明宗初期在洋州幕府任掌书记，悠游两年，写下一些诗作，依靠《舆地纪胜》《方舆胜览》等宋代地理总志的引录而得以保存。

洋州在今陕西南部，五代初是后梁与前蜀交壤的地区。后唐庄宗灭蜀，其地归唐，明宗初以孟知祥镇蜀，其境还算升平。和凝平生未入蜀中，但其词在蜀中很流行，以至广政初赵崇祚编《花间集》时，采其词二十首入书，很可能是这时传过去的。若此说可以成立，很可能和凝的小词（当时习称"曲子"）大多作于他早期年轻时。

和凝在洋州之诗，完整的有两篇，分别题于寺庙与道观。

咏寺庙的一首题为《游醴泉院》：

万山岚霭簇洋城，数处禅斋尽有名。
古柏八株堆翠色，灵泉一派逗寒声。
暂游颇爱闲滋味，久住翻嫌俗性情。
珍重支公每相勉，我于儒行也修行。

▶（五代）赵崇祚《花间集》收和凝词
中国国家图书馆藏
明正德刻本。

前四句写景，说洋州在万山包围中，几处寺院皆颇有时名。接写近景，古柏八株围绕寺院，苍翠笼罩，醴泉从山间流出，增添寒意。二句写景，也衬托寺院之佛法庄严。其后写自己的感慨，寺僧多闲，不似官府之奔忙，住久了，对自己之世俗情怀也有别样体会。末两句之支公指东晋高僧支道林，是用典，用以称呼寺中住持僧。寺僧守法庄重严肃，且将佛法与和凝分享互勉，和凝说自己是儒生，但对佛法也愿意修行。二句不是一般的客气。《册府元龟》卷八二一载，他在后晋天福末奏："臣滑州舍宅为僧院，便令亲妹尼福因往彼住持，乞颁名额，兼赐紫衣。"所谓滑州宅显然为其在贺瑰幕府所置产业，离开后即舍宅为寺，让出家的亲妹住持。此时他在相位，循例可以将恩荣赏赐家人，因有此请。高丽僧义天编《释苑词林》卷一九四存和凝《故三学法师綝公碣铭并序》，撰于同光三年，是一篇中土不存的佚文，其中多述释理，且言与綝公交往逾十八年，最为相知。此年他本人仅二十八岁。

咏道观的一首题作《兴势观》：

> 山名兴势镇梁洋，俨有真风福此方。
> 瘦柏握盘笼殿紫，灵泉澄洁浸花香。
> 暂游颇爱闲人少，久住翻嫌白日忙。
> 只向五千文字内，愿成金骨住仙乡。

"五千文字"指老子《道德经》。观在兴势山上，洋州是梁州的属州，故并称梁洋，和凝认为道家真风足以造福一方。诗写景物，也赞道法，但向望之忱不及写佛寺的一首，是他对二教之态度稍有区别。

在洋州零残之诗，至少涉及四首。《全唐诗》缺误太多，笔者重新作了拼合。《洋川二首》其一存六句："《华夷图》上见洋川，知在青山绿水边。□□□□□□□，□□□□□□□□。官闲最好游僧舍，江近应须买钓船。更待涹句无事后，遍题清景作诗仙。"颔联缺，诗意大体可以理解。《华夷图》是当时可以见到的全国山川形势图，他说以前仅在地图上见到洋州，知其州景色秀丽，州治有青山绿水环绕。所缺二句应为写亲眼所见州景的诗句。后半是他的感慨，官府事闲，何妨遍游僧寺；州在江边，可以买船尽情游玩。他希望遍游名胜，所至皆作品题。其二仅存首二句："自陪台旌到洋川，两载优游汉水边。"原诗是七律，二首可能是次韵之作。可知他是陪同"台旌"即节帅到洋州的，在州至少度过两年的优游生活。《玉札院》："玉札水清珠履贵，与师相对两依然。"似乎是题另一僧院之诗。《题真符县》："虽有黄金额，其如赤子贫。"真符是洋州的属县，"黄金额"似乎是县衙的题额，表面很华丽，但诗人体会到民间之贫困，且抱有深深同情。

二　和凝《宫词》的写作原委

和凝于后唐明宗天成三年（928）召入朝，初拜殿中侍御史，不久升任礼部员外郎。本年十一月，上奏言补斋郎事。唐五代时期斋郎是士人子弟入官之初阶，斋郎在朝廷举行祭祀仪式时备位而已。不久，改刑部员外郎。长兴二年（931）六月，上奏请减明法科选限，知他能略尽职守。大约此年或次年，改主客员外郎、知制诰，寻受诏入为翰林学士，官也晋为主客郎中。从这时开始，他的文章之才得到认可，参与朝廷文告的起草。《梦溪笔谈》卷一六云和凝有《演纶集》，《宋史·艺文志》误作《演论集》，但载明有三十卷之多，数量极其丰富，可惜未得流传。后来他官至宰相，仍有机会撰写一些大碑，容后文再说。

和凝今存《宫词》一卷，凡存一百首，非常完整，也很可靠。今存《十家宫词》本，有临榆田氏重刊本（中国书店出版社，1990年影印）和清初汲古阁影宋抄本（《中华再造善本》影印），文字差别不大。有关和凝《宫词》的撰写和流传，宋代仅见北宋龚鼎臣《东原录》一条记载：

> 五代和鲁公凝长于歌诗。初辟西征从事，军务之余，往往为歌篇。诏使往来，传于都下，当时籍籍，以为宫体复生。俄而时主知之，遣中使驰驿，索《宫词》百首，即日上焉。其间有云："遥望青青河畔草，几多归马与休牛。"又云："赤子颙颙瞻父母，已将仁德比乾坤。"又云："越溪姝丽入深宫，俭素皆持马后风。尽道君王修圣德，不劳辞辇与当熊。"使事中的，有风人之旨。

所谓"初辟西征从事"，似即指在洋州的经历。《宫词》陆续传开后，"时主"即皇帝派宦者驰驿索取，于是上奏，那么说来也可能是早年所作。百首中的最后一首云："九重天上实难知，空遣微臣役梦思。葵藿一心期捧日，强搜狂斐拟《宫词》。"自称"微臣"，自述"九重天上"即君主之生活实在难以揣想，只能挖空心思来杜撰，似乎作于入朝前。就全诗来说，则以天成入朝为官后所作为前限，下限则可据诗中反复说到洛阳、嵩山，确认作于天福二年（937）晋高祖迁都汴州以前。

以百首《宫词》写内廷生活，始于中唐诗人王建，据说大珰王守澄因与他熟稔，经常告知其内廷生活的细节，王建据以敷衍成篇，轰动一时。第二位有百首《宫词》保存至今的是花蕊夫人徐氏，她是前蜀高祖王建的宠妃，后主王衍的生母，后主时被尊为顺圣太后，即前蜀后期内宫之主人，以此写宣华苑中生活，自属出色当行。和凝不具备以上两方面条件，又要强写宫中生活，当然很难超过前两位（目前没有证据确认和凝见过花蕊夫人《宫词》），无论他身为外臣或学士，都落了下风。

和凝所作《宫词》，部分写宫室庄严，朝班整肃，是人臣可知的内容。如其三："中兴殿上晓光融，一炷天香舞瑞凤。百辟虔心齐稽首，卷帘遥见御衣红。"其六："圣主临轩待晓时，穿花宫漏正迟迟。鸡人一唱乾坤晓，百辟分班俨羽仪。"其间略存规诫，并歌颂圣德，表彰爱民畏天，皆为应有之义。前引龚鼎臣表扬的几篇，皆属此类范围。因为《宫词》本题是写内廷后妃及女官之日常生活，和凝虽无缘得见，前代作品读得多，也可以遥加想象吧。如其十："寝殿香浓玉漏严，云随凉月下西南。帐前宫女低声道，主上还应梦傅岩。"其十六："真珠帘外静无尘，耿耿凉天景象新。金殿夜深银烛晃，宫嫔来奏月重轮。"其三十七："香鸭烟轻蒸水沉，云鬟闲坠凤犀簪。珠帘半卷开花雨，又见芭蕉展半心。"大体如此，皆属一般敷衍之作。

三　曲子相公名传南北

后蜀广政三年（940）四月，卫尉少卿赵崇祚在成都编《花间集》十卷成，凡收词人十八人，今知温庭筠、皇甫松是前代词人，韦庄为前蜀开国宰相，孙光宪生于蜀而时仕荆南，其余作者皆居蜀地，唯一特殊的中原词人只有和凝，且其年九月方在后晋入相。《花间集》署名称和学士，知诸词皆作于此年以前，甚至可能在他闲官洋州以前。《北梦琐言》卷六载，诸词皆其少年时作，及为宰相，专托人收拾焚弃，已不可及。《花间集》收其词，不知他自己知否。至契丹入汴，乃有"曲子相公"之称，其实那时他已罢相居闲。《花间集》存词二十首，《尊前集》存词七首，共存二十七首。此外，宋陈旸《乐书》卷一八四收其《解红歌》："百戏罢，五音清，《解红》一曲新教成。两个瑶池小仙子，此时夺却《柘枝》名。"后世偶亦视之为词。

和凝有《小重山二首》：

> 春入神京万木芳。禁林莺语滑，蝶飞狂。晓花擎露妒啼妆。红日永，风和百花香。
>
> 烟锁柳丝长。御沟澄碧水，转池塘。时时微雨洗风光。天衢远，到处引笙簧。

> 正是神京烂漫时。群仙初折得，郄诜枝。乌犀白纻最相宜。精神出，御陌袖鞭垂。
>
> 柳色展愁眉。管弦分响亮，探花期。光阴占断曲江池。新榜上，名姓彻丹墀。

从内容分析，该词是他十九岁进士登第时的作品，所写神京指后梁都城汴梁。虽然写到曲江，只是借用唐时及第进士同游曲江故事，不是写长安之事。他进士高中，心情大好，感觉到京城春色无边，莺啼蝶飞，红日灿烂，百花争放。天街御沟，神京烂漫，衬托着他的大好心情，一切都令人心花怒放。二词特殊处是完全不涉及男女情事，写京城春色和登第愉悦，在花丛锦簇的《花间集》中倒也别成面貌。

类似的作品还有《渔父》："白芷汀寒立鹭鸶，蘋风轻剪浪花时。烟幂幂，日迟迟，香引芙蓉惹钓丝。"写渔父夏初之生活，景色如画，渔人慵懒间非常自如，是对张志和作品有意的模仿。

当然，和凝年轻时是风流才子，且仪态庄伟，似乎入戏很深。《杨柳枝三首》：

软碧摇烟似送人，映花时把翠眉颦。
青青自是风流主，慢飐金丝待洛神。

瑟瑟罗裙金缕腰，黛眉隈破未重描。
醉来咬损新花子，拽住仙郎尽放娇。

鹊桥初就咽银河，今夜仙郎自姓和。
不是昔年攀桂树，岂能月里索姮娥。

词中仙郎就是作者自己，第三首且自报姓和，有点行不改姓的味道。第一首先写女子身段摇曳，人脸花枝相映，更显妩媚。年轻之时当然追求风流人生，可以从容地等待洛神的到来。第二首写女子服饰华美，身段妖娆，男女亲热后黛眉残损，未及重描，即拽住仙郎撒娇。第三首写七夕男女相会，作者很得意地自报家门，且说因为自己昔年攀桂，高举进士，今日得与月中美女姮娥约会（今日一般所称嫦娥，是到北宋真宗以后避讳方改）。三词皆写作者年轻时的放浪无羁，那时当然一切都不在意，官高位重时，就有碍观瞻了。作者晚讳所作，原因在此。

和凝的一些词作，已开南唐风流蕴藉之先声。如《菩萨蛮》："越梅半坼轻寒里，冰清澹薄笼蓝水。暖觉杏梢红，游丝狂惹风。闲阶莎径碧，远梦犹堪惜。离恨又迎春，相思难重陈。"写一女子春初独栖，百无聊赖的心境，颇近冯延巳名作《谒金门》。《春光好》写女子怀春慵懒莫名的心境，则深得温、韦词的精神："纱窗暖，画屏闲，嚲云鬟。睡起四肢无力，半春间。　　玉指剪裁罗胜，金盘点缀酥山。窥宋深心无限事，小眉弯。""窥宋"用宋玉《登徒子好色赋》的故事，说女子独恋情郎而无法传达，心中无限事，逢春百无聊。在《花间集》十八位词人中，和凝居于中等偏下水平，总体风格仍不脱男欢女爱之主题。

《尊前集》卷下收他所作《江城子五首》是一组词，写男女相约相聚、一夜风流、天明分别之过程：

初夜含娇入洞房。理残妆，柳眉长。翡翠屏中，亲爇玉炉香。整顿金钿呼小玉，排红烛，待潘郎。

竹里风生月上门。理秦筝，对云屏。轻拨朱弦，恐乱马嘶声。含恨含娇独自语：今夜约，太迟生。

斗转星移玉漏频。已三更，对栖莺。历历花间，似有马蹄声。含笑整衣开绣户，斜敛手，下阶迎。

迎得郎来入绣闱。语相思，连理枝。鬓乱钗垂，梳堕印山眉。娅姹含情娇不语，纤玉手，抚郎衣。

帐里鸳鸯交颈情，恨鸡声，天已明。愁见街前，还是说归程。临上马时期后会，待梅绽，月初生。

读第一首似乎是写新婚夜新娘之初夜之情，读完五首知道是一组词，各首词之关键词是待郎、夜约、阶迎、入闱、晓别。这里看到《莺莺传》的桥段，也看到《游仙窟》的终始，每一节都很用心刻画，写男女之情热烈而缠绵，词中文辞也确实是词之轻曼，而非诗之庄重。相信当年和凝曲子，流传民间者就是这样的作品。

四　和凝的文采风流与官场显达

五代各朝，后梁与后唐是敌对的，长期血战，梁亡后部分官员受到贬黜之处分，那时和凝还年轻。后唐末帝与晋高祖也是敌对的，那时已经形成仅追究祸首、不贬黜文官的习惯。和凝在唐末帝时任翰林学士、工部侍郎，进入高层文官序列。末帝败，他投靠晋高祖石敬瑭，深得信任。天福二年（937）任礼部侍郎，仍充学士。三年，兼判度支，改户部侍郎，负更多经济方面的责任。此一期间晋高祖依附契丹，和凝曾奉诏撰《圣德神功碑》赞美契丹的功业，可惜没有存世，仅《辽史》中记有一笔。四年，升任翰林学士承旨，即为首席学士。其间，他曾经为马重绩新修《调元历》作序，也曾为新雕《道德经》撰序。二序皆不存，但《旧五代史》马之本传应略存序意，后者则为最早的官方雕版经典著作之一。五年九月，和凝受命为中书侍郎平章事，也就是宰相。到开运二年（945）八月罢相，任宰相恰好满五年。在这五年中，他经历了晋高祖之去世与少帝之即位，也参与了与契丹关系之协调，并为晋帝之平定内乱提出建议。天福六年秋，晋高祖将幸邺都，时襄阳安从进反意已彰。京城仅留郑王石重贵（即后之晋少帝）驻守。和凝建议，在晋祖离京期间，应给郑王更大的调动军队以备不测的权力，建议可以留十数道空白调军敕书，倘有不测，郑王可以见机处理。晋祖接受了他的建议，在襄阳叛起时收到了意外的成效。五代宰相一般不问军事，和凝能有见于此，可称难得。

天福六年，吴越文穆王钱元瓘去世，和凝受命为其撰长篇碑文《吴越文穆王神道碑》（《两浙金石志》卷四）。吴越是十国割据政权中比较特殊的一家。钱镠完成两浙的割据，也曾称帝，建年号，改正朔，在估量国力和形势后，采取以小事大的国策，承认中原王朝是正统所在，中原王朝则给予他各种利益与名誉的笼络。元瓘是钱镠第七子，在位十年，善事中朝，保土安民。他因火焚其宫，惊惧病狂卒，后晋给他以尊

崇，撰碑也由宰相和凝亲自执笔。这是一篇大文章，且多有
难以下笔处。和凝不愧大手笔，几千字的长文，写得酣畅淋
漓，辞采纷呈而又妥适精当。如写钱镠乱中割据一节云：

> 顷者土德崩离，乾纲弛紊。当戎马生郊之后，乃龙
> 蛇起陆之时。于是金璧延才，英贤毕附。豆觞抚士，勇
> 毅争归。才思倚柱之谣，寻应悬刀之梦。苦身焦思，沐
> 雨栉风。战波浪以拓城隍，灭烟尘而静边鄙。神资福
> 地，民咏乐郊。所以翼子贻孙，永使尊周辅汉。

写钱元瓘去世一节云：

> 天福六年，王以弟兄归任，丝竹张筵，因抒嘉篇，
> 久吟警句："别泪已多红蜡泪，离杯须满绿荷杯。"诗罢
> 酒阑，情伤疾作。其后融风忽扇，烈焰俄烘。骇愕既
> 多，虚羸遂甚。上池之药无效，聚穴之香不神。

史书仅述其因宫廷失火受惊而卒，碑文则增加元瓘因弟兄外
任，伤感病发，再加火灾骇惊，终致不起，写出其为人重视
兄弟之情的一面。所选二句即席所作诗纤丽婉约，也能见到
元瓘的文字娴雅。元瓘去世时，晋祖还在世，到撰碑时，吴
越则钱弘佐嗣立，晋则末帝继位，碑文将吴越三代之忠忱，
后晋二帝稠迭之恩典，层次分明地写出，且因代表中朝，行
文极其庄重，碑末之赞铭即长达近六十韵，不愧大文章。

和凝罢相，史书虽不说原因，可以推知的事实是，晋祖敬事契丹，自称儿皇帝，虽然屈辱，所幸南北平和，没有大的冲突。其养子石重贵即位后，不甘屈辱，听从一些幸臣的意见，与契丹关系恶化，最终败亡。和凝是老成的旧臣，不赞同激化矛盾，只能退让，自然无可奈何。待辽主耶律德光入汴，后晋亡，和凝被选为辽的翰林学士，不久随辽主北行，因故留住镇州，意外脱险南归。他知举时的门生李澣就没有这么幸运，终身仕辽，其文集名《丁年集》，隐隐以苏武自比。

和凝生命的最后几年，先后经历了三四次大的变故，最后在周世宗显德二年（955）七月，因背疽而卒，享年五十八，在当时算是中寿吧。

五 《疑狱集》：公案类小说的滥觞

和凝平生著作，据史传及宋元书志记载，有《演纶集》三十卷（应该是为皇帝起草文书的结集，即他任学士、宰相期间的职务作品）、《游艺集》五十卷（估计是平生诗文之结集，也可能包含琴棋书画等各种技艺方面的内容）、《疑狱集》二卷（下详），此外还有《香奁集》、《孝悌集》、《籯金集》及《红药编》五卷、《赋格》一卷、《宫词》一卷等，是否包含在前述卷次较多的两种大集中，今不得而知。和凝是一位好修整的人，官至宰辅，举凡车服仆从，皆追求华楚，进退容色，伟岸从容。他特别在意生前身后名，晚年富足而优裕，乃结集诗文为百卷，自己雇工模刻于版片，印成数百部，分别惠送于各方人士。遗憾得很，上举他的众多著作，存下来的仅有前述《宫词》一卷，以及经其子和嶸增订的《疑狱集》二卷。

《疑狱集》二卷收入《四库全书》，是据天一阁藏本校录。书前附嶸子嶸序云："先相国鲁公尝采自古以来有争讼难究、精察得情者，著《疑狱集》二卷，留于箧笥。小子嶸得遗编而讽读，……因敢讨寻载籍，附续家编，期满百条，勒成四轴。上二卷，先相国编纂；下二卷，小子嶸附续。"今见本卷二引及《玉堂闲话》，是和凝同时人王仁裕所著，卷四则述及韩亿、包拯、司马光、范纯仁故事，晚于和嶸近百年，是原书多经后人增窜。和凝所编，大约仅卷一、卷二中的部分内容。录一则于下：

> 唐贞观中，左丞李行廉弟李行诠子中，与父妾乱，遂与之潜藏，追诘极急。长安县获之，县司王璥引就房推问，不伏。璥先令一人于案褥下伏听，令一人走报云："长史唤璥。"锁门去。中与妾相谓曰："必不得承。"及私密之语。而璥至开门，案下之人遂起白璥，各大惊而伏罪。（卷一《王璥案伏听》）

公案皆唐初事，看似复杂难解，办案者机智设局，让干犯者伏罪，真相亦得以究明。宋代说书艺人之节目，公案是一大卖点，今知最早编公案的书，就是和凝这本小册子。虽然不是原创，但确有辑录之功。《四库提要》认为后人《折狱龟鉴》《棠阴比事》一类书，皆受此影响，大体可信。

和凝，《旧五代史》卷一二七有传，拙著《旧五代史新辑会证》（复旦大学出版社，2005）多有补充。三十多年前撰文《"花间"词人事辑》（《俞平伯先生从事文学活动六十五周年纪念文集》，巴蜀书社，1992）亦曾详考其生平出处。今据以写成本文。

作为诗人的南唐三主

今人谈词，多喜谈南唐二主，即中主李璟与后主李煜。中主仅存四阕，风流婉丽，自成家数。后主身历国变，沉痛伤怀，享千古之名。南唐立国三十七年，实有三主，先主李昪开创新朝，亦能为诗，不可忽略。中主、后主皆有诗名，后主存者尤多，风情不逊于其所作小曲，亦宜为学人所知。故今以三主名篇，于后主尤多致意焉。

一　先主李昪

先主存诗仅一首，且真伪莫名，本可不述，然不言其家世及开创之功，则不能尽知中主、后主，故首述之。

先主李昪（889—943），字正伦，小字彭奴，一般说是徐州（今属江苏）人，另作海州（今江苏连云港）或湖州（今浙江吴兴）人。仅知他少孤，流寓濠泗间，为吴王杨行密所获，寻为大将徐温养子，冒姓徐，名知诰。从他生年推测，那时黄巢平定已经五年，杨行密乘乱起兵，在江淮多年恶战后，渐成气候。中原到江淮富庶之地，历经十多年血战，早已不复往年之升平。按南唐人说法，李昪出于唐之宗室，或云为玄宗子永王李璘之裔孙。但安史乱后百年，并无李璘子孙的传闻。来自吴越国的说法，则谓其本姓潘，湖州安吉人，父本为安吉寨将，吴将李神福攻钱镠故里时，将其俘虏为仆隶。一切皆莫可究诘，传为潘氏子故出吴越敌忾，说出唐室亦不免南唐附会。比较有益判断的旁证则是《江南别录》载昪第四子景达初娶李德诚女，南唐开国后有司以同姓不婚，请判离婚，李昪诏谓德诚国之元老，"婚不可离"，王妃可以德诚封爵南平为氏。虽说判得离奇，却也将冒姓李唐的底牌露出来了。

李昪何时进入徐温家，不见记录。《唐宋分门名贤诗话》卷六载：

> 南唐烈祖昔在徐温家，年尚幼，常有《灯》诗云："一点分明直万金，孤光惟怕冷风侵。主人若也勤挑拨，敢向樽前不尽心。"

《唐宋分门名贤诗话》仅韩国存残本，可以相信即是北宋末李颀《古今诗话》的转录本，且为时甚早。《诗话总龟》卷二〇引《诗史》："李烈祖为徐温养子。年九岁，《咏灯》诗云：'主人若也勤挑拨，敢向尊前不尽心。'温叹赏，遂不以常儿遇之。"此外，同书卷五引《古今诗话》，"直"作"值"，意同；"孤光"作"开时"，稍逊；"光"作"风"，当据改。此诗若真为其九岁所作，则知此前已辗转入徐温门下，且因其乖巧懂事得徐信任，成为近仆，进而收为养子。在唐存世之少年诗中，此首极堪回味。题目咏灯，唐时以蜡烛之灯为普及，其用则以夜读或夜宴为常见。诗首句说夜间点灯之珍贵，次句则说孤光如豆，残弱仅存，最怕夜来风起，则不免烛倒灯灭。以他的孤弱无依，这是最妥当的譬况。后两句说一灯虽弱，如果得到主人时时关心，就不怕冷风侵迫。末句更说感主人知己之恩，自当燃尽一切来回报。所谓"挑拨"指时时理拨灯芯，尊前尽心指在主人夜宴时燃尽不变。寄人篱下，孤弱无依，而能借小题传达忠于主人之赤忱，当然为主人所欢心。

乾宁四年（897），李昇九岁，这时杨行密割据淮南、皖南的格局已经形成，而徐温（862—927）则为其随身都知兵马使，最得亲信。天祐二年（905）杨行密去世，徐温拥立其子杨渥嗣位。天祐五年，徐温与张颢连手，杀杨渥，拥立渥弟杨隆演，此后政归徐温。天祐十五年，吴国内乱，大将朱瑾杀温子徐知训，温与养子知诰平叛，此后吴主称王，徐温总军国大纲，知诰主日常政务。此年知诰三十岁。吴国虽是杨家为王，政归徐温，温诸子多庸常之辈，权归知诰。徐温去世，知诰掌朝政十年，方借谣谶有征、群臣拥戴、中兴李唐等种种名义，完成改朝换代。南唐开国，将杨吴一家，先迁丹阳，再徙泰州，以重兵困守近二十年，后周南进时全部诛杀，为吴、唐禅代间最残酷的一幕。南唐后裔不昌，世以为作孽过分所致。

李昪除前引《咏灯》一诗外，仅存一则酒令。《五代史补》卷三《李昪得江南》载，李昪雪天大会宾僚，酒酣出酒令，须借雪取古人名，李昪先作："雪下纷纷，便是白起。"白起是秦将。宰臣宋齐丘继作："着屐过街，必须雍齿。"雍齿是汉初将。徐融好争胜，续云："来朝日出，争奈萧何！"萧何是汉相，是说明天日出，白雪将化，萧萧能且如何！李昪大怒，连夜将徐融杀害，其专权及不能容人如此。

二　中主李璟

中主李璟（916—961），初名景通，改名瑶，又改璟，晚避后周讳又改景。字伯玉，为李昪长子。他出生不久，其父即掌控吴之大政，他十岁即除驾部郎中，长期在庐山读书，受到非常良好的教育。

五代十国的割据者虽多数出身下层，似乎普遍以晋唐士人的习惯教育子弟。李璟之才情素养，久为世知，他的诸弟也皆有才情。璟三弟景遂，曾被封为太弟，赴镇润州时有诗："路指丹阳分虎节，心存双阙恋龙颜。"仅存二句，知擅作诗。

宋龙衮《江南野录》卷二谓中主"音容闲雅，眉目若画。趣尚清洁，好学而能诗。然天性儒懦，素昧威武"。《马氏南唐书》卷四引徐铉曰："嗣主工笔札，善骑射，宾礼大臣，敦睦九族。每闻臣民不获其所者，辄咨嗟伤悯，形于颜色，随加救疗。"史某《钓矶立谈》云："元宗神采精粹，词旨清畅，临朝之际，曲尽姿致。"这些都是第一手的观感，可以体会中主的文人气质，清秀仪表，儒者性格，亲民姿态。必须说明的是，先主在受禅后虽仅在位七年，此前已经实际掌控江南政局近二十年，开国后将杨吴残支彻底清除，开国老臣皆得为中主所用。据说中主十岁有诗咏《新竹》："栖凤枝梢犹软弱，化龙形状已依稀。"是写竹枝初生，形态尚弱，成龙矫捷的发展趋势已经可以预见。也就是说，早在他十岁时，父亲的篡夺计划，以及培养他接班的安排，都已经在计划中。中主在位十八年，对外开拓方面得失相当，面对后周则遭到严重挫败，内乱偶有，没有动摇国本，谈不上大的建树，也没有国破身亡，这是他的幸运。

中主文学的主要成就是词，虽仅存四阕，皆属精品。流播很广的一则故事载："元宗尝戏（冯）延巳曰：'"吹皱一池春水"，干卿何事？'延巳曰：'未如陛下"小楼吹彻玉笙寒"。'元宗悦。"（《马氏南唐书》卷二一《冯延巳传》）冯时为宰臣，君臣之间谈论的话题是小词，戏谑中互相激赏如此，确不可思议。冯词为《谒金门》："风乍起，吹皱一池春水。闲引鸳鸯香径里，手挼红杏蕊。　斗鸭阑干独倚，碧玉搔头斜坠。终日望君君不至，举头闻鹊喜。"写一贵妇因望君不至而百无聊赖的心境，首二句既是游园所见之景，也隐喻女子内心不能排遣之波澜，含蓄如此。中主词为《摊破浣溪沙》：

菡萏香销翠叶残，西风愁起碧波间。还与容光共憔悴，不堪看。

细雨梦回鸡塞远，小楼吹彻玉笙寒。多少泪珠何限恨，倚阑干。

写女子深夜梦觉怀人，"细雨"两句高华隽永，韵味无穷，诚难得之佳作。

相比起来，中主存诗不多，成就较词作略显逊色。目前可见他的完整存诗仅有一首《保大五年元日大雪同太弟景遂江王景逿齐王景逷进士李建勋中书徐铉勤政殿学士张义方登楼赋》：

> 珠帘高卷莫轻遮，往往相逢隔岁华。
> 春气昨宵飘律管，东风今日放梅花。
> 素姿好把芳姿掩，落势还同舞势斜。
> 坐有宾朋尊有酒，可怜清味属侬家。

诗题据《全唐诗》卷八，肯定有误。保大初李建勋以司徒退归，何以称为进士？据《江表志》卷中所载，保大五年（947）元日大雪，元宗诏太弟以下皆登楼展宴，各命赋诗，且令中使就私第赐李建勋。李建勋方与中书舍人徐铉、勤政殿学士张义方会于溪亭，当即和诗奏进。元宗遂召建勋、铉、义方三人同入，至夜半方散。其后复命编成卷轴，绘为图咏，徐铉为前后序，太弟以下侍臣及法部丝竹由周文矩主绘，楼阁宫殿由朱澄主绘，雪竹寒林由董元（当即董源）主绘，池沼禽鱼由徐崇嗣主绘。元宗所作诗，据徐铉序，题当作《春雪》。原图咏应该规模宏大，四大名画师共同绘成，元宗与诸弟诸

▼ （五代）周文矩《重屏会棋图》

故宫博物院藏

图中四人应分别为南唐中主李璟、晋王景遂、齐王景达、江王景逿。

子参与唱和，极一时之胜。今存者仅徐铉二序及元宗与三臣和诗。元宗是此次唱和的主角，他的这首七律音节流转，属对工稳，写出新年雨雪、治国丰瑞的由衷喜悦之情。所谓"坐有宾朋尊有酒，可怜清味属侬家"二句，尤可回味，他全无人君居高临下的姿态，家人臣僚皆视作宾朋，宫廷也如山家般感觉清闲况味。

　　这样的人君，在太平岁月当然能保持文人风味，可惜天下并不太平。五代十国的割据局面中，中原王朝实力最强，南方各国则以南唐最具实力。南唐自认唐裔，以恢复有唐强盛为立国目标，南奔士人也以恢复中原来鼓动人主，如韩熙载即久蓄此志。中原鼎盛，南唐当然不敢举兵，中原板荡，对南唐是机会，元宗似乎一直也下不了决心，当然一事无成。相邻的吴越虽实力稍逊，对中原称臣，与南唐则势如

作为诗人的南唐三主　369

水火，南唐未必得到便宜。南唐窥视邻邦的内乱。闽末变乱，元宗听信冯延巳、陈觉的怂恿，仓促举兵，吴越乘机打劫，唐兵后勤不继，终于大败。马楚诸子相争，南唐派边镐取湖南全境，惜守不得人，未二年全部失去。中原经历晋、汉间的动荡，入周国力昌盛，周世宗在摆平北汉、西蜀的挑衅后，三度南下亲征，元宗初尚抵抗，不久彻底告败，以尽献江北之地、贬损制度的代价，换来暂时的存续。原来南唐之北境在海、楚、寿、光一线，至此划江为治，国境更为局促。南唐开国称帝，至此去帝号，南唐皇帝改称江南国主，撤年号，尽从中原正朔，对中主来说，是很大的挫败。

内乱也接踵而至。中主初以景遂为太弟，后改立长子弘冀为太子，弘冀却窥伺机缘鸩杀景遂，不久弘冀亦死。这是中主之家人仇杀。南唐以金陵为都城，划江为治后金陵即是前线，中主乃决意以南昌为南都，至建隆二年（961）迁都，至南昌后方发现新都迫隘，群下思归，因此心情大坏。他在临终前不久立第六子吴王李从嘉（即李煜）为太子，寻死于南昌，得年四十六。

中主最后两年心情抑郁，国事家事都让他不再如往常那样从容自在。他杀了权臣宋齐丘，认为是他耽误了国事。他责怪曾攻取湖南的边镐阿旨，吓得边镐自缢而亡。他身边的乐师或隐士，似乎还没有忘记要提醒他的责任。史虚白咏《渔父》诗，有"风雨揭却屋，全家醉不知"之句，将国家形势讲到危言耸听的程度，中主又何尝不知呢？乐师李家明在赴南昌途中，指着江北的皖公山，献诗中主："龙舟悠漾锦帆风，雅称宸游望远空。偏恨皖公山色翠，影斜不入寿杯中。"大好河山已不为君王所有，这还要提醒吗？真是哪壶不开提哪壶。中主虽然谦虚地听取，其实心情大恶。晚年有两则残诗存留，一是《庐山百花亭刊石》："苍苔迷古道，红叶乱朝霞。"是写景的好句，但也看到他的迷茫与失路。在南昌有句："灵槎思浩荡，老鹤忆崆峒。"灵槎是登仙的宝船，崆峒是遥远的仙山。他的遗憾，他的失望，都可以体会。今后的责任，只能交代给与他气质相承的六子从嘉了。

三　后主李煜

李煜（937—978）为中主第六子，初名从嘉，即位后方改名。继位似乎根本轮不到他，因此他早年优游文艺，潜心情爱，自属本格选择。奈何诸兄或早亡，或因内斗而失位，到后周割江次年，选择二十三岁的他自郑王徙吴王，以尚书令居东宫。不久，中主迁都南昌，留他居金陵监国。中主选择李煜，当时非议者有钟谟，认为李煜"器轻志放，无人君度"，劝立第七子从善。谟曾与从善出使后周，过从亲密，他的建议不能不让人感觉有私心。中主大怒，将钟谟贬死。钟谟在周有诗献周世宗："三年耀武群雄伏，一日回銮万国春。南北通欢永无事，谢恩归去老陪臣。"这样的诗据说世宗读后大悦，那么中主呢，能不怀疑他有通敌嫌疑吗？

建隆二年（961）七月二十九日，后主即江南国主位于金陵，立即遣冯延鲁使宋告即位，其表云："臣本于诸子，实愧非才，自出胶庠，心疏利禄。徒因伯仲继没，次第推迁。臣既嗣宗祊，敢忘负荷，唯坚臣节，上奉天朝。"所言都是老实话。宋太祖代周自立，勇于自信，已经展开统一全国的计划，江南退居一隅，国势日见危蹙，无论后主能力如何，大的格局已经无法改变。后主得在位十四年，已属幸运，终为宋所灭，也非其罪，所谓"卧榻之旁岂容他人酣睡"，大势所趋，非后主失德。

今人解说后主词，将其国亡前后分成两个阶段，前期多言宫中生活及男女情爱，后期多言亡国之痛与思乡之情。分析已多，毋庸赘述。后主存诗数量与词相当，所见他的感情与情怀，与其小词侧重有所不同，可分别述之。

1. 夫妻之情

后主先后娶周宗二女为妻，初婚者谥昭惠，世称昭惠周后或大周后，续娶者为其妹，世称小周后，且陪他入宋。他的婚姻生活应该曾充满美好的回忆，他的存词中如"烂嚼红茸，笑向檀郎唾"，如"刬袜出香阶，手提金缕鞋"，这些天真无邪的少女，未尝不可作为他的美好回忆来读。大周后生三子，皆秀巘可立，乾德二年（964）大周后因幼子死亡，伤心过度逝世，对李煜来说是一生最大的伤痛，他写了许多诗倾诉自己的悲怀。如《感怀二首》：

又见桐花发旧枝，一楼烟雨暮凄凄。
凭栏惆怅人谁会？不觉潸然泪眼低。

层城无复见娇姿，佳节缠哀不自持。

空有当年旧烟月，芙蓉池上哭蛾眉。

但凡花发旧枝，月曾共观，佳节忆游，凭栏独立，怀念与悲苦无所不在，难以排遣。见到梅花，他写道："失却烟花主，东君自不知。清香更何用？犹发去年枝。"人不在了，花开谁赏，春归无情，清香依旧，自己已经失去所爱，一切美好都无从体会了。乃至见到夫人用过的手巾、弹过的琵琶，他也都见物怀人，不能自己。"浮生苦憔悴，壮岁失婵娟"，是人生一大悲剧。

2. 丧子之痛

后主与大周后生有三子。后主最喜欢的是幼子宣城公仲宣，小字瑞保。据说三岁读《孝经》，能成诵。听闻奏乐，能分别音调，宫中言行，颇合礼度，可惜四岁就夭亡了。后主为此子名取魏王粲字，也见期待，可惜苗而不秀，更因此而使母亲周后哀苦增剧，随即故去。悼妻悼子，后主悲怀难以排遣。他作《挽辞二首》云：

珠碎眼前珍，花凋世外春。未销心里恨，又失掌中身。
玉笥犹残药，香奁已染尘。前哀将后感，无泪可沾巾。

艳质同芳树，浮危道略同。正悲春落实，又苦雨伤丛。
秾丽今何在？飘零事已空。沉沉无问处，千载谢东风。

后人解二诗，以为母子同悼，是正解。这一年是乾德二年，是后主即位后第四年，国事并无危机，家事悲凉如此。第一首几乎每一联都在写前哀后感，珠碎是子亡，花凋是妻死，层层推进，以"无泪可沾巾"作结，是说泪都哭尽了，伤心至极。次首感伤生命之脆弱，与治道略同，天理有是非吗？其间有可言的道理吗？后主是绝望的。

遭如此挫折，后主精神接近崩溃，据说在宫中经常只是默坐饮泣而已，也就是独自闷坐哭泣而不愿为他人所知。有《写志》诗："永念难消释，孤怀痛自嗟。雨深秋寂寞，愁引病增加。咽绝风前思，昏蒙眼上花。空王应念我，穷子正迷家。"他是君王，他的痛苦没有人能理解，孤怀难以释解，秋雨寂寞，病体缠愁，"穷子正迷家"，他突然觉得失去了一切，只能从佛书中得到一点点的慰藉。

3. 兄弟之情

中主生有十子，后主为第六，长兄们先他而亡，他特别珍惜诸弟之情。由于身份特殊，他多次派弟弟作为自己的使节北使于宋，有时不免被扣留而久不得归。南唐开宝间（968—975），九弟从谦奉币入汴，兼贺宋之诞节，据说宋太祖喜其善于应对，久留不遣南归。后主无可奈何，某日酒席上恻然伤感，即席赋《青青河畔草》诗，以"王孙归不归，翠色和春老"之句作结，满座感动，诗也流传一时。

即便在南方，兄弟也难免因出守而分别。当八弟邓王从镒出守宣城时，后主赋诗为别："且维轻舸更迟迟，别酒重倾惜解携。浩浪侵愁光荡漾，乱山凝恨色高低。君驰桧楫情何极，我凭阑干日向西。咫尺烟江几多地，不须怀抱重凄凄。"

宣城离金陵虽然不远，毕竟无法朝夕见面，后主很动情。首两句所写其实就是后来柳永《雨霖铃》"骤雨初歇"的场景，离舟再等一等，别酒再斟一壶。其后两句渲染别后的相思，末有宽勉之意，强作慰解，正因为相思之深。

4. 宫人之情

宫人卑微，君王能平等相看，可称难得。宋人曾见后主在黄罗扇上撮襟书诗一首赠宫人庆奴，其诗云："风情渐老见春羞，到处销魂感旧游。多谢长条似相识，强垂烟态拂人头。"后以小字书："赐庆奴。"宋人以为"庆奴，似是宫人小字，诗似柳诗"（姚宽《西溪丛语》卷下）。诗说自己年岁渐增，春日也怯于出游，殆因所到之处，都会触动对往事的回想，令人怅惘销魂。后两句中的"长条"即指柳枝，似曾相识，不断招惹自己，更增愁绪。无论庆奴是婢女还是小厮，大约就是随身的一位跟班，诗中表达的情感是平等的。后主辞庙词云"垂泪对宫娥"，世斥其亡国之态，其实他的悲苦只能对宫娥倾诉。

5. 多病的国主

前述种种，多数是李煜亡国前所作。他虽身为国主，其实是一位多愁善感的文人，且似乎一直多病忧患，心情并不太好。他有《病中感怀》："憔悴年来甚，萧条益自伤。风威侵病骨，雨气咽愁肠。夜鼎唯煎药，朝髭半染霜。前缘竟何似，谁与问空王？"不知作于何时，几乎是前引伤子言怀诗的翻版，是一位病入膏肓者的呻吟。此外，他还有《病中书事》《九月十日偶书》《秋莺》《病起题山舍壁》等诗，都是伤时感怀、叙述病愁的作品。所存残句,《病诗》有"衰颜一病难牵复,晓殿君临颇自羞""冷笑秦皇经远略,静怜姬满苦时巡""病态如衰飒,厌厌已五年",可信皆为他在江南时所作,充满衰瑟之感。《落花诗》云:"莺狂应有限,蝶舞已无多。"他似乎已经预期来日无多。他也关心历史上的亡国故事。《题金楼子后》云:"牙签万轴裹红绡,王粲书同付火烧。不是祖龙留面目,遗篇那得到今朝?"《金楼子》是梁元帝的遗著,元帝在北周军入荆州时,将平生所藏七万卷典籍全部焚尽,后主当然知道始末,他为此诗加一自序:

> 梁孝元谓王仲宣昔在荆州,著书数十篇。荆州坏,尽焚其书,今在者一篇,知名之士咸重之。见虎一毛,不知其斑。后西魏破江陵,帝亦尽焚其书曰:"文武之道,尽今夜矣。"何荆州坏,焚书二语,先后一辙也。诗以慨之。

元帝对王粲之自焚所著书,有所感慨,而临己之难,则尽焚公私古今之书。仔细体会,后主是真的爱书,对前人之所为颇不以为然,其间虽不必拔高到守护文化的高度,但好书应该存留给后人,他还是有认识的。

《渔父词》:"阆苑有情千里雪,桃李无言一队春。一壶酒,一竿身,快活如侬有几人?""一棹春风一叶舟,一轮茧缕一轻钩。花满渚,酒盈瓯,万顷波中得自由。"《五代名画补遗》说此二诗为后主金索书题于卫贤《春江钓叟图》上，体式源自张志和《渔歌子》和船子和尚《拨棹歌》，对渔父之快活、自由充满向往之情。可惜他是国主，肩负家国的重担，只能临江羡鱼而已。

6. 归宋后之落魄与凄凉

李煜归宋后，宋太祖对他还算客气。内廷曲宴，也约李煜参加。一次问李煜："闻卿在国中好作诗。"请举得意者一联。李煜沉吟许久，诵《咏扇》云："揖让月在手，动摇风满怀。"两句分别写持扇之姿态，即退逊时握扇如满月在手，将扇扇动，可得满怀好风。相信李煜之沉吟是在斟酌在此场合，举何诗为合适，很怕涉及不合时宜的诗句。此二句从唐于良史《春山夜月》"掬水月在手，弄花香满衣"化出，有退让适意之感。太祖即兴点评："满怀之风，却有多少?"是说他所见甚小也。他日复宴，顾近臣曰："好一个翰林学士。"是说此才可为学士，难以做人主，所见当然也正是李煜希望太祖对自己之认识。此节叶梦得《石林燕语》卷四与王陶《谈渊》所载微异，此取前者。

金陵城陷在开宝八年十一月，后主于次年初入东京，到该年十月太祖崩，此一时期太祖因他曾为国主，不能用为学士，但待遇礼数还算周到。后主心情不好，"务长夜之饮"，内廷每日给酒三石，供他消遣。太祖知道后，觉得过分了一些，命停止供酒，后主上告："不然何计使之度日?"心情不好，度日如年，没酒如何打发时光? 坦率如此，太祖也不怪，照旧数给酒。

太宗即位，李煜还活了十九个月。后世多以为太宗为人忌刻，甚至以为后主最终死于太宗所赐牵机药。具体原因，或云徐铉看望后主，后主相持大哭，有"当时悔杀了潘佑、李平"之说，又以为其在赐第七夕命故伎作乐，声闻于外，又以为所作词"小楼昨夜又东风"及"一江春水向东流"之句而惹祸。凡此诸说，皆属传闻，至今未有确证。记得香港学者邝廷焯早年在台北求学时，曾撰文对此表示质疑。李煜曾上言甚贫，太宗诏增给月俸，赐钱三百万。太宗幸崇文院观书，也曾邀李煜同行，且说："闻卿在江南好读书，此简册多卿之旧物，归朝来颇读书否？"也还算关心。更显著的例子是李煜死后，徐铉受诏撰墓志，铉乃上奏请允准在墓志行文中存故主之谊，得到诏许。如果太宗蓄意谋杀，旧臣避之唯恐不及，哪还敢存往日君臣之义。

"万古到头归一死，醉乡葬地有高原"，可能是李煜晚年的心境。在江南当国主尚且觉得不愉快，归宋后更不得自由，了无生趣。他在汴京整日借酒浇愁，且再三说酒恶，即酒质不好，当然可以理解。过分饮劣酒加速了他的死亡，也在情理中。

宋张君房著《乘异记》，说贾黄中守金陵，恍惚有清瘦道士自称"前国主李煜"来见，且说"某幼择释氏，未至通达，误有所见，今为师子国王。适思钟山，故来相见"。怀中取诗一首云："异国非所志，烦劳殊未闲。风涛千万里，无复见钟山。"其人倏忽不见，诗亦随手灰灭。故事有些诡异，后人视为鬼诗。鬼当然不可能有，可能李煜真有此诗，希望死后魂魄能回归钟山，或者时人同情李煜，借鬼诗传达他的愿望。皆有可能吧！这位多才情种，不幸国主，诗词得以留存后世，值得后人给以同情和尊敬。

詹敦仁父子
——写下唐诗最后一抹余晖

    本文拟介绍詹敦仁（914—979）、詹琲父子的诗歌。题目有一些特别，但符合实际情况。从明代以来，以五代十国为闰唐，认为这一时期可以说是大唐王朝的余闰，也即唐、宋两个伟大时代之间的过渡时期。五代十国诗歌，因此而成为唐诗的一部分：虽然衰微，仍保持着一些精气神。五代起讫是明确的，即从朱梁代唐，到陈桥兵变、大宋开国，时间是五十二年又九个月。十国就复杂了。昭宗时割据局面已经形成，是否建立政权则视实力而定，也就是说上限不能一刀切。下限以各国归宋为截止，最晚的是吴越纳土，宋平北汉，已经到了太平兴国三、四年间（978、979）。北汉罕有诗存世，说文学一般以吴越纳土为唐五代之终结。就大的方面说，这当然不错。就局部言，在吴越拥有今浙江全境与福建大部分的局面下，在闽南泉、漳二州，从后晋时闽乱以来，一直有一个相对独立，但又始终没有独立的小政权，先后由留从效、陈洪进主政，习惯称为清源军。承认宋之正统，域内则自成一系统。吴越归宋后不久，陈洪进也纳土归宋。

詹敦仁、詹琲父子及其友人刘乙，就生活在清源军治下的安溪县，目睹并参与了时代的变化，留下一些诗歌。《全唐诗》收三人诗，卷七六一有詹敦仁六首，詹琲三首，卷七六三及卷八八六有刘乙三首又二句。其后学者辑佚，屡有詹氏父子诗发现。三年前，承詹瑜松博士见示其家族谱中所存詹氏父子诗多达一百数十首，比读文献，惊叹居然真实可靠，亟撰文《詹敦仁、詹琲父子佚诗的新发现》（《古典文学知识》2021年第3期）给以介绍。当时所据为詹君2012年据族谱输入之电子本。其后詹君复以族谱图片见示，知该谱为《重修清溪詹氏族谱》，署"民国丙子冬""灵惠庙藏稿"，为1936年写定。此谱存詹敦仁诗一百零九首，文三篇，詹琲诗二十一首。詹氏父子经历了王氏末政、吴越南侵、清源军留从效及陈洪进主政，吴越纳土后最终归宋的历史，非后人可以编造。所存诗不仅增添作品，可补史阙，也可纠订《全唐诗》之误收。前文主要考订存诗之可信，本文拟续说詹家父子诗歌的成就与订补史实之意义。

一 詹敦仁随父入闽及在王氏时期的选择

詹敦仁，字君泽，先世是光州固始（今河南固始）人。唐末大乱时，他还没有出生。唐末割据闽中的王审知及其亲信，大多是光州固始人，詹氏应在敦仁父祖时即避乱入闽。敦仁《怀古二首叙家世》：

太华峰前伊水头，丝抽独茧谩下钩。

有时发棹从东下，误入洞庭深处游。

中原板荡是何年？多少衣冠苦播迁。

万古长淮久留恋，一房流落下南泉。

二首追叙家世，华山、伊水只是泛指中原，其先人的生活是
闲适的，未必有人做过大官。偶然乘舟东下，当然是沿运河
东行，所云"洞庭"指苏州一带的太湖洞庭山。"中原板荡"
是指始于乾符（874—879）、广明（880—881）之际的黄巢剧变，其
后全国性战乱遍及南北，詹家这一房也随中原士大夫南奔，
最后落脚泉州。"万古长淮"即指光州一带，詹氏居此年代
久远，难以忘怀。

　　敦仁有诗《闻家眷已到莆田县走马迎待道逢苏君益言父
祖已至中道喜而马上吟》：

老马知人意，嘶鸣耳耸颠。星驰向莆水，夕发自南泉。

植德山何许？衡阳雁已传。斓斑欢再著，家眷近团圆。

又有《伏拜家君手书不觉偶成一绝》：

十年采尽北山薇，不管兴亡是与非。

回首白云长在望，爱山成癖自忘归。

分析二诗，可以知道是他早年所作。植德山在仙游，是詹氏

在闽最早的落脚点。闽乱前后，其家从仙游迁居闽南莆田，应与福、建诸州之动乱有关。这时他的父、祖尚在，估计入闽已超过半个世纪。从"十年采尽北山薇，不管兴亡是与非"，似乎其父稍有些唐逸民之情怀，在此以前并未在王氏政权下做官。敦仁有兄长。《余将南游兄伤其行颇有挽意席上奉呈》，大约其兄留在闽北，未至泉南。另有《洛阳渡看潮有感钱塘潮而作》："初看一线白如毫，雪拥银山万丈高。谁识英雄忠愤志？至今海怒激成涛。"洛阳渡在泉州，看潮而想到钱塘潮，似乎他曾到过杭州，时间难以确定。

敦仁饱读儒书，自负颇高，常有未得施展的感慨。《自叹吟》："我属遭时正乱离，胸中经济未容施。"这里的"经济"，是指经国济世的大抱负。遇乱而未得施展，总有些遗憾。其实他也曾寻觅机会。闽康宗时（936—939），曾上书言事，康宗欲留之参决军事，他敬谢不受，遂杜门不出。他作《劝王氏入贡宠余以官作辞命篇》述内心感受：

争霸图王事总非，中原失统可伤悲。
往来宾主如邮传，胜负干戈似局棋。
周粟纵荣宁忍食，葛庐频顾谩劳思。
江山有待早归去，好向鹪林择一枝。

此王氏指闽康宗王昶，很可能作于通文二年（937）。前一年晋高祖石敬瑭借契丹之力灭后唐，诗中"中原失统"指此。在敦仁看来，地方割据，争霸图王，均不是正道。他很可能受吴越以小事大国策之影响，劝王昶虽称帝，仍以向中原入贡为国要。原因嘛，他说得很明白："往来宾主如邮传，胜负干戈似局棋。"乱世之间，中原王朝不断变换国号与君主，割据地方者处于宾位，既无力争夺天下，也不知今后谁为胜者，不妨处弱事强，敬奉中朝。"周粟纵荣宁忍食，葛庐频顾谩劳思。"最能见到他的处境。前一句用伯夷、叔齐的故事，表示不愿在新朝为官。而"葛庐频顾"，则用刘备三顾茅庐礼请诸葛亮的故实，似乎闽帝也曾多次礼请他为官。估计詹敦仁对闽国国政有较深切的认识，即天下变乱方殷，局处一隅者若无胸襟，无远虑，则变乱在亟，自己也不必参预。隐士退求独善，有鹪鹩一枝足矣。

告别康宗南行，敦仁当年有《发南台舟中作岁在戊戌》："欲结茅庐志浩然，芒鞋竹杖自轻便。逢人邂逅休辞剑，后骑追随正着鞭。愿学子骞游汶水，急乘范蠡泛湖船。世间名利俱尘土，归买青山不论钱。"戊戌是通文三年，敦仁二十五岁，已经绝意仕途，归隐青山。值得回味的是"愿学子骞游汶水，急乘范蠡泛湖船"二句，子骞是孔门弟子闵损，以孝闻，孔子主鲁政时曾邀他为费宰，他避居汶上以辞。范蠡则在助越王勾践灭吴后，辞官漫游五湖。詹敦仁轻视世间名利，乐于寻觅自己的出世生活。

没过几年，王氏兄弟子侄相残，闽乱爆发，南唐和吴越相继出兵，试图占据闽地。敦仁有《癸卯闽乱从弟监察御史敬凝迎仕别作》：

一别几经春，栖迟晋水滨。鹡鸰长在念，鸿雁忽来宾。
五斗嫌腰折，朋山刺眼新。善辞如复我，四海五湖身。

癸卯为闽主王曦永隆五年（943），永隆年间，王曦与其弟王延政因故激变，兄弟内乱，引起闽中多年动荡。《全唐诗》收此诗于詹琲名下，断然有误，今知詹琲出生于癸卯以后四年。《族谱》不误，正见其可贵。闽乱的数年间，闽中走马灯似的人事变动，让詹敦仁坚定地认为以退隐为妥当。从弟敬凝不知从属于哪一方，詹敦仁感念他对自己的挂念，不过自己还是"四海五湖身"，浪迹江湖惯了，不愿出仕。

二　留从效主政清源时期

留从效（906—962）是泉州永春人，出身清寒，从底层的牙兵做起，癸卯闽乱时已经担任泉州散指挥使。经过几度反复，到保大七年（949），受南唐中主李璟之任命，为清源军节度使。此后主政泉、漳近十四年。因为他是当地人，关心地方建设，又很小心地处理与中朝、南唐和吴越之关系，尊重士人，留下不少佳话。

留从效虽为武人出身，但略通诗文，礼敬文士。他任节度使后不久，即请詹敦仁入幕辅佐。敦仁有诗《留侯受南唐节度使知郡事辟余为属以诗谢之》：

晋江江畔趁春风，耕破云山几万重。

雨足一犁无外事，使君何啻五侯封。

诗应作于保大八年春初，写出留从效主政后，泉、漳二州春意盎然的新气象。唐称刺史为使君，留领两州而称节度使，其实与刺史地位相当。詹诗没有说自己的去留，只是说二州州民乐于农事，安享升平，也即认可留的施政举措。五侯是汉代的显贵，留劝农如此，百业兴盛，其成就决不亚于以往五侯的荣光。

这段时期，詹敦仁肯定曾入留从效幕府，助其为政，且曾入住泉州城。其诗有《余迁泉山城留侯招游郡圃作此》：

当年巧匠制茅亭，台馆翚飞匝郡城。
万灶貔貅戈甲散，千家罗绮管弦鸣。
柳腰舞罢香风渡，花脸妆匀酒晕生。
试问亭前花与柳，几番衰谢几番荣？

郡圃是郡衙附属的园林，留从效招他同游，正看出对他的倚重。詹敦仁称赞郡圃构筑讲究，夸奖建成时工匠的精巧施工，更看到围绕泉州城的亭台楼馆。"万灶"两句，称赞留从效歇兵劝农，城市再现往日繁华。接着写园中景色，柳枝摇曳，花开灿烂。最后借花柳作结："试问亭前花与柳，几番衰谢几番荣？"既是游园之即兴感慨，如此美景能够维持多久，也包含对留从效的鼓励：繁华短暂，衰谢常有，地方施政正应有长远规划与持久坚持，方能长葆荣华。

留从效曾经常与詹敦仁讨论古今治乱之事，可以从《复

留侯从效问南汉刘岩改名龚字音义》长诗中推测得知。此诗
中引到许多与历代帝王有关的怪癖字，不适合在此全文引
录。诗先说到"古者不嫌名，周公始称讳。始讳犹未酷，后
习转多忌"，即帝王名字本来也是让人称呼的，到后来忌讳
越来越多，越来越刻酷。最后说："吁嗟毒蛟辈，睥睨飞龙
位。龚岩虽同音，形体殊乖致。废学愧未弘，来问辱不弃。"
因为说到南汉刘岩称帝，取飞龙在天意，造一"龚"字以自
名。詹敦仁说刘本为"毒蛟辈"，窃位而称帝，其实二字同
音，仅字形有别而已。这里，詹敦仁表达对南汉僭位者的鄙
夷，对留也稍存劝诫。

　　留从效施舍旧宅为僧院，詹敦仁也有诗相贺。《留侯施
旧宅筑院以养僧徒有诗来示余亦拓介庵表院额依韵奉复岁在
丁巳》：

循环天道理相因，不间情疏不间亲。
今古大都成一梦，光阴不肯驻双轮。
羁身寥落天涯角，幻世升沉海岸滨。
欲问康王何处觅？清禅的的是栖身。

丁巳是显德四年(957)。詹敦仁从天道循环的角度认为任何人
都无从超越人世的规律。避地海滨，流落天涯，正不妨修禅
以栖身。从诗题看，是留从效先有诗，詹再奉和。"康王"
二字恐有误，可能本以匡庐称庐山佛学之盛，避讳再加传抄
而致误。

留从效请詹敦仁出监小溪场，其地为泉、漳、汀三州间较荒僻之处。敦仁到任不久，即建议在此建清溪县，以利发展。通过留从效，这一建议得到后周朝廷的允准。敦仁《喜闻大朝有诏而作》（自注：南朝称周为大朝）："鹊噪南枝到杏村，朝来喜奉诏书温。一溪清彻恩波暖，我欲驱驽叩帝阍。"虽然远在海隅偏僻之地，但诏书颁来，恩波浩荡，不仅喜鹊欢叫于南枝，连久存退隐之志的诗人，也愿叩帝阍而鸣谢。

　　敦仁撰《初建清溪县记》，述建县始末。他认为古制千户置邑，小溪场在泉州为一镇守，无论地域、人口、经济、物产，都符合建县条件。得皇家恩准，逾年而得以兴筑完

▶ 《新建清溪县记》书影
中国国家图书馆藏
选自嘉靖《安溪县志》。此篇题目在不同史籍中所载均略有不同，嘉靖《安溪县志》中作《新建清溪县记》，正文中则取《初建清溪县记》。

成："土沃而人稠，风淳而俗朴，真东南形胜之地，实疆场冲要之区也。"这里说出建县的意义，不仅可为东南形胜，也可巩固边防。至于建县兴工之艰难，詹诗也多有叙述。《督役筑县悯劳而作》："喜闻禾稼恰登场，何事官工土木忙？辛苦一年方幸息，役劳三日得无妨。未师陶令好栽菊，且学召公初种棠。皤腹于思宁免诮，不须执朴课程章。"筑县兴役是在县民辛勤一年后，每人征役三日。他自嘲不能学陶渊明秋后赏菊，也坚信所作施工会为后人感念。《尝调发左右二都营兵士筑县户役三日计功未毕再调发未及者作此呈陈林二都营使》："番更迭戍备非常，兴筑频繁土木功。事贵均劳无独逸，法从抽拨尚余工。左都浑与右都似，公役还将军役同。料得饥寒能抚字，子来何异庶民攻。"二都是节度使下属的军事建制，兵士也参与了建县的工役，因此对两位都营使有所感谢。

清溪县后改名安溪县，詹敦仁是首任县令。但不久他就将县职交付给闽王王审知的疏从子孙王直道。从詹诗看，这位王令知书守礼，对詹也礼敬有加。闽政权因诸子孙之恶斗而倾覆，闽王后嗣在闽中则千年继盛，正因还有不少如王直道般的佳子弟在。

詹敦仁在建县后不久，举家迁往更僻远的侯洋。留从效去世于建隆三年（962）春，敦仁有《余初卜居侯洋有麐驯然朝往暮还后遭虎伤亲寻忽获双角作悼麐篇壬戌三月下浣书时得留侯讣音》，与史籍所载时间一致。诗则仅述悼麐，不及留侯，或另有诗挽留而不存。

三　陈洪进主政清源时期

留从效去世后，旧部陈洪进稍历波澜，隔年之末继任为清源军节度使。相比留从效，詹敦仁与陈洪进的关系似乎要疏远一些。他僻居侯洋，深隐不出，对世事的变化，始终备加关心。后周初年，曾有《马殷族迁金陵感恨有作》："俄惊一顾马群空，转盼金陵事不同。岸断杨林勋业在，泪倾江水恨无穷。"割据湖南的军阀马殷，深知处乱藏晦之理，诸国纷纷称帝之际，仅称楚王，低调以处。继任者文昭王马希范举事奢侈，境内尚称治。希范身后，兄弟相争，引致南唐吞楚，湖南内乱，残剩的族人最终迁居金陵。詹诗伤马氏族人之悲剧收场，感慨马殷之勋业败于不肖子孙之手。他又有《比闻周帝逊位国号大宋喜作看剑吟》：

　　三尺锋芒射斗牛，悲鸣匣里气横秋。
　　曾陪蛇径追雄鹿，肯向鸿门快沐猴。
　　跃地既言神有感，挂天应使鬼先愁。
　　持归愿献明天子，欲断奸谀几辈头。

在宋人记载中，如陈抟或陈文亮都有诗歌预言天下从此安定。詹诗似乎也有后加修饰之可能。宋开国后国家稳定，渐次统一，且有结束长期割据的宏图，是他生前已经见到的。周亡宋兴，他感到是天地循环的必然，加以颂赞与肯定，也就可以理解了。

詹玭生于后汉高祖天福十二年（947），入宋后已经渐次成年。在敦仁的课责下，詹玭也能诗而通事理。敦仁有《甲子诏遣玭访刘居士作此》："扫石耕山旧子真，布衣草屩自随身。石崖壁立题诗处，知是当年凤阁人。"刘居士是刘乙，是当时有名诗人，甲子为乾德二年（964）。刘在通文间仕闽为中书舍人，寻弃官隐居安溪凤髻山，应比敦仁年长。宋陈振孙《直斋书录解题》曾著录其集一卷，谓其诗"怪而不律，亦不工"。乙与敦仁友善，多年未走动，也不通消息。詹玭已经长成，乃命其专访之，至后方知刘已先卒。詹玭作《余奉家君命访刘居士时刘已殁因作此诗以吊之》：

凤髻山前凤阁郎，耕云钓石久荒凉。
我来吊旧多悲感，一纸哀辞酹一觞。

武后时以中书舍人为凤阁舍人，詹玭用此以称刘乙，与其所居凤髻山并举。"耕云钓石"写刘退隐生活之高雅。来访而知已亡，撰哀辞以代父吊祭。詹玭这时还不到二十岁，已成熟如此，诗也有可称。

敦仁知旧友亡故，也有诗《玭访刘君乙时已殁故将归王令留之不可以书来嘱作此篇示》："刘郎踪迹久荒凉，卜宅何妨处士乡。壮志莫随流俗变，老夫双鬓已凝霜。"此诗不见族谱，见于《永乐大典》卷一三三四四引詹敦仁《清隐集》，知族谱所存，并非宋人所见诗之全部。詹氏父子与刘乙皆居安溪县内，山岭阻隔，来往并不方便。敦仁诗是写给王令的，王令见詹琲长成，有意留县佐助，敦仁不同意，以自己年岁渐长、双鬓凝霜来加以解释。

南唐灭亡时，敦仁年已六十二岁。他有诗《宋师下江南太祖答李后主云一家为父子两家为父子乎》：

> 闻说江南一剪平，一家父子又谁争？
> 隙光穴照无私地，同是中天仰大明。

诗应作于宋太宗时期，他听到的传闻未必即是事实，但确是"卧榻之侧岂容他人酣睡"的另一个文本。这里，他看到统一已是大势所趋，更为自己所处的环境担忧。

南唐之亡，吴越也曾出兵相助，但天下一统，吴越王钱俶其实比谁都看得清楚，当年即主动入汴，希望献地归宋，结束越中政权。宋太祖很大度，安慰钱王不必担心，有我在世，绝不为难钱王，这样钱俶得以继续称孤钱塘。太宗嗣位，钱俶觉得再也不能自成一国，主动归宋。此一行为，对清源军（当时已奉宋命改平海军）陈洪进触动很大。他虽然一直承认宋王朝之正朔，从未搞独立，但二州十四县官员之承继除授，地方的军队与赋役，始终自成管理，宋廷并不插手。在吴越归宋后不久，陈洪进将二州十四县版图奉送汴京，为国家统一做出了贡献。据说在这一过程中，詹氏父子做了积极的推动工作。

詹琲有诗《入郡谒陈侯夜宿建造寺观家君手题敬依严

韵》，此诗稍残，缺二句，据詹敦仁原诗《宿建造寺访秦隐君旧居》，知所缺为第二联："重来几日山，飞动栖鸦迹。□□□□□，□□□□石。探手钓龙泉，路耸烟霄直。诗刚鼎可扛，大才难与敌。"敦仁之原诗，是访唐隐逸诗人秦系之故居，表不仕退隐之情。詹琲入郡谒陈洪进，是奉父命而行，诗则颂赞其父之诗有骨力，力大可以扛鼎，才大难以匹敌，是自谦之辞。

詹琲又有《陈侯赴阙遣陈永弼勉余同行辞不就》：

春水浮江涨绿肥，移舟好去摘山薇。
斜风细细频翻笠，小雨霏霏半湿衣。
有分溪山供笑傲，同盟鸥鹭莫惊飞。
此心匪石难移转，归去林泉晚照辉。

《追和秦隐君辞荐之韵上陈侯乞归凤山》：

谁言悦口是甘肥，独酌鹅儿啖翠薇。
蝇利薄于青纸扇，羊裘暖甚紫罗衣。
心随倦鸟甘栖宿，目送征鸿远奋飞。
击壤太平朝野客，凤山深处觉生辉。

陈洪进到汴京献土，是四月中旬事，他从泉州出发，应该不晚于三月。从三首诗分析，陈洪进离开泉州时，让陈永弼劝詹琲，因为漳、泉纳土已经为宋廷所接受，因此随行者都可

▶ （明）黄凤池《唐诗画谱》（局部）

扫石耕山，溪涧野钓，隐逸之乐在历代的诗文书画中并不鲜见，在世乱时，归隐不仕是许多文人向往的生活。詹氏父子急流勇退，隐居侯洋，不愿受世利浮名牵绊，但却始终关心世事变化，可谓身在山野、心系苍生。

得到官封。陈洪进将此美意传达给詹琲，应该是詹琲在纳土决策中有过建议。詹琲态度很明确，春色正好，斜风小雨，溪山鸥鹭，自己不想改变初衷，不愿随行。第二首和唐隐士秦系诗，请陈洪进允许自己回到凤山旧居。詹琲所和秦系原诗题作《献薛仆射》，有"序"："系家于剡山，向盈一纪。大历五年，人以文闻邺守薛公。无何，奏系右卫率府仓曹参军，意所不欲，以疾辞免，因将命者，辄献斯诗。"是退闲越中时作。薛仆射是相卫节度使薛嵩，本是河北军阀之一，因秦系文名而为其奏官。秦系不愿因此一途径入仕，因而推辞。秦诗云："由来那敢议轻肥，散发行歌自采薇。逋客未能忘野兴，辟书翻遣脱荷衣。家中匹妇空相笑，池上群鸥尽欲飞。更乞大贤容小隐，益看愚谷有光辉。"是说自己已经习惯闲适，对家人、友人皆有承诺，出仕恐不免贻笑于大方。大贤是指薛，希望薛理解自己的想法。秦系曾长期居住在泉州，他的诗在当地很有名，陈洪进应亦有所闻。詹琲步韵秦诗，说自己参透名利，甘守贫薄。颈联说自己是倦鸟思归，也放眼远方，目送陈侯一行北上顺利。最后说天下即将一统，朝野太平，陈侯完成盛业，朝中光辉，即便在深山之中也能加以体会。

詹琲回归凤山，向父汇报此行的结果，父子联句以为庆贺。诗题作《琲入郡谒陈侯劝归顺皇朝归侍举酒对月父子交韵联句》，《乾隆安溪县志》卷一二、《闽诗录乙集》卷四收此诗，仅题作《父子联韵诗》，没有将特殊的缘由列出。诗采取一人一句的方式，敦仁的诗署名"余"，是写定由父执笔。诗中提到的内容，一是"人生贵自适，世利不须营"，即父子皆安于隐居，不愿经营世利得失。二是末几句："劝酬儿与父，今古梦还醒。笑眼看毛凤，长怀念鹡鸰。干戈时已定，款款话平生。"人生如梦，终于可见天下太平，恰如大梦初醒。鹡鸰是指兄弟，但此句为詹琲所作，或指詹氏宗人而言，詹家兄弟不免有死于闽难者。最后两句，说分裂战争的年代已经过去，父子回顾往事，颇多感慨。

陈洪进纳土之时，詹敦仁六十五岁，次年谢世；詹琲时年三十二岁，归宋后度过余生，晚年号年德先生，似乎比较长寿，或许得见真宗之立。其存诗中颇有入宋之作，如《郡守李补阙送以官酝》《近有添累郡守遣吏来贺依韵以谢之》《近闻朝旨除福州盐禁寄诗上张员外》，皆是，目前看不到他入仕之迹。

四　余话

中国南方诸省之开发，经历几个重要阶段。第一是东晋南渡，福建偏于一隅，影响甚少。第二是安史乱后，福建设镇，文化渐次提升，颇有进士登第者。第三则为唐末动乱，中原士人南奔，闽地容纳了大量北方士族。詹氏家族也在此一时期南迁。如果推测不错的话，詹敦仁、詹琲父子其实是迁闽的第三代和第四代。他们虽也心怀故土，但已经以闽中为乡壤，用心建设，同时也心怀恐惧。詹氏家族一直迁徙，其实是要寻找一块可以让子孙后代安居的乐土。条件允许时，偶也出仕，詹敦仁建议设清溪县，并用力修城，自任县宰，知他本有行政能力。但建县前后他又避居侯洋，远离泉、漳的政治中心。不过他是饱读诗书的儒生，隐居深山，也始终没有忘怀家国天下。先后掌控泉、漳二州的留从效、陈洪进，还算通晓事理，但二人先后掌政，其间都曾有过血腥争夺，只是地方安定后，为实力所限，加上居地偏僻，得以相安无大乱近三十年。经历后晋、后汉、后周到宋王朝建立，国家终归一统。陈洪进之纳土，其实也别无选择，詹氏父子大约仅仅稍微推动了一下，即晓以事理，决定当然在陈。

詹敦仁诗，宋时有《清隐集》流传，南宋陈宓曾见，明初《永乐大典》有引，到《全唐诗》所收，已不足十首。私家族谱所存诗，伪托编造的很多，但像《重修清溪詹氏族谱》这样保存如此多的逸诗，实在罕见。诗中所见地名、人名与干支，与史实若合符契，这是逸诗基本可靠的内在证据。至于詹氏父子诗歌达到的成就，还属当时流行晚唐体、白体诗的流衍，当然还不足以在文学史上占一席之地。诗风清俊，用典熟练，格律规范，述意畅达，大多写山乡退闲的适意，偶有读书的议论感慨，在此不能一一枚举。前文所举，还是詹氏父子与时政有关的作为与感慨。

存诗中偶亦有一些特别的史料，如詹敦仁诗第一首《仆忝四门新颁九经大本喜而书之》：

> 吾道晦蚀后，辉光发丰蔀。转抄良苦难，鱼鲁乌焉久。
> 有诏锓之木，此意良已厚。天将振斯文，三沐三稽首。

▶《开成石经》(《周易》局部)
日本京都大学人文科学研究所藏
《开成石经》为唐代的十二经刻石，包括《周易》《尚书》《诗经》《周礼》《仪礼》《礼记》《春秋左氏传》《春秋公羊传》《春秋穀梁传》《孝经》《论语》《尔雅》，共114方石碑，现存于西安碑林博物馆。

　　努力须及时，有志竟不负。

　　这是五代时期朝廷主持刊刻九经，并由国子监所属四门学颁赐天下的可贵记录。詹敦仁不知因何机缘得到颁书，得书的喜悦溢于言表。九经是儒家最基本的典籍，在写本时代，读者只能辗转抄写，错讹难免。詹诗说书是大本，由皇帝下诏锓木刊行。这是中国最早刊刻大型典籍的珍贵记录。《五代会要》记载，刻经缘起于后唐明宗长兴三年（932），宰相李愚、冯道所请，诏国子监主持，所据九经标准文本则为长安所存之《开成石经》。经过多年方完成，史籍说颁布天下，詹诗提供了重要佐证。詹敦仁在其中看到中朝对文化的重视，诗中自勉努力人生，有所作为。这是詹氏父子内在的精神追求，也是他们虽然僻居穷乡边隅，始终心存家国，祈福国家统一、天下升平的思想渊源所在。